北京大學圖書館藏馬衡輯《甲骨刻辭拓本》一函五册書影

《國學門甲骨刻辭拓本》封皮

《凡將齋甲骨刻辭拓本》封皮

《凡將齋甲骨刻辭拓本》内頁二

《凡將齋甲骨刻辭拓本》内頁一

《國學門甲骨刻辭拓本》内頁二

《國學門甲骨刻辭拓本》内頁一

馬衡輯《甲骨刻辭拓本》的前世今生

馬思猛

馬衡先生一九一七年八月應蔡元培校長之聘北上，任職北京大學國史編纂處徵集員。次年任文學院國文系講師，授金石學。爲了便於甲骨文字流傳，供有識學者學術研究，先生將自己所集甲骨一一八片（實甲骨一一二片），拓印成册，計三十葉，分贈同道友好。一九一九年五月二十三日《魯迅日記》有言：「下午往大學，得《馬叔平所臧甲骨文拓本》一册，工值券四元。」另一九二〇年羅振玉致張國淦書云：「頃得天津姚貴昉（天津碑賈）書，並寄來《殷契拓本》（即《甲骨刻辭拓本》）一册，乃王忠愨（國維）舊藏，渠以三十元得之，詢弟購否。此爲馬叔平所藏，當日乃弟托渠拓墨。龜板質脆，不能多拓，共得三分，一馬自留，一贈弟，一贈忠愨，弟已有之。」羅振玉此函所言僅拓三册，其一姚貴昉以三十元從王國維手中購得，説明馬衡先生饋贈王國維不止一册。加之其分贈金石友好容庚、郭沫若及「西方研究甲骨第一人」明義士（有《殷墟卜辭後編》一九二八年完成，將收録的甲骨二八一九片，拓印五份，除自留一份稿本外，分贈好友馬衡、商承祚和容庚等著名學者）等。由此可見馬衡是爲了最大範圍爲他人研究提供方便，不惜自藏珍品質地損傷，當先後拓有十餘份也。

一九二二年達古齋主人霍保禄（字明志）以所藏甲骨刻辭數百片，捐贈北京大學研究所國學門。時任北大考古室主任的馬衡先生代表北大國學門接收，並將其拓印，裝成四册，與己之所藏《甲骨刻辭拓本》匯集五册，準備待機影印出版。是年十二月十八日，馬衡先生因翌年即北京大學成立二十五週年校慶，便將霍保禄所捐甲骨刻辭（四匣）拓本及自藏甲骨刻辭一一八張拓本，合爲《甲骨刻辭拓本》五册，同時在考古學研究室展出。而北京大學《本校第二十五年之成立紀念號・歷史部考古學室展覽品一覽表》所記「《甲骨刻辭拓片》（凡將齋藏甲骨文字五本）」一語，誤導了許多後來的研究者，以致這批北大公藏與馬衡私藏甲骨刻辭實物與拓本數字衆説紛紜，混淆不清，至今未得令人信服的公論。至于當時馬衡拓印裝訂《甲骨刻辭拓本》多少部，流傳多少，今已無從考證。可考者僅王國維在《積餘甲骨拓片》跋文中，提及馬衡曾贈送給他京師大學和自己收藏的甲骨拓片。以及網上拍賣曾毅公手書《〈凡將齋甲骨文字摹本〉記》謂：「《凡將齋甲骨文字》乃馬叔平（衡）先生弆藏。……一九四八年，晤馬先生於藴真簃馮氏，曾以此批甲骨詢之先生，先生云：『此批甲骨乃民國初年陸續收於滬上市場，確屬鐵雲（劉鶚）舊藏。來北大後，曾拓數份，以贈友好。今骨若甲久已失散，即拓本手邊亦無矣。』五五年初，馬氏謝世，越年借北大藏本印摹一遍，再以《續編》重校一遍。」

一九二三年五月二十四日北大成立考古學會，馬衡即著手計畫古跡古物之調查、發掘、保存等事項。其中包括已經整理並待付印之書籍，主要有：《甲骨刻辭拓本》（馬衡輯）、《封泥存真》（馬衡著）、《古明器圖録》（羅振玉輯）、《金石書目》（容媛輯）、《綴遺齋彝器款識考釋》（方睿益著）、《藝風堂所藏金石文字增訂目》（繆荃孫藏並編）、《興化寺壁畫考》（馬衡著）、《西行日記》（陳萬里著，已出版）。然終因成本過高，馬衡所輯《甲骨刻辭拓本》未能影印出版，從此封存在文科研究所，無人問津。

光陰荏苒，九十多年過去了。二〇一五年初，本人在整理馬衡先生資料時，偶見傅振倫先生曾撰文提及馬衡在北大欲影印出版《甲骨刻辭拓本》數卷，因經費支絀被擱置一事，並表示深感遺憾，便委託當時在校讀研的北京房山區旅游局副局長趙圳幫忙查尋馬衡輯《甲骨刻辭拓本》下落。趙圳分別走訪了北大圖書館古籍室、舊書報刊室及中文系、考古系等部門，但如同大海撈針，費盡周折，也找不到任何有關此書的綫索。在她幾乎絶望時，終於在圖書館古籍室的一位老先生的指點下，在電子系統搜到了這套被世人遺忘的古籍。當時，圖書管理員吃驚地看著這位中年覓書者説：「這部書上次有人借閲還是一九八〇年代的事啦。」

令我想不到的是，不日即接故宫研究院古文獻研究所任昉老師電話，謂故宫計劃將該院所藏甲骨刻辭全部拓印成書出版，其中含馬衡先生一九五二年捐獻甲骨刻辭，聞馬衡曾輯《甲骨刻辭拓本》，不知今在何處？當我聽完此問，真感覺不可思議，天下竟有如此巧合之事，當即答覆，剛剛在北大覓得此拓本下落。鑒於先祖父馬衡本是故宫人，拓本正與實物團圓，此乃天意乎？後經與北京大學圖書館溝通，得到館長朱强先生大力支持，順利將馬衡輯《甲骨刻辭拓本》一函五册掃描件全部提供故宫博物院影印出版。

筆者以爲，馬衡饋贈金石友好的《凡將齋甲骨刻辭拓本》，當爲己之所藏拓印本，北大所藏霍保禄捐贈甲骨刻辭雖經馬衡先生拓印成册，但不可能如自家所藏那樣隨意拓印，饋贈同道友好，恐怕只有王國維者可獲此殊榮。至于其他友好只可寄希望影印出版，或往北大借閲也。可惜影印出版計劃未能如願，終成憾事。今逢盛世，由故宫博物院主持影印出版，並釐清了北京大學庋藏的馬衡輯《甲骨刻辭拓本》與故宫博物院收藏的馬衡生前捐贈的甲骨一一二片的前世今生，終於圓了馬衡先生百年金石夢。

二〇一九年一月二十五日

故宫博物院 编

故宮博物院藏殷墟甲骨文

馬衡卷〔貳〕附編 凡將齋甲骨刻辭拓本

中華書局

目録

一　某日問勿呼𦎫人等事

本甲正面存辭三條。反面無字。

（一）弖（勿）乎（呼）𦎫人。

（二）［丙］〼　二

（三）〼大甲〼

【備注】

組類：𠂤賓

材質：龜腹甲

著録：〔上部〕《合補》九四；〔全〕《鐵》一七五・二、《續》一・一〇・六、《磻葍》一・一、《鐵新》四四一、《合》六四六三、《凡考》一・一、《宮藏馬》一一三

來源：馬衡捐贈北大

院藏號：新一六〇六六四+新一六〇八一三

原拓號：一・一・一

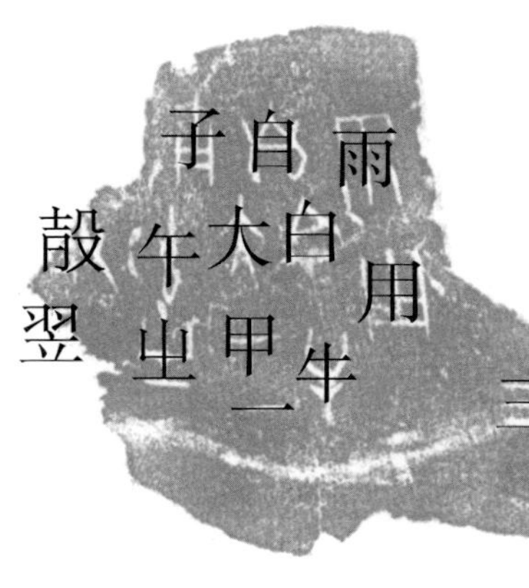

二 某日㱿問翌午日侑大甲白牛等事

本甲正面存辭二條。反面無字。

（一）☐［㱿］：［翌］☐午㞢（侑）☐大甲☐白牛。用。 一 三

（二）☐子☐自☐雨☐

【備注】

組類：賓組

材質：龜甲

著録：《續》一・一〇・一、《磻薹》一・二、《合》一四二三、《凡考》一・二、《宮藏馬》七九

來源：馬衡捐贈北大

院藏號：新一六〇七五六

原拓號：一・一・二

三　癸酉等日卜王貞翌日王其儐大甲大戊叡亡壱等事

本骨正面存辭三條，有界劃綫。反面無字。

（一）［丙］☐貞☐王☐

（二）癸酉卜，王貞：翌甲戌王其宓（儐）大甲〔一〕叡，亡壱〔二〕。

（三）☐卜，王☐［翌］戊子☐其宓（儐）大戊〔三〕［叡］，亡壱。〔四〕

【簡釋】

〔一〕「大甲」爲合文。

〔二〕「壱」或比定作「蚩」字，讀作「害」。下同。

〔三〕「大戊」爲合文。

〔四〕本骨可綴《通別二》一〇・二，綴合後即《合》二二七七九（《通纂》一六一）。釋文可補爲「丁亥卜，王貞：翌戊子其宓（儐）大戊叡，亡壱。」詳見郭沫若綴，《通纂》第一六一則。

【備注】

組類：出組

材質：牛肩胛骨

著録：《續》一・一〇・二、《通纂》一六一下半、《簠畫》一・三、《凡考》一・三下半、《合》二二七七九下部、《宮藏馬》二二七

來源：馬衡捐贈北大

院藏號：新一六〇七二八

原拓號：一・一・三

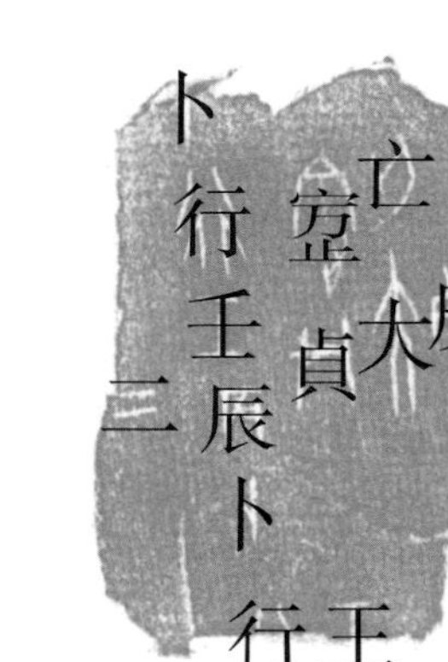

四　壬辰卜行貞王儐大庚等事

本骨正面存辭二條。反面無字。

（一）壬辰卜，［行］貞：［王］☐大庚〔一〕☐　二

（二）☐卜，行☐宊（儐）☐亡☐

【簡釋】

〔一〕「大庚」爲合文。

【備注】

組類：出組

材質：牛肩胛骨

著録：《續》一・一一・三、《播葦》一・四、《合》二二八〇五、《凡考》一・四、《宮藏馬》二二八

來源：馬衡捐贈北大

院藏號：新一六〇七四九

原拓號：一・一・四

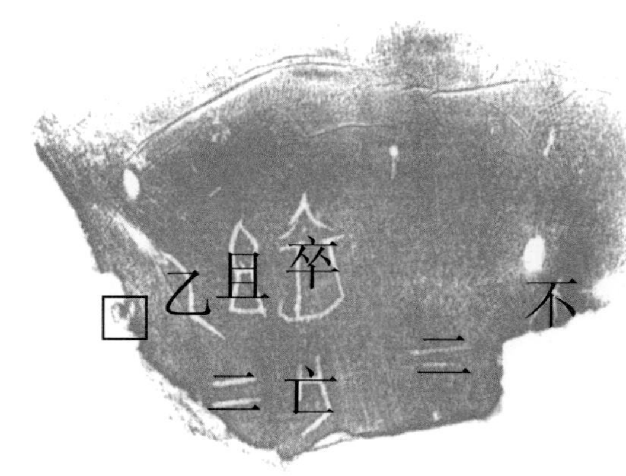

五　某日問祖乙卒亡某等事

本骨正面存辭二條。反面無字。

（一）☐☐且（祖）乙[一]☐卒亡☐　二

（二）☐［不］☐　二[二]

【簡釋】

［一］「且乙」爲合文。

［二］該拓本小于院藏實物。

【備注】

組類：𠂤歷

材質：牛肩胛骨

著録：《續》一・一七・二（不全）、《磻耑》二・一、《合》一九八四一、《凡考》二・一、《宮藏馬》三五

來源：馬衡捐贈北大

院藏號：新一六〇五六二

原拓號：一・二・一

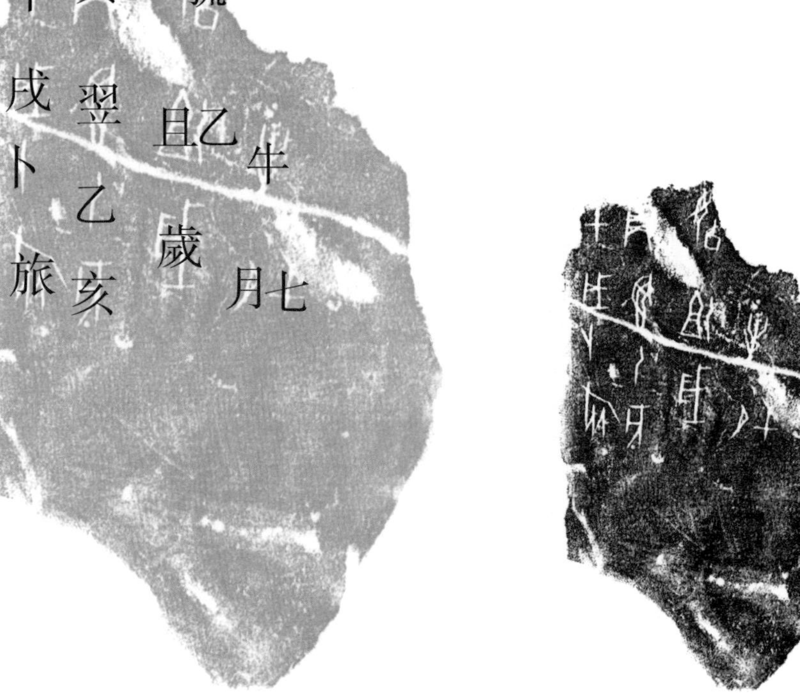

六　七月甲戌卜旅貞翌乙亥毓祖乙歲牛事

本甲正面存辭一條。反面無字。

（一）甲戌卜，旅貞：翌乙亥毓且（祖）乙[一]歲☐牛[二]。七月。

【簡釋】

[一]「且乙」爲合文。

[二]「牛」字上半部與「未」形相同。

【備注】

組類：出組

材質：龜腹甲

著録：《續》一・一三・四（不全）、《通纂》四三、《南師》二・一七五、《旛蚩》二・二、《合》二三一四六（不全）、《凡考》二・二、《宮藏馬》二三〇

來源：馬衡捐贈北大

院藏號：新一六〇六三七+新一六〇八八四

原拓號：一・二・二

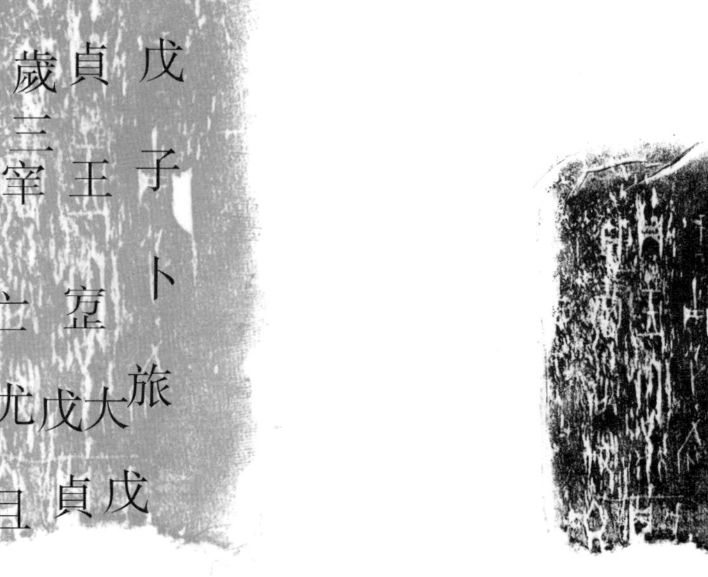

七　戊日貞祖丁與戊子卜旅貞王儐大戊歲三宰亡尤等事

本骨正面存辭二條，有界劃綫。反面無字。

（一）戊☐貞☐且（祖）丁〔一〕☐

（二）［戊］子卜，旅貞：王宾（儐）大戊〔二〕歲三宰，亡尤。〔三〕

【簡釋】

〔一〕「且丁」爲合文。

〔二〕「大戊」爲合文。

〔三〕該拓本小于院藏實物。

【備注】

組類：出組

材質：牛肩胛骨

著録：《南師》二·一七九、《磻蚩》二·三、《合》四〇九六五、《凡考》二·三、《宮藏馬》二二〇

來源：馬衡捐贈北大

院藏號：新一六〇七六二

原拓號：一·二·三

八　某日問祀祖乙大牛事

本甲正面存辭一條。反面無字。

（一）☐且（祖）乙☐大［牛］☐

【備注】

組類：賓組

材質：龜腹甲

著録：《續》一・一七・五、《磻耑》二・四、《凡考》二・四、《宮藏馬》六八

來源：馬衡捐贈北大

院藏號：新一六〇八八六

原拓號：一・二・四

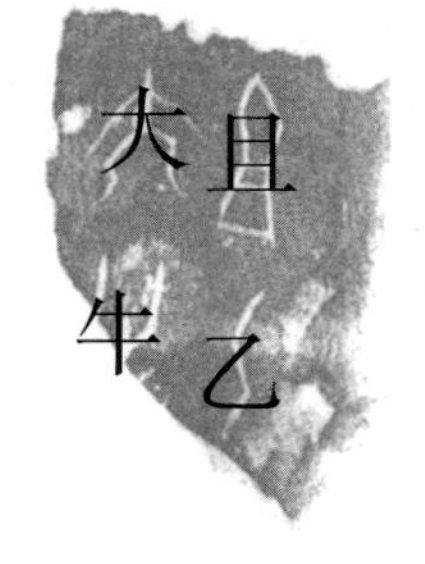

九　丙申等日卜貞翌丁酉其侑于祖丁事

本骨正面存辭四條。反面無字。

（一）丙［申］☐貞：翌丁［酉］其又（侑）于且（祖）丁[一]。　二

（二）二

（三）二

（四）☐申卜，☐貞：翌［丁］酉其又（侑）［于］且（祖）丁宰。[二]

【簡釋】

［一］「且丁」爲合文。下同。

［二］該拓本小于院藏實物。

【備注】

組類：出組

材質：牛肩胛骨

著録：《續》一・二〇・三、《蟠蜚》三・一、《凡考》三・一、《合》二三〇二八（全）、《宮藏馬》一九九

來源：馬衡捐贈北大

院藏號：新一六〇五九九

原拓號：一・三・一

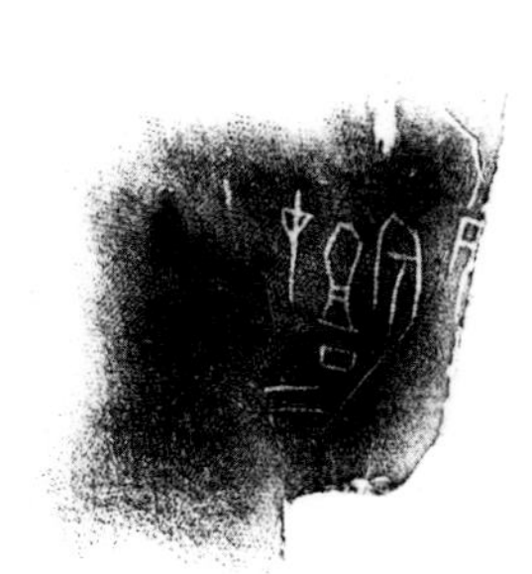

一〇 某日問在祖丁宗事

本骨正面存辭一條。反面無字。

（一） 才（在）且（祖）丁宗□〼 二[一]

【簡釋】

[一]該拓本小于院藏實物。

【備注】

組類：歷組

材質：牛肩胛骨

著録：《續》一・二二・二、《蟠蜚》三・二、《合》三四〇五三（全）、《凡考》三・二、《宮藏馬》二五三

來源：馬衡捐贈北大

院藏號：新一六〇六四七

原拓號：一・三・二

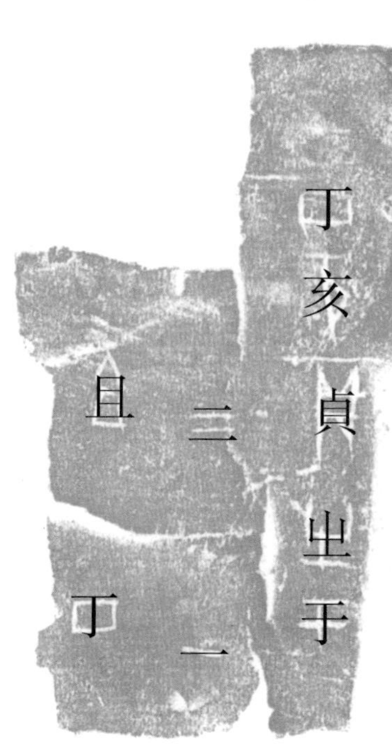

一一　某日貞侑于祖丁與丁亥卜永問等事

本甲正面存辭二條，有界劃綫。反面未録。

（一）貞：㞢（侑）于且（祖）丁。一

二

（二）丁亥[一]卜，永☐

【簡釋】

[一]「丁亥」上方及字下有改刻痕迹。

【備注】

組類：賓組

材質：龜腹甲

著録：《續》一・二一・三、《磻蚩》三・三、《合》一八三六、《凡考》三・三、《宮藏馬》六五

來源：馬衡捐贈北大

院藏號：新一六〇六九五

原拓號：一・三・三

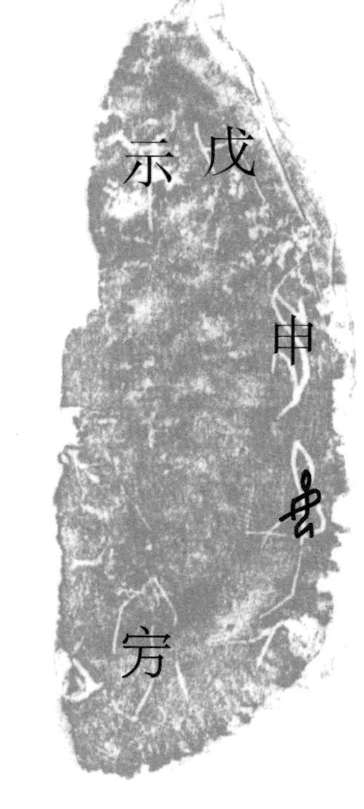

一二　戊申卜穷貞有保啓等事與戊申□示骨臼刻辭

本骨正面存辭二條。反面無字。臼面存辭一條。

〔正面〕

（一）　戊申卜，穷貞：㞢（有）保，啓。一　二

（二）　一　二告　二[一]

〔臼面〕

（一）　戊申□示。穷。

【簡釋】

〔一〕本骨正面拓本小于院藏實物。

【備注】

組類：賓組

材質：牛肩胛骨

著録：〔正〕《鐵》二四五・一、《蟠蜚》四・二、《南師》二・三三、《鐵新》六三二、《合》一六四二五、《凡考》四・二；〔臼〕《續》六・二七・一、《磻蜚》四・一、《凡考》四・一；〔正臼〕《合》一七六三三（全）、《宫藏馬》九一

來源：馬衡捐贈北大

院藏號：新一六〇五四八

原拓號：〔正〕一・四・二、〔臼〕一・四・一

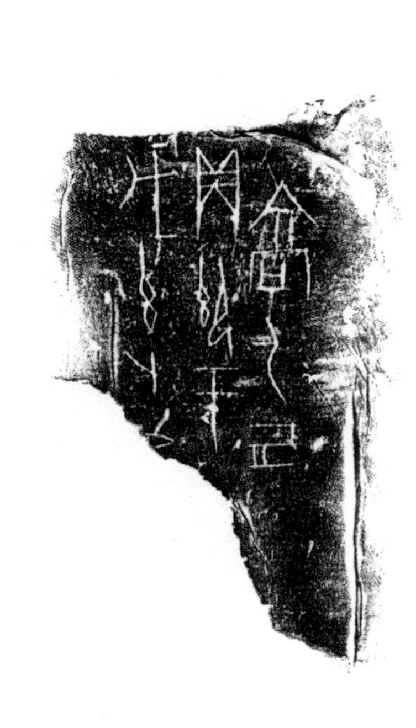

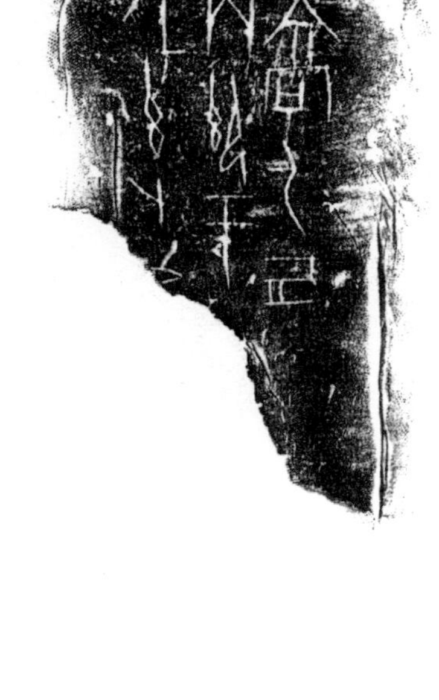

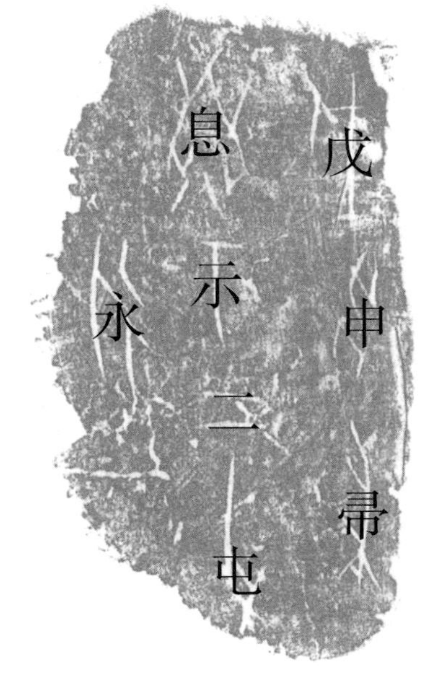

一三　戊午卜韋貞禦于高妣己事與戊申婦息示二屯骨臼刻辭

本骨正面存辭一條。反面無字。臼面存辭一條。

〔正面〕

（一）戊午卜，［韋］貞：知（禦）于高匕（妣）己。

〔臼面〕

（一）戊申帚（婦）息示二屯。永。〔一〕

【簡釋】

〔一〕本骨正、臼拓本均小于院藏實物。

【備注】

組類：賓組

材質：牛肩胛骨

著録：〔正〕《續》一・三九・五（不全）、《磻蜚》四・四、《凡考》四・四；〔臼〕《續》六・九・四、《磻蜚》四・三、《凡考》四・三；〔正臼〕《合》二三五四（全）、《宮藏馬》一七三

來源：馬衡捐贈北大

院藏號：新一六〇五四七

原拓號：〔正〕一・四・四、〔臼〕一・四・三

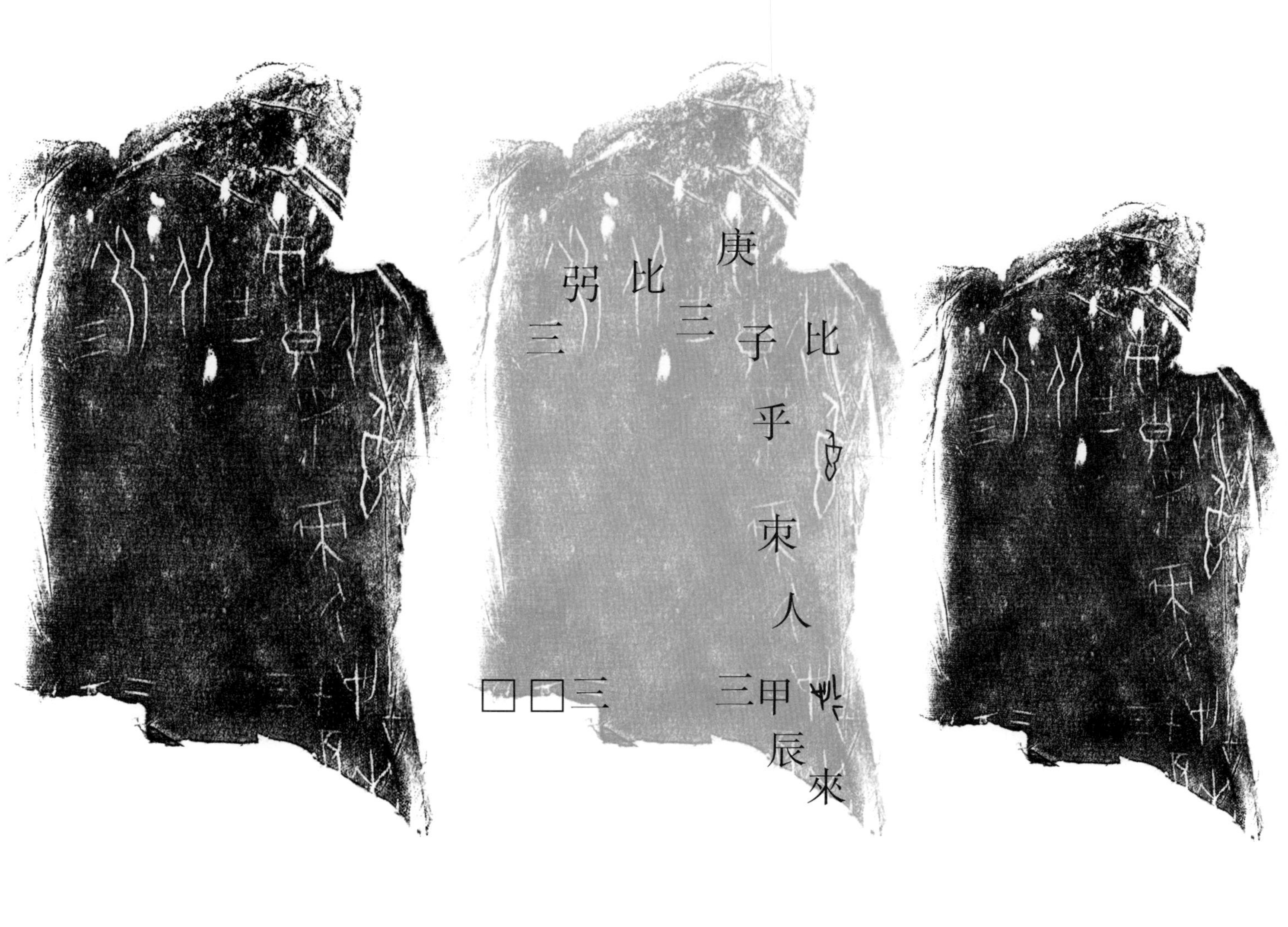

一四　庚子問呼朿人比𢀛與甲辰問𣥂來等事

本骨正面存辭四條。反面無字。

（一）庚子：乎（呼）朿人比𢀛。三

（二）弜（勿）比。三

（三）甲［辰］☐𣥂［來］☐　三

（四）☐☐☐☐☐［三］

【備注】

組類：𠂤類

材質：牛肩胛骨

著録：［右下］《合》二二四五〇；［全］《續》六·九·七（不全）、《旛蜚》五·一、《凡考》五·一、《宮藏馬》一〇

來源：馬衡捐贈北大

院藏號：新一六〇五六三+新一六〇六二五+資一二八–一三+資一二八–一八

原拓號：一·五·一

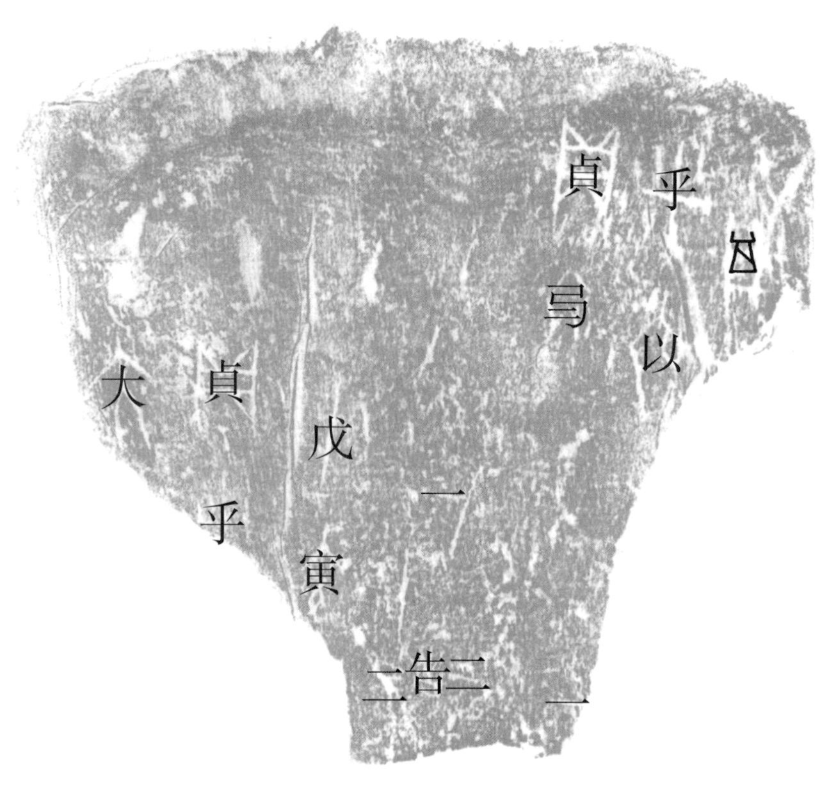

一五　戊寅貞呼以𠙵等事

本骨正面存辭二條。反面無字。臼面未録。

（一）戊寅☐貞：［乎（呼）］☐大☐　一

二告　二

（二）貞：弓（勿）乎（呼）以𠙵[一]☐　一

【簡釋】

［一］「𠙵」或比定作「凸」「肩」等字。

【備注】

組類：賓組

材質：牛肩胛骨

著録：《續》六・一二・一、《磻蜚》五・二、《合》一七六六五正、《凡考》五・二、《宮藏馬》一三〇

來源：馬衡捐贈北大

院藏號：新一六〇五四九+新一六〇八九九

原拓號：一・五・二

一六　辛亥壬子等日卜即貞今夕亡囚事

本骨正面存辭四條。反面無字。

（一）辛亥卜，［即］貞：今夕亡［囚］〔一〕。　一

（二）　一

（三）壬子卜，即貞：今夕亡囚。　一

（四）癸丑☐貞：今☐亡☐

【簡釋】

〔一〕「囚」或比定作「禍」「咎」「憂」等字。下同。

【備注】

組類：出組

材質：牛肩胛骨

著録：〔左中部〕《合補》八一〇三；〔左下部〕《合補》八〇八九；〔左部〕《續》二·一四·五、《合》二六三六六；〔全〕《南師》二·一八一、《磻蜚》五·三、《凡考》五·三、《宮藏馬》二四二

來源：馬衡捐贈北大

院藏號：新一六〇八三二+新一六〇八四〇+新一六〇九〇二+新一六〇六九八+資一二八-一四+資一二八-四八

原拓號：一·五·三

一七　癸酉卜貞翌乙日等事

本甲正面存辭二條。反面無字。

（一）癸酉卜囗貞：翌乙囗

（二）囗［辰］卜，大囗丁囗□囗

【備注】

組類：出組

材質：龜腹甲

著録：《磻蜚》五・四、《凡考》五・四、《合補》七三六九、《宮藏馬》二一〇

來源：馬衡捐贈北大

院藏號：新一六〇五九五

原拓號：一・五・四

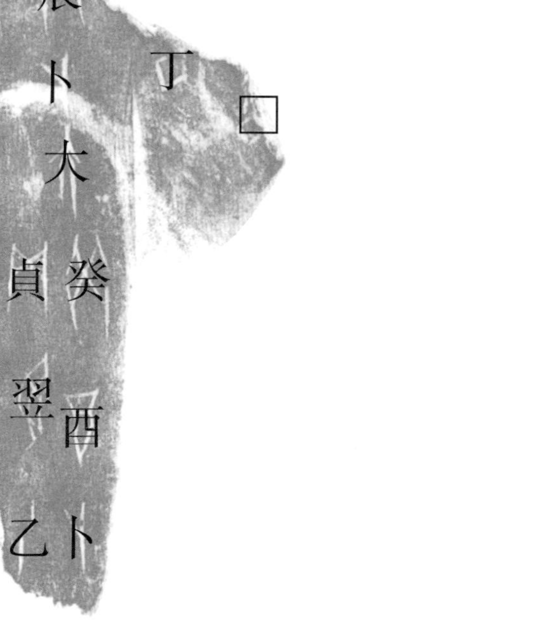

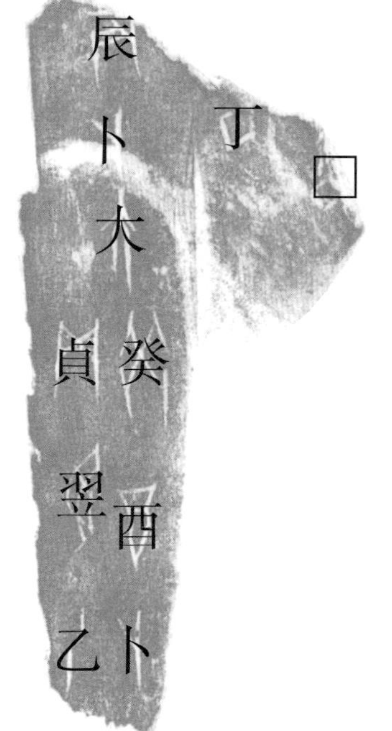

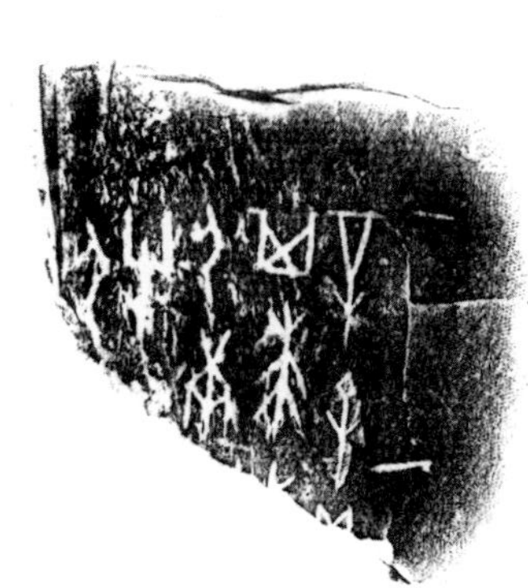

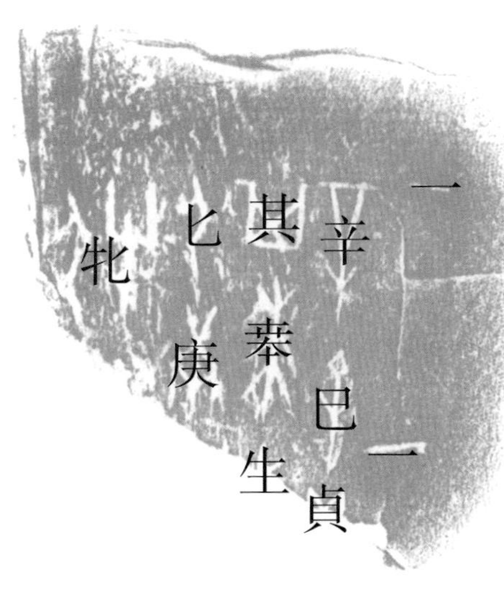

一八　辛巳貞其禱生妣庚牝事

本骨正面存辭二條。反面無字。

（一）辛巳［貞］：其桒（禱）［生］□匕（妣）庚□牝□　一[一]

（二）　一[二]

【簡釋】

［一］本骨可綴《合》三四〇八二，綴合後即《合補》一〇四四六。釋文可補爲「辛巳［貞］：其桒（禱）生于匕（妣）庚匕（妣）丙牝羖豕。一」。詳見曾毅公綴，《綴編》第五六則。

［二］該拓本大于院藏實物。

【備注】

組類：歷組

材質：牛肩胛骨

著録：《續》一・三九・七（不全）、《𥗬壺》六・一、《合》三四〇八四（不全）、《凡考》六・一上半、《合補》一〇四四六甲（不全）、《宮藏馬》二五一

來源：馬衡捐贈北大

院藏號：新一六〇六七七

原拓號：一・六・一

一九　丁巳卜貞王儐叙亡尤事

本甲正面存辭一條。反面無字。

（一）丁巳卜☐貞：王宓（儐）叙，亡尤。　一

【備注】

組類：出組

材質：龜腹甲

著録：《續》二・九・一（不全）、《磻耋》六・二、《合》二五三四三（不全）、《凡考》六・二、《宮藏馬》二二五

來源：馬衡捐贈北大

院藏號：新一六〇七三五+新一六〇七五一+新一六〇八九一

原拓號：一・六・二

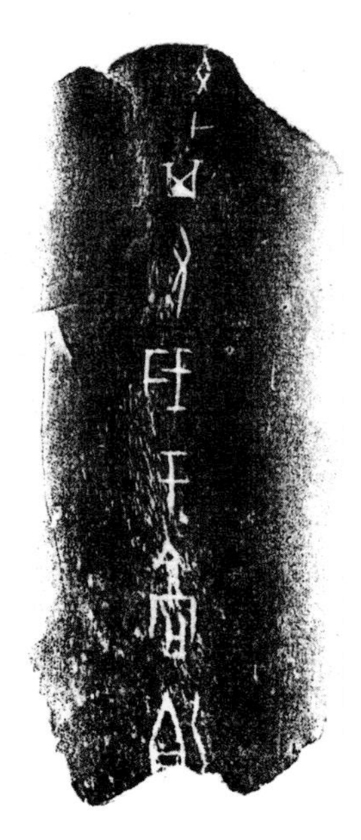

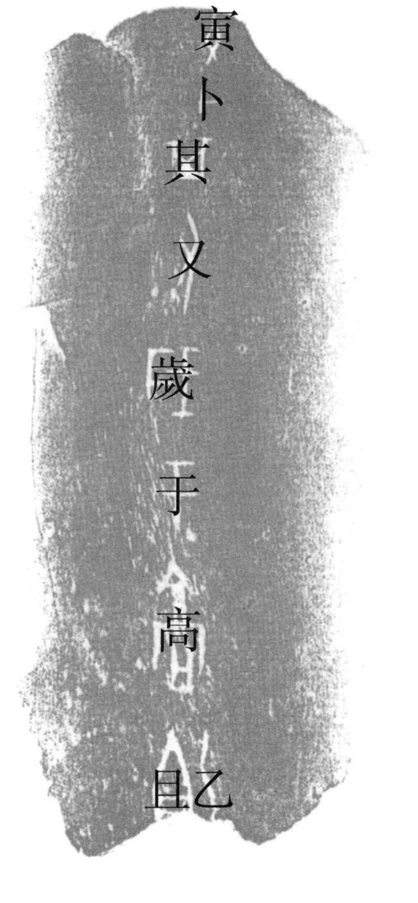

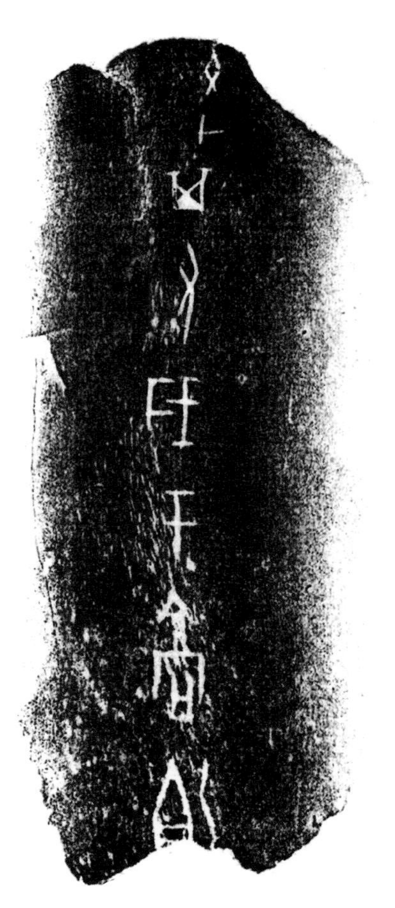

二〇　寅日卜其侑歲于高祖乙事

本骨正面存辭一條。反面無字。

（一）〼［寅］卜：其又（侑）歲于高［且（祖）乙］[一]〼[二]

【簡釋】

〔一〕「且乙」爲合文。

〔二〕該拓本小于院藏實物。

【備注】

組類：歷無間

材質：牛肩胛骨

著録：《續》一・一七・四、《通纂》二四八、《磻萁》六・三、《合》三二四五二（全）、《凡考》六・三、《宮藏馬》二七九

來源：馬衡捐贈北大

院藏號：新一六〇五七六

原拓號：一・六・三

二一　乙卯卜尹貞王儐歲亡尤等事

本甲正面存辭二條，有界劃綫。反面無字。

（一）乙卯卜，尹貞：王窆（儐）歲，亡尤。

（二）☐［尹］☐［窆（儐）］☐

【備注】

組類：出組

材質：龜腹甲

著録：《續》二・二・八（不全）、《磻蜚》六・四、《合》二五一一四、《凡考》六・四、《宮藏馬》二三二

來源：馬衡捐贈北大

院藏號：新一六〇七三三

原拓號：一・六・四

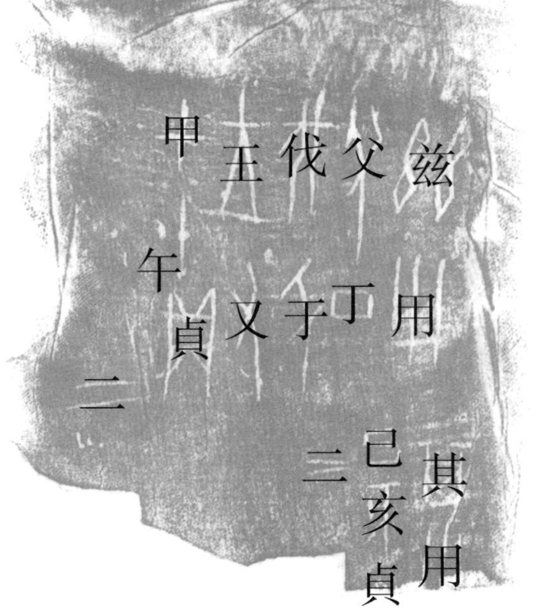

二三　甲午貞王侑伐于父丁與己亥貞其用等事

本骨正面存辭二條。反面無字。

（一）甲午貞：王又（侑）伐于父丁。茲用。　二

（二）己亥［貞］☐其［用］☐　二〔一〕

【簡釋】

〔一〕該拓本小于院藏實物。

【備注】

組類：歷組

材質：牛肩胛骨

著録：《續》一・三三・五、《簠輩》七・一、《合》三二二二五（全）、《凡考》七・一、《宮藏馬》二五九

來源：馬衡捐贈北大

院藏號：新一六〇五四五

原拓號：一・七・一

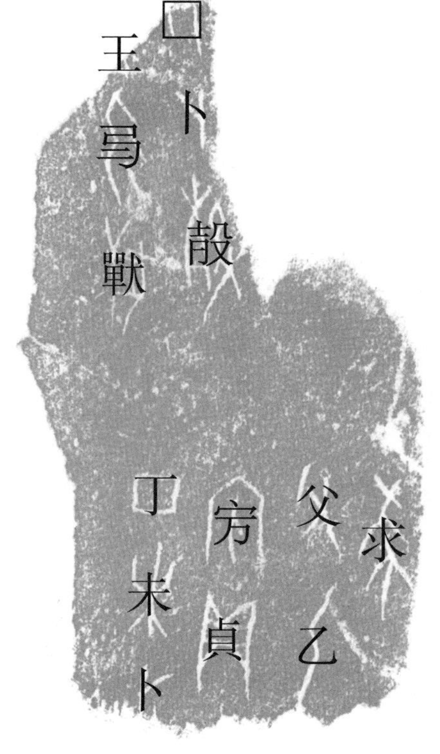

二三　丁未卜穷貞父乙求與某日卜㱿問王勿狩等事

本甲正面存辭二條。反面無字。

（一）丁未卜，穷貞：父乙求[一]。

（二）☐☐卜，㱿☐［王］弜（勿）獸（狩）。

【簡釋】

［一］「求」或比定作「咎」字。

【備注】

組類：賓組

材質：龜腹甲

著録：《續》一・二九・五、《磻耑》七・二、《合》一〇六三〇、《凡考》七・二、《宮藏馬》一三三

來源：馬衡捐贈北大

院藏號：新一六〇六三四

原拓號：一・七・二

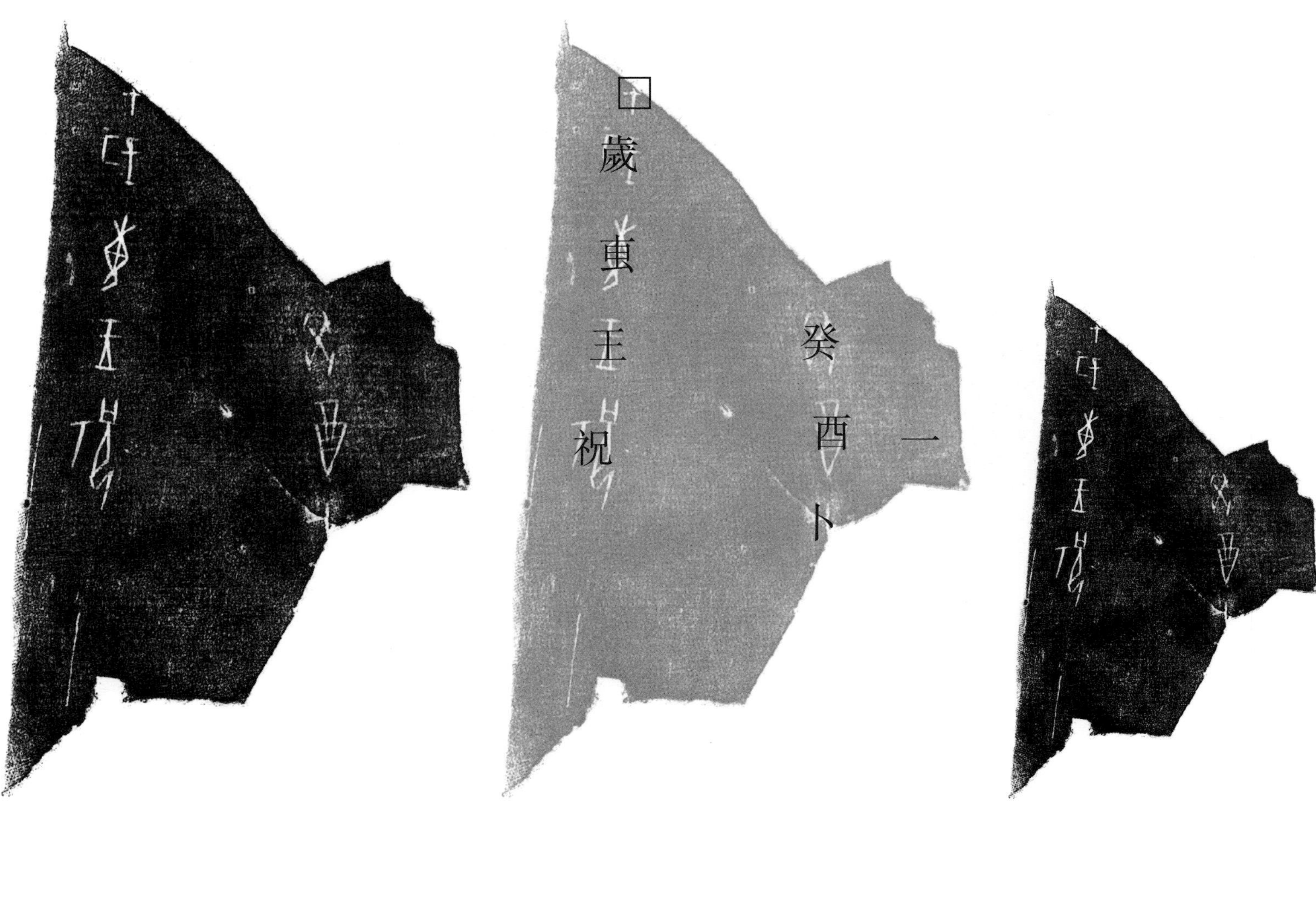

二四　癸酉卜某事與某日問歲叀王祝等事

本骨正面存辭二條。反面無字。

（一）癸酉［卜］☐　一

（二）☐☐歲，叀王祝。［一］

【簡釋】

［一］該拓本小于院藏實物。

【備注】

組類：無名

材質：牛肩胛骨

著録：《續》六・一一・六、《磻堃》七・三、《合》三〇七二六（全）、《凡考》七・三、《宮藏馬》二八五

來源：馬衡捐贈北大

院藏號：新一六〇五八二

原拓號：一・七・三

貞　于
桒　河
一　受

二五　某日貞禱于河事

本骨正面存辭一條。反面無字。

（一）貞：桒（禱）☐于河，受☐　一

【備注】

組類：賓組

材質：牛肩胛骨

著録：《續》一·三五·四、《磻蜚》七·四、《合》一四五三八、《凡考》七·四、《宮藏馬》五五

來源：馬衡捐贈北大

院藏號：新一六〇八〇四

原拓號：一·七·四

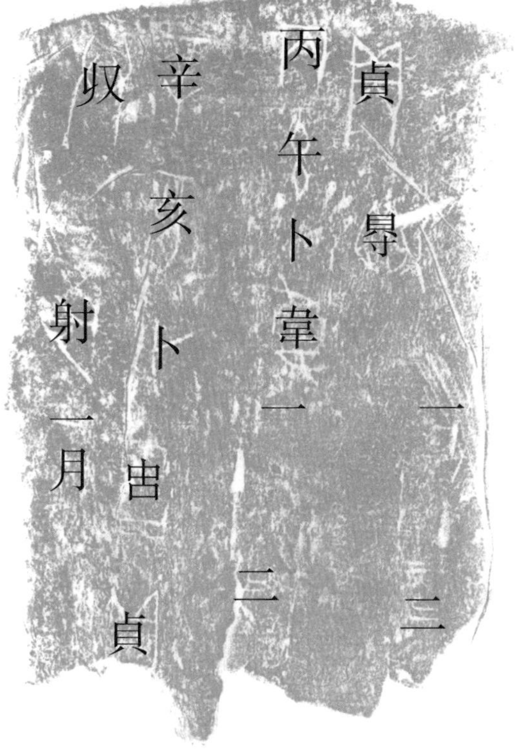

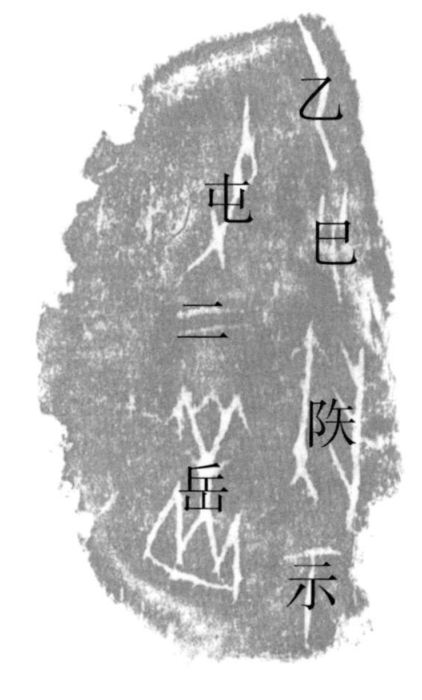

二六　丙午卜韋貞得與一月辛亥卜古貞登射事與乙巳陕示屯二骨臼刻辭

本骨正面存辭二條。反面無字。臼面存辭一條。

〔正面〕

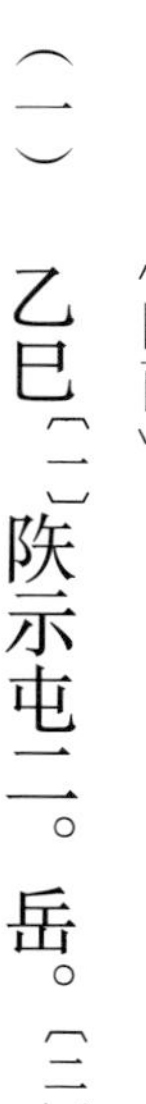

（一）丙午卜，韋貞：旻（得）。　一　二

（二）辛亥卜，古（古）［貞］：収（登）射。一月。　一　二

〔臼面〕

（一）乙巳〔一〕陕示屯二。岳。〔二〕

【簡釋】

〔一〕「巳」缺刻横劃。

〔二〕本骨正面拓本小于院藏實物。

【備注】

組類：賓組

材質：牛肩胛骨

著録：〔正〕《續》六・一二・六（不全）、《磻蚩》八・二、《凡考》八・二、《合補》一二一一（不全）；〔臼〕《續》六・一〇・一〇（不全）、《磻蚩》八・二、《凡考》八・一；〔正臼〕《合》一七五八六（不全）、《宮藏馬》一〇九

來源：馬衡捐贈北大

院藏號：新一六〇五五八＋新一六〇六五四＋新一六〇六六一＋資一二八－四五

原拓號：〔正〕一・八・二、〔臼〕一・八・一

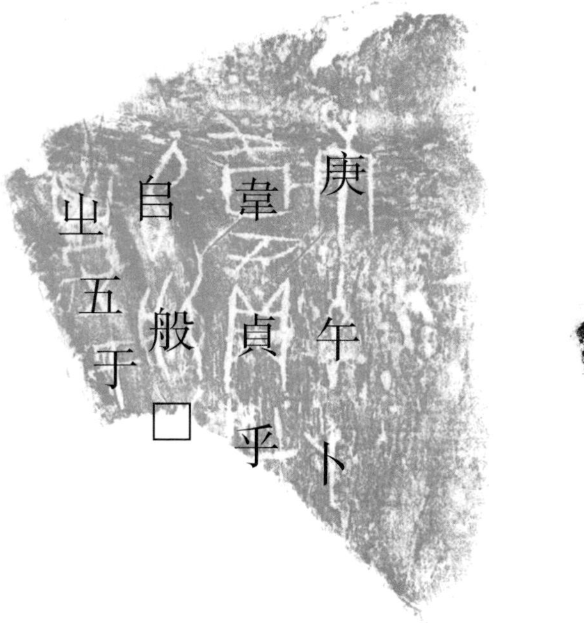

二七　庚午卜韋貞呼𠂤般侑五于某事

本骨正面存辭一條。反面無字。

（一）庚午卜，韋貞：［乎（呼）］𠂤般☐㞢（侑）五于☒〔一〕

【簡釋】

〔一〕該拓本小于院藏實物。

【備注】

組類：賓組

材質：牛肩胛骨

著録：《續》六·一〇·三、《磻薑》八·三、《合》四一二三（全）、《凡考》八·三、《宮藏馬》六四

來源：馬衡捐贈北大

院藏號：新一六〇五五七+資一二八一四六

原拓號：一·八·三

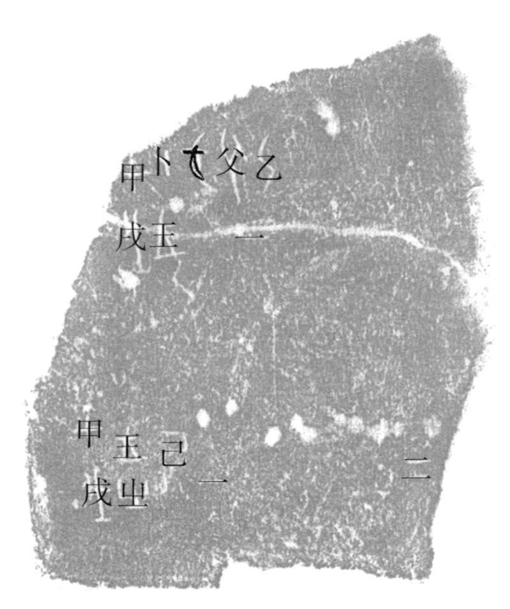

二八　甲戌卜王問侑某己與□父乙等事

本甲正面存辭二條。反面無字。

（一）甲戌〼王：虫（侑）〼己。　一　二

（二）甲戌卜，王：□父乙。　一

【備注】

組類：𠂤組

材質：龜腹甲

著録：《續》一·二九·六、《磻蜚》八·五、《合》二三九〇、《凡考》八·四、《宫藏馬》三

來源：馬衡捐贈北大

院藏號：新一六〇六二八

原拓號：一·八·四

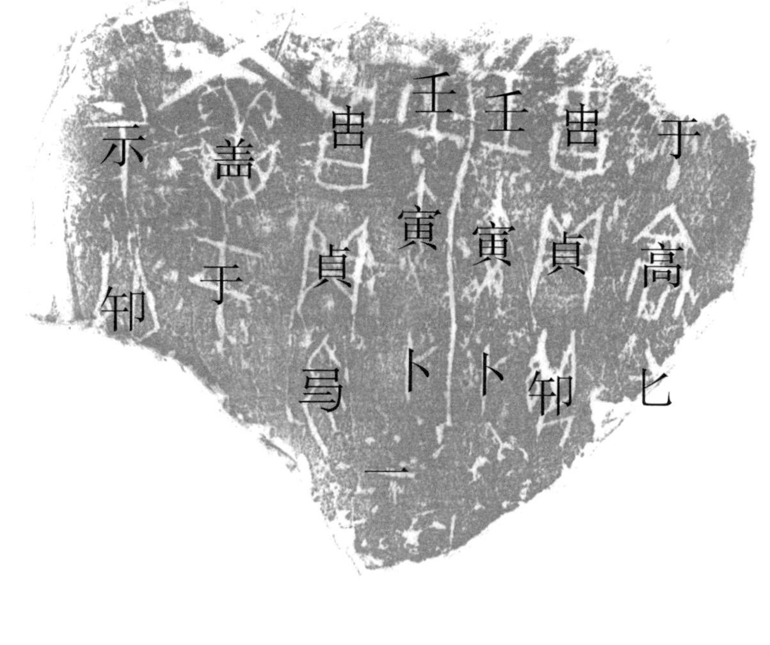

二九　壬寅卜古貞禦于高妣與勿盖于示禦等事

本骨正面存辭二條，有界劃綫。反面無字。

（一）壬寅卜，叀（古）貞：钔（禦）［于］高［匕（妣）］☐

（二）壬寅卜，叀（古）貞：弓（勿）盖[一]于示［钔（禦）］☐　一[二]

【簡釋】

［一］「盖」或比定作「莧」，讀爲「緩」。

［二］該拓本小于院藏實物。

【備注】

組類：賓組

材質：牛肩胛骨

著録：《續》六·九·一、《合》二三八四（全）、《凡考》九·一、《宮藏馬》四八

來源：馬衡捐贈北大

院藏號：新一六〇五三九

原拓號：一·九·一

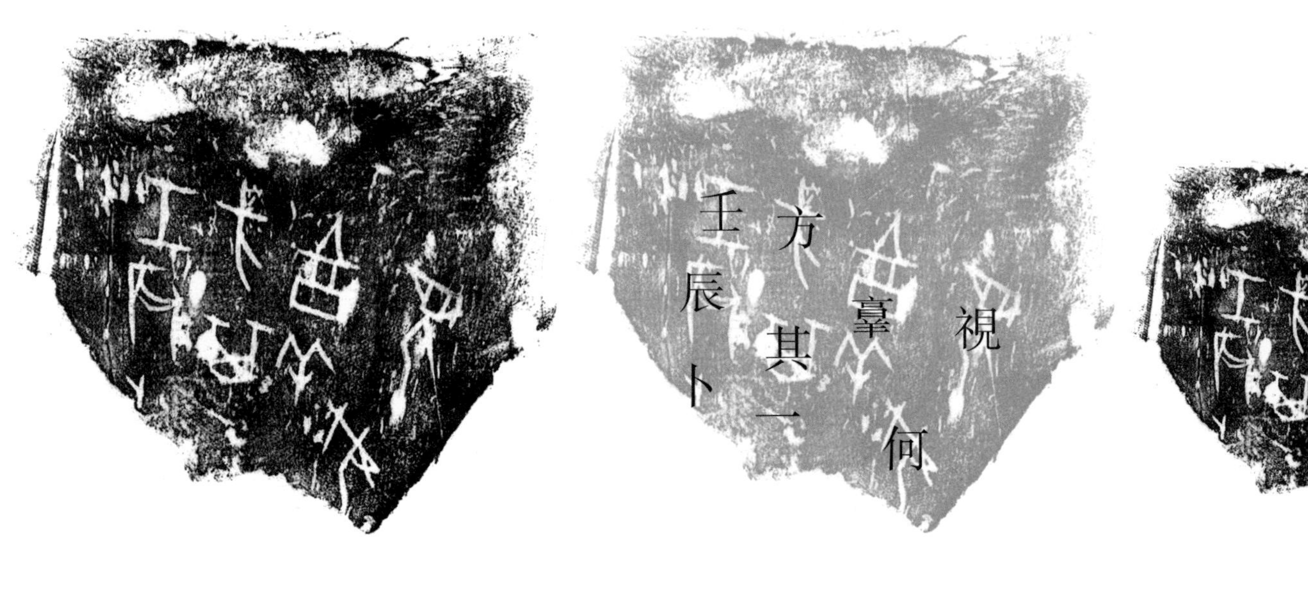

三〇　壬辰卜方其𦎫視何事

本骨正面存辭一條。反面無字。

（一）　壬辰卜：方其𦎫，視何。　一〔一〕

【簡釋】

〔一〕本骨可綴《上博》一七六四七·一九四，綴後即《合》六七八九。詳見曾毅公綴，《綴編》第一五〇則。又，該拓本小于故宮院藏實物。

【備注】

組類：𠂤賓

材質：牛肩胛骨

著録：《續》六·九·六、《合》六七八九上半、《凡考》九·二上半、《宮藏馬》一九

來源：馬衡捐贈北大

院藏號：新一六〇五五四

原拓號：一·九·二

三一　丙寅貞王其奠𠙵侯商告于祖乙父乙等事

本骨正面存辭四條，有界劃綫。反面無字。

（一）一

（二）丙寅貞：王其［奠］𠙵侯，告于［且（祖）乙］一牛。一

（三）丙寅貞：王其奠𠙵侯商，告且（祖）乙[一]二牛。一

（四）丙寅貞：王其奠𠙵侯商，告于且（祖）乙三牛，父乙。一[二]

【簡釋】

［一］「且乙」爲合文。下同。

［二］該拓本小于院藏實物，原骨存辭五條。

【備注】

組類：歷組

材質：牛肩胛骨

著録：《合》三二八一一（全）、《凡考》九·三、《宮藏馬》二六七

來源：馬衡捐贈北大

院藏號：新一六〇六四五

原拓號：一·九·三

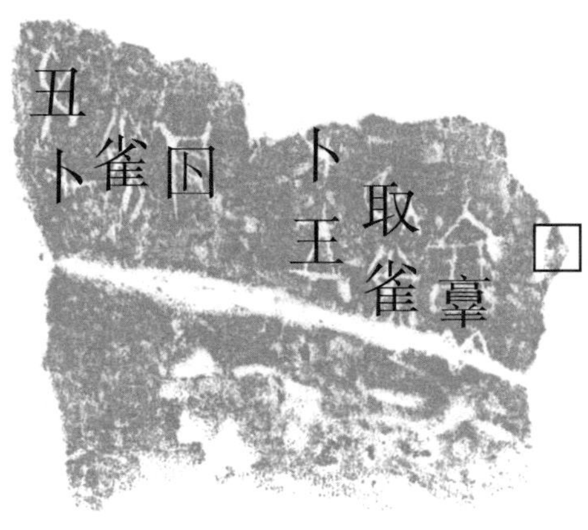

三二　某日卜王取雀𦎫等事

本甲正面存辭二條。反面無字。

（一）□卜，王□取雀□𦎫□□□

（二）□丑卜□雀□𡆥〔一〕。

【簡釋】

〔一〕「𡆥」或比定作「禍」「咎」「憂」等字。又，該拓本小于院藏實物。

【備注】

組類：𠂤賓

材質：龜腹甲

著録：《續》六・九・八、《合》六九六八（全）、《凡考》九・四、《宮藏馬》二五

來源：馬衡捐贈北大

院藏號：新一六〇八〇五

原拓號：一・九・四

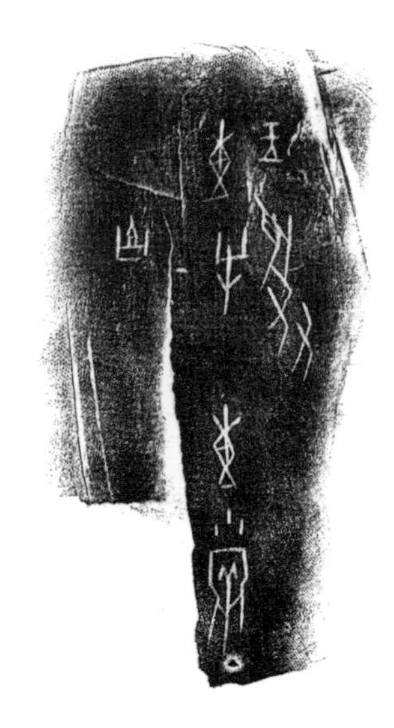

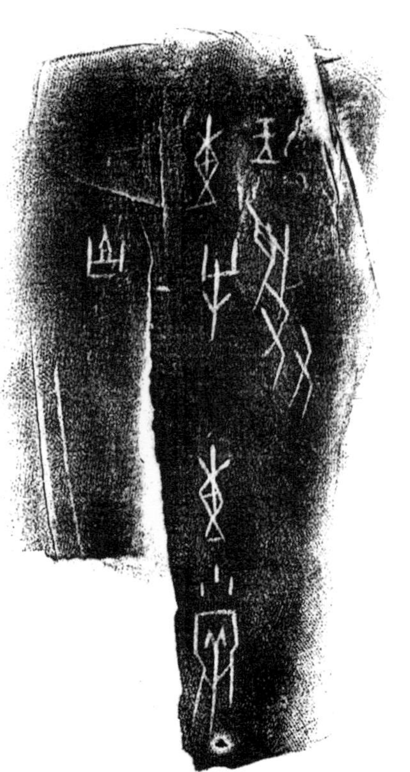

三三　某日問叀小宰與叀牛王受祐等事

本骨正面存辭二條。反面無字。

（一）叀小宰。

（二）叀牛，王受又（祐）。　吉[一]

【簡釋】

［一］該拓本小于院藏實物。

【備注】

組類：無名

材質：牛肩胛骨

著録：《續》二・一六・八、《旛蜚》一〇・一、《合》二九六五四（全）、《凡考》一〇・一、《宮藏馬》二九一

來源：馬衡捐贈北大

院藏號：新一六〇五五九

原拓號：一・一〇・一

三四　某日旅問其侑于某叀羊事

本甲正面存辭一條。反面無字。

（一）☐旅☐［其］又（侑）于☐叀羊。

【備注】

組類：出組

材質：龜腹甲

著録：《續》六・一一・七（不全）、《磻蚩》一〇・二、《合》二五〇五八、《凡考》一〇・二、《宮藏馬》二三四

來源：馬衡捐贈北大

院藏號：新一六〇七七七

原拓號：一・一〇・二

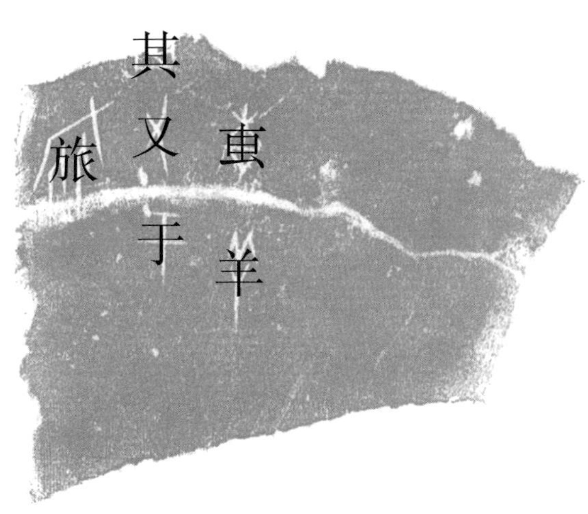

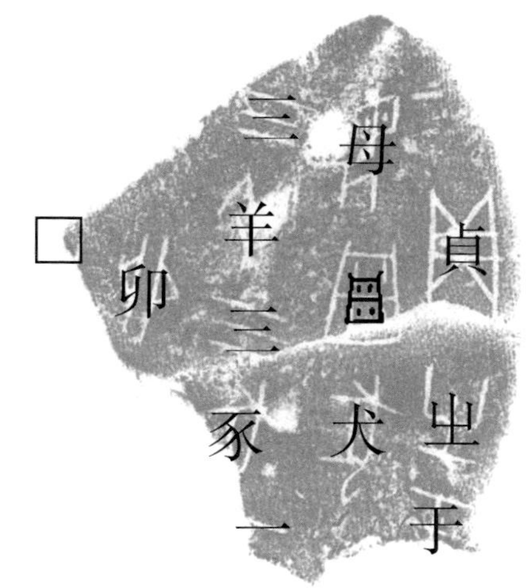

三五　某日貞侑于母𡆥犬三羊三家一事

本甲正面存辭一條。反面未録。

（一）貞：㞢(侑)[于]母𡆥犬三、羊三、[家一]☐卯☐☐☐

【備注】

組類：賓組

材質：龜腹甲

著録：《鐵》一五〇・一、《續》二・一六・七、《𥖞萓》一〇・三、《鐵新》四一、《合》二五八五、《凡考》一〇・三、《宮藏馬》七五正

來源：馬衡捐贈北大

院藏號：新一六〇五九三

原拓號：一・一〇・三

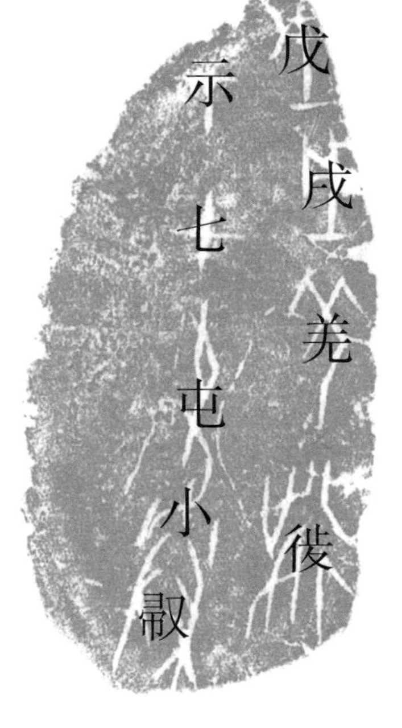

三六　戊戌羌⿰彳夌示七屯骨臼刻辭

本骨正反面無字。臼面存辭一條。

（一）戊戌羌⿰彳夌示七屯。小叡。

【備注】

組類：賓組

材質：牛肩胛骨

著録：《續》六·九·三、《續》六·一六·三（不全）、《簠雜》一〇·四、《合》一七六二二、《凡考》一〇·四、《雲間》三九下·六、《宮藏馬》一四九

來源：馬衡捐贈北大

院藏號：新一六〇六三九

原拓號：一·一〇·四

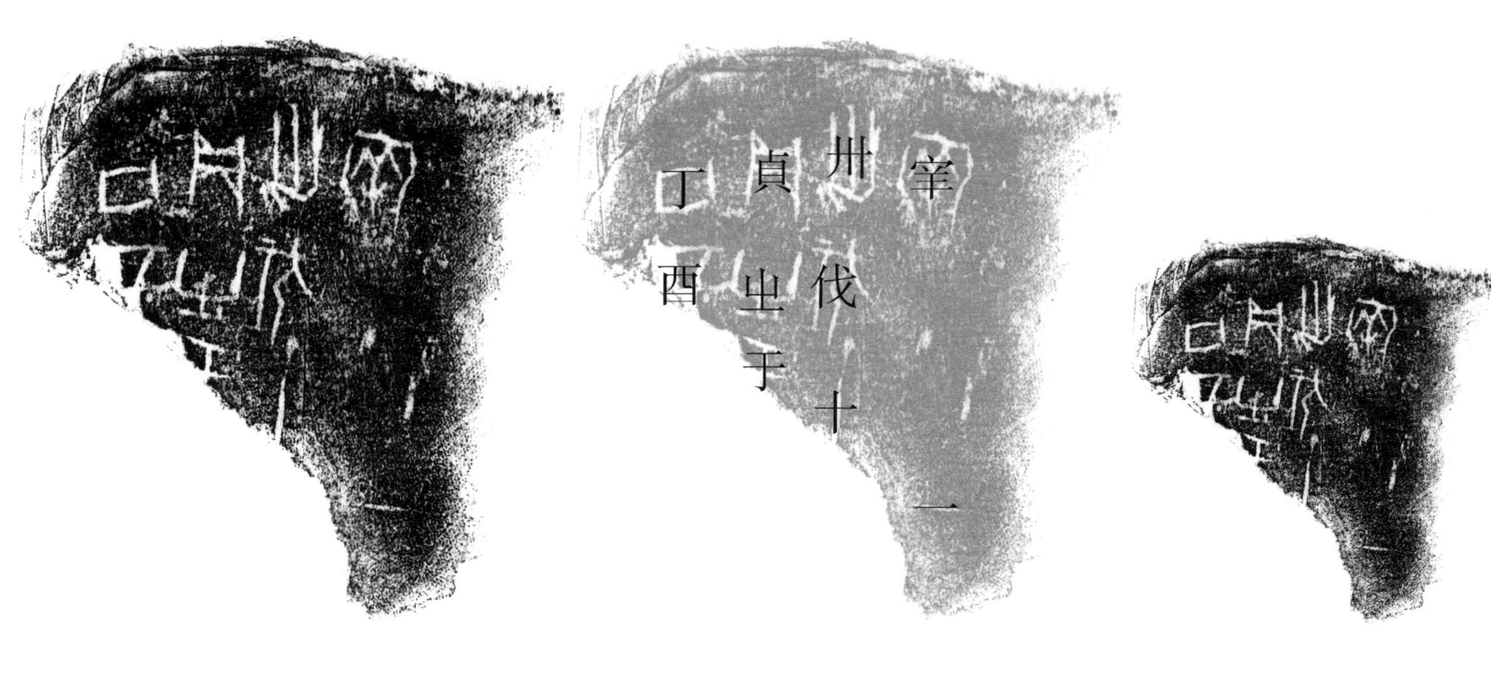

三七　丁酉貞侑于某卅伐十宰事

本骨正面存辭一條。反面無字。

（一）丁［酉］☐貞：㞢（侑）［于］☐卅伐、十宰。　一〔一〕

【簡釋】

〔一〕本骨可綴《合》一四五九，綴合後釋文可補爲「丁酉卜，㱿貞：㞢（侑）于大甲卅伐、十宰。一」詳見林宏明綴，《甲骨新綴第五六五例》。又，該拓本小于院藏實物。

【備注】

組類：賓組

材質：牛肩胛骨

著録：《續》二・一七・一、《礌藁》一一・一、《合》八八八（不全）、《凡考》一一・一、《宮藏馬》六九

來源：馬衡捐贈北大

院藏號：新一六〇五五二+資一二八-一〇

原拓號：一・一一・一

三八　己未問用五十牡等事

本甲正面存辭二條。反面無字。

（一）己未☐五十〔一〕牡。　二

（二）甲戌☐

【簡釋】

〔一〕「五十」爲合文。

【備注】

組類：𠂤組

材質：龜腹甲

著録：《續》二·二六·二、《磻蜚》一一·二、《南師》二·五九、《合》二〇六七四、《凡考》一一·二、《宮藏馬》六

來源：馬衡捐贈北大

院藏號：新一六〇六八二+新一六〇八八〇

原拓號：一·一一·二

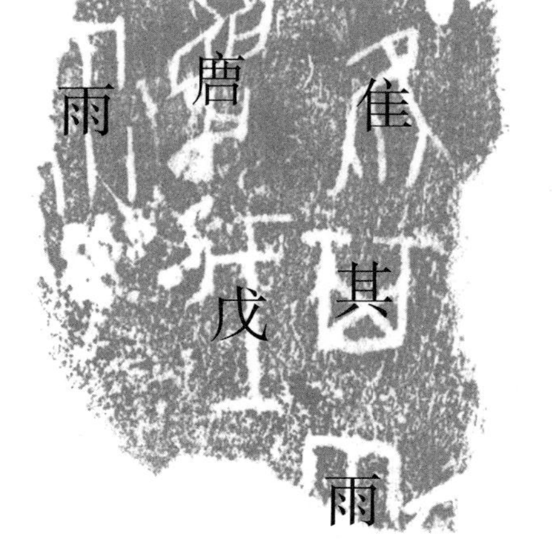
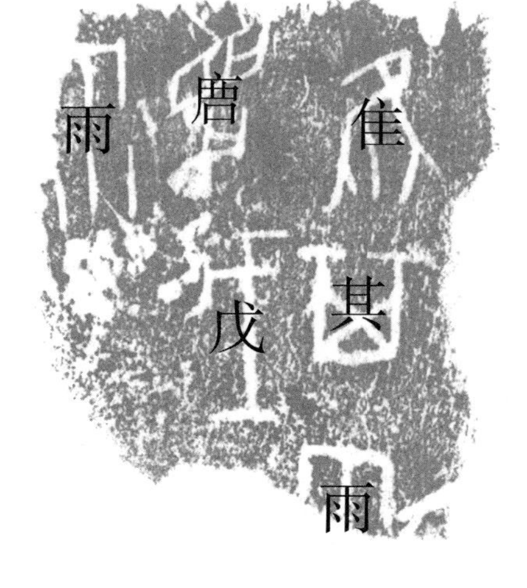

三九　某日貞⿱亼土告于丁用一牛與其雨等事

本甲正面存辭二條。反面存辭一條。

〔正面〕

（一）貞：［我］☐盧［方］☐令☐⿱亼土〔一〕［告］于丁，［用］一牛。

（二）☐☐☐☐

〔反面〕

（一）☐隹（唯）其［雨］☐唐戌☐［雨］☐〔二〕

【簡釋】

〔一〕「⿱亼土」或比定作「圭」「皀」等字。

〔二〕本甲反面可綴《合》九五五七反，綴合後釋文可補為「☐☐卂，隹（唯）其雨☐步于唐，戌☐允雨」。詳見馬保春綴，《拼三》第五九八則。

【備注】

組類：賓組

材質：龜腹甲

著録：〔正〕《鐵》一二·四、《續》一·四四·七、《鐵新》八八一、《磻蜚》一一·三、《凡考》一一·三；〔反〕《續》四·一五·七、《磻蜚》一一·四、《凡考》一一·四、《合》一一八九七；〔正反〕《合》一九五〇、《宮藏馬》一七六

來源：馬衡捐贈北大

院藏號：新一六〇七九四

原拓號：〔正〕一·一一·三、〔反〕一·一一·四

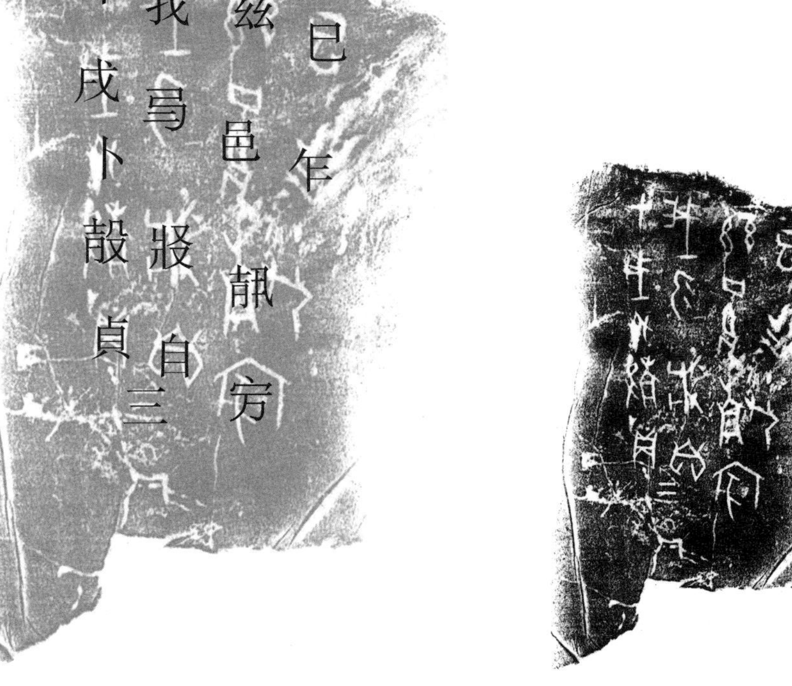

四〇　甲戌卜㱿貞我勿㞢自茲邑㪉賓祀作事

本骨正面存辭一條。反面無字。

（一）　甲戌卜，㱿貞：我𢎘（勿）㞢自茲邑㪉宊（賓）巳（祀）乍（作）。　三[一]

【簡釋】

［一］該拓本小于院藏實物。

【備注】

組類：賓組

材質：牛肩胛骨

著録：《續》六・九・五、《磻耋》一二・一、《合》一三五二六、《凡考》一二・一、《宮藏馬》三六

來源：馬衡捐贈北大

院藏號：新一六〇六四三+新一六〇六一八+資一二八-六三

原拓號：一・一二・一

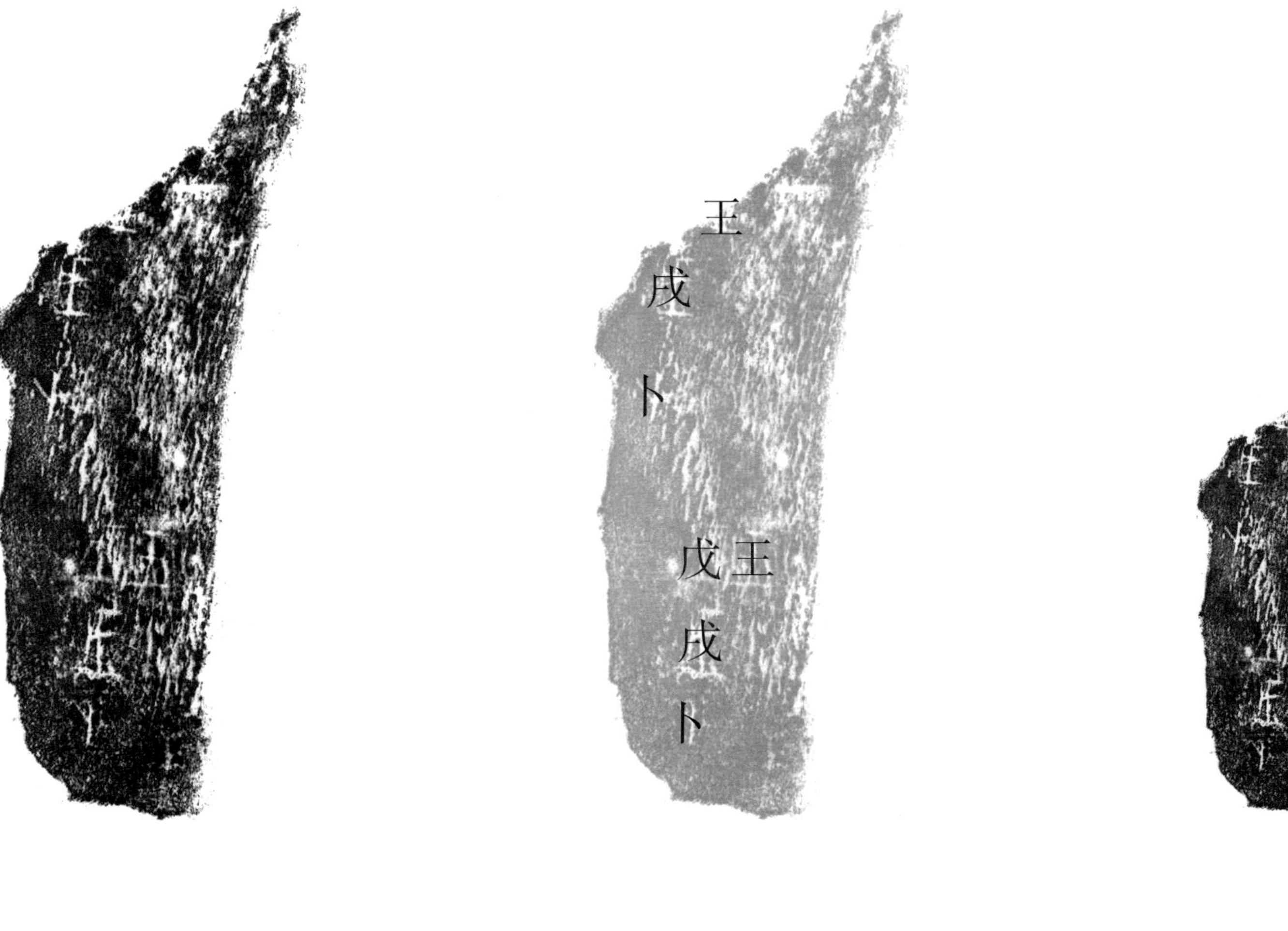

四一　戊戌卜王等事

本骨正面存辭二條。反面無字。

（一）　戊戌卜，王。

（二）　☐戌卜，［王］。

【備注】

組類：出組

材質：牛肩胛骨

著録：《南師》二・一九〇、《磻蚩》一二・二、《凡考》一二・二、《合補》八四六四、《宫藏馬》一三八

來源：馬衡捐贈北大

院藏號：新一六〇七七三

原拓號：一・一二・二

四二 二月辛丑卜王等事

本骨正面存辭三條。反面無字。

（一）辛丑卜☐才（在）二月。

（二）辛丑卜，王。

（三）☐［丑］卜，王。〔一〕

【簡釋】

〔一〕本骨可綴《上博》一七六四五·一五，綴合後釋文可補爲「辛丑卜，□。才（在）二月。／辛丑卜，王。／辛丑卜，王。／辛丑卜，王」。詳見蔡哲茂綴，《〈上海博物館藏甲骨文字〉新綴五則》第五則。

【備注】

組類：出組

材質：牛肩胛骨

著録：《續》六·二七·九、《磻蜚》一二·三、《合》二四〇〇九、《凡考》一二·三、《宮藏馬》二三七

來源：馬衡捐贈北大

院藏號：新一六〇七六一

原拓號：一·一二·三

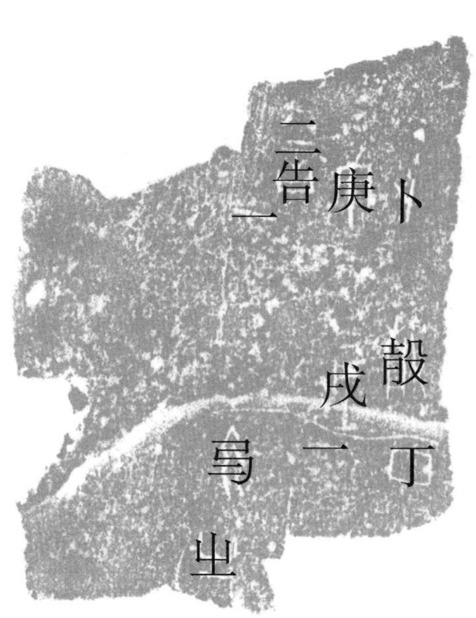

四三　某日問勿侑丁與庚戌卜㱿問等事

本甲正面存辭三條，有界劃綫。反面無字。

（一）𢎗（勿）㞢（侑）☐丁☐　一

（二）庚戌卜，㱿☐　一

（三）二告

【備注】

組類：賓組

材質：龜腹甲

著録：《鐵》一一八・三、《磻蜚》一二・四、《鐵新》二二、《合》一九四三、《合》四〇四六四、《凡考》一二・四、《宮藏馬》三八

來源：馬衡捐贈北大

院藏號：新一六〇八二〇+新一六〇八二三+新一六〇八四一+資一二八-六一

原拓號：一・一二・四

四四　丁酉卜㱿貞來乙巳王入于娩事

本骨正面存辭一條。反面無字。

（一）丁酉卜，[㱿]貞：來乙巳王入于(娩)。　三（四）〔一〕

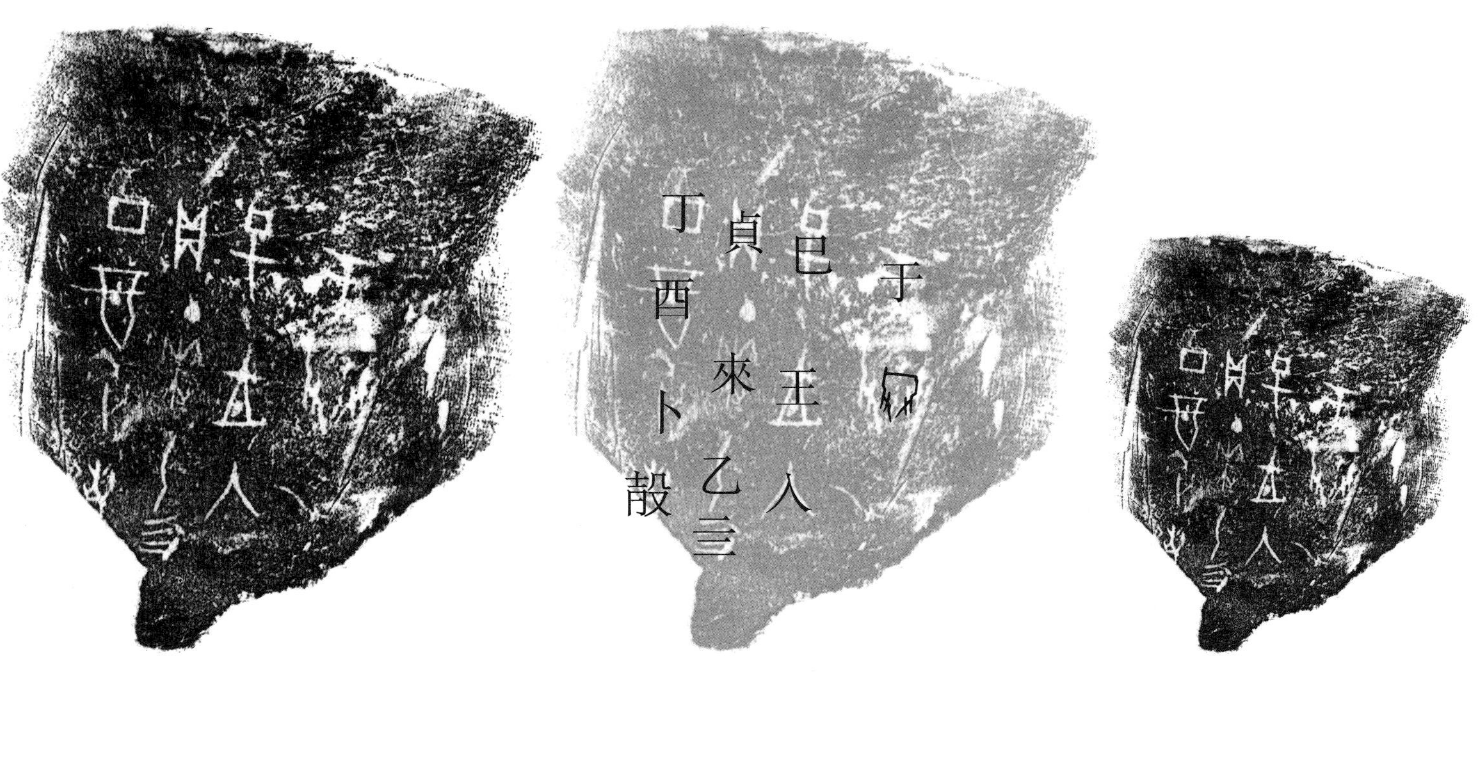

【簡釋】

〔一〕本骨與《上博》一七六四七・六六八、《合》七八四四爲同文卜辭。又，該拓本小于院藏實物。

【備注】

組類：賓組

材質：牛肩胛骨

著録：《續》三・一四・七（不全）、《凡考》一三・一、《合》七八四三、《宮藏馬》四〇

來源：馬衡捐贈北大

院藏號：新一六〇五七三

原拓號：一・一三・一

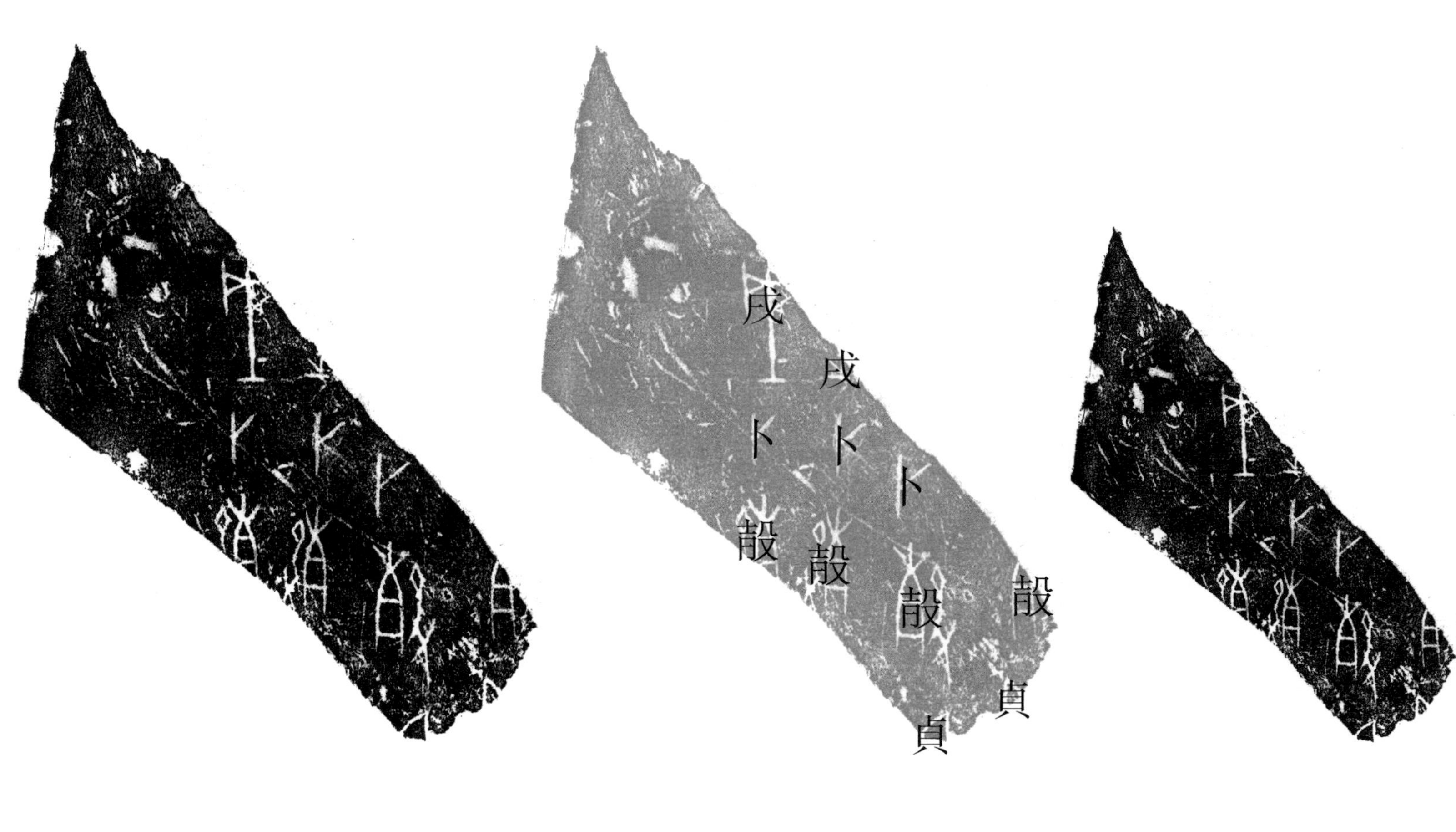

四五　戊日卜殻貞等事

本骨正面存辭四條。反面未録。

（一）⧄戊卜，[殻]⧄

（二）⧄[戊]卜，[殻]⧄

（三）⧄卜，殻[貞]⧄

（四）⧄[殻貞]⧄

【備注】

組類：賓組

材質：牛肩胛骨

著録：《凡考》一三·二、《宮藏馬》一五四正

來源：馬衡捐贈北大

院藏號：新一六〇七八四

原拓號：一·一三·二

四六　某日卜㱿問戠等事

本甲正面存辭三條。反面無字。

（一）□□卜，㱿□戠□□□　一

（二）方□告□大□　三

（三）□［翌］□戌⿰酉彡□五小□　三

【備注】

組類：賓組

材質：龜腹甲

著録：《續》二·七·六、《南師》二·九四、《合》八六八三、《凡考》一三·三、《宫藏馬》一〇七

來源：馬衡捐贈北大

院藏號：新一六〇七九六

原拓號：一·一三·三

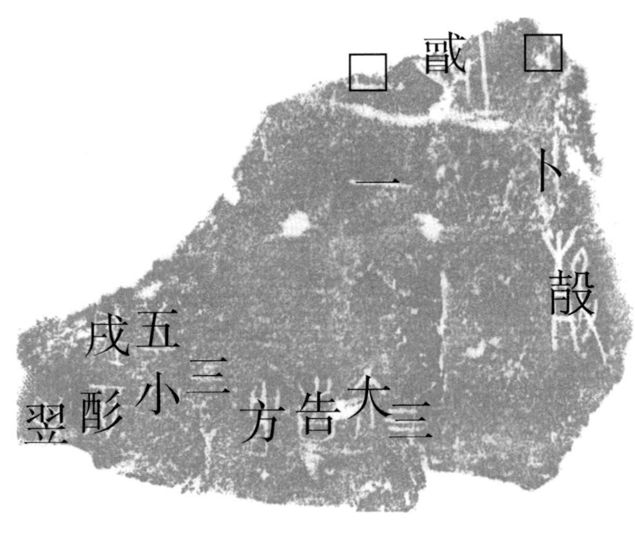

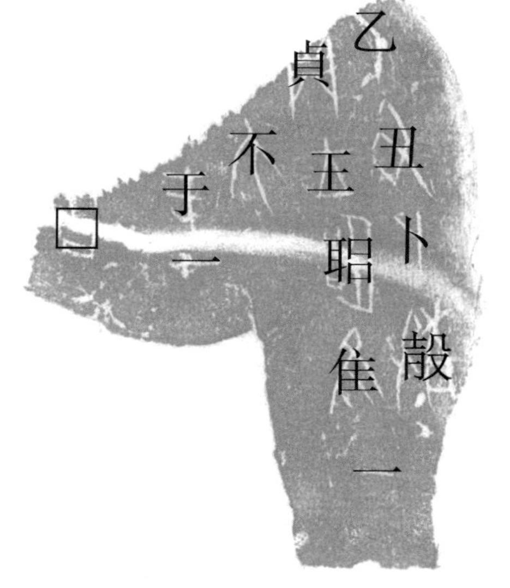

四七　乙丑卜㱿貞王聽等事

本甲正面存辭二條。反面無字。

（一）［乙］丑卜，㱿［貞］：王昭（聽）隹（唯）☐不☐于☐□☐　一

（二）一

【備注】

組類：賓組

材質：龜腹甲

著録：《鐵》一七七·四、《續》六·一一·一、《佚》八二、《南師》二·六二、《鐵新》七四九、《合》五三〇九、《凡考》一三·四、《宮藏馬》九八

來源：馬衡捐贈北大

院藏號：新一六〇六六五

原拓號：一·一三·四

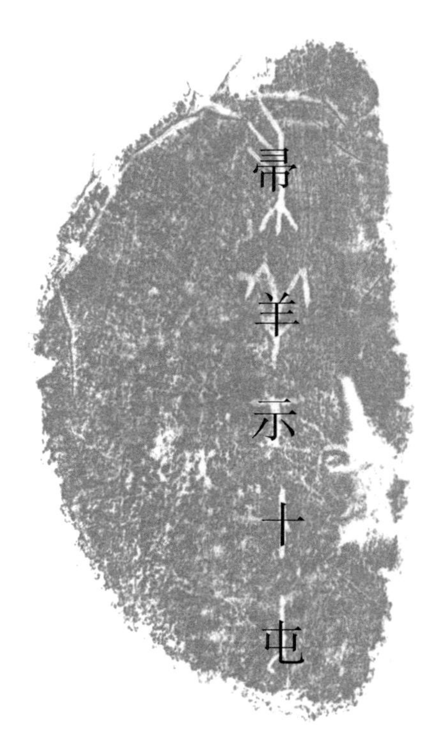

四八　己未卜亘貞不𣡹事與婦羊示十屯骨臼刻辭

本骨正臼面各存辭一條。反面無字。

〔正面〕

（一）己未卜，亘[貞]：不𣡹。〔一〕

〔臼面〕

（一）帚（婦）羊示十[屯]。

【簡釋】

〔一〕本骨可綴《合補》一〇〇二，綴合後釋文可補爲「己未卜，亘貞：不𣡹」。詳見林宏明綴，《契合集》第七一例。又，本骨正面拓本小于院藏實物。

【備注】

組類：賓組

材質：牛肩胛骨

著録：〔正〕《鐵》二四八・三、《續》六・一一・四、《磻蜚》一四・二、《鐵新》二二九、《凡考》一四・二；〔臼〕《續》六・二四・九（不全）、《磻蜚》一四・一、《凡考》一四・一；〔正臼〕《合》一五三一四（全）、《宮藏馬》五〇

來源：馬衡捐贈北大

院藏號：新一六〇五六九

原拓號：〔正〕一・一四・二、〔臼〕一・一四・一

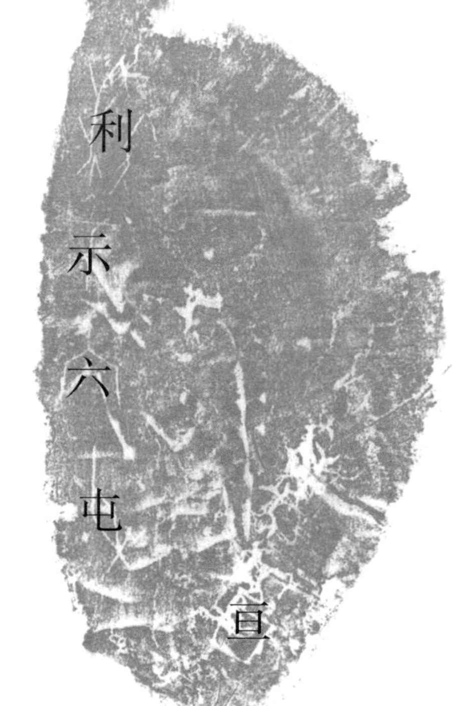
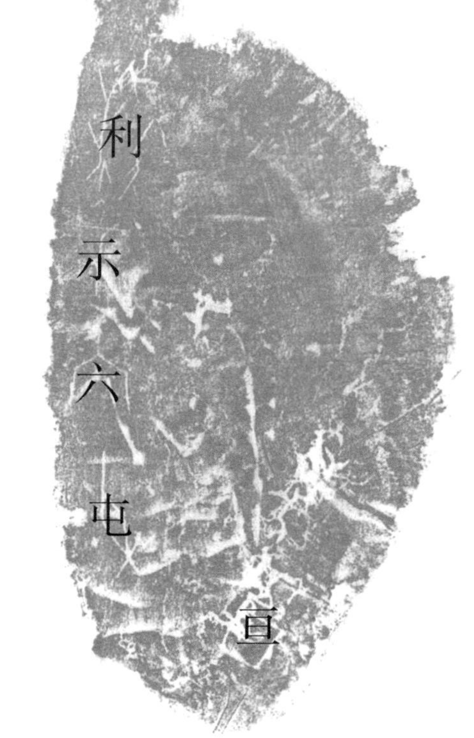

四九　某日貞勿侑㐅自成事與利示六屯骨臼刻辭

本骨正臼面各存辭一條。反面無字。

〔正面〕

（一）貞：弓（勿）㞢（侑）㐅[一]自[成]☐[二]

〔臼面〕

（一）利示六屯。亘。

【簡釋】

〔一〕「㐅」或比定作「升」字。

〔二〕該拓本小于院藏實物。

【備注】

組類：賓組

材質：牛肩胛骨

著録：〔正〕《磻蜚》一四·四、《凡考》一四·四；〔臼〕《南師》二·二五、《磻蜚》一四·三、《合》四〇六八五、《凡考》一四·三；〔正臼〕《合》一三四四（不全）、《宮藏馬》七〇

院藏號：新一六〇五五三+新一六〇六四〇

來源：馬衡捐贈北大

原拓號：〔正〕一·一四·四、〔臼〕一·一四·三

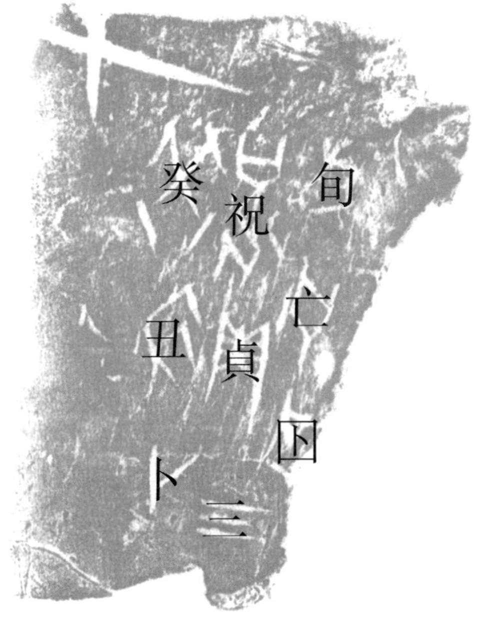

五〇　癸丑卜祝貞旬亡囚事

本骨正面存辭一條。反面無字。　五〇

（一）　癸丑卜，祝貞：旬亡[囚][一]。　三

【簡釋】

[一]「囚」或比定作「禍」「咎」「憂」等字。

【備注】

組類：出組

材質：牛肩胛骨

著録：《續》六・一〇・二、《南師》二・一八八、《磻薑》一五・一、《合》二六六八九、《凡考》一五・一、《宮藏馬》二〇六

來源：馬衡捐贈北大

院藏號：新一六〇六四四＋新一六〇六九一

原拓號：一・一五・一

五一　癸未癸巳等日貞旬亡囚事

本骨正面存辭三條。反面無字。

（一）　三

（二）　癸未貞：旬亡囚〔一〕。　三

（三）　癸巳貞：旬亡囚。　三

【簡釋】

〔一〕「囚」或比定作「禍」「咎」「憂」等字。下同。

【備注】

組類：歷組

材質：牛肩胛骨

著録：《續》四・三九・八、《磻蜚》一五・二、《合》三四八一八（不全）、《合》三四八一九、《凡考》一五・二、《宫藏馬》二七三

來源：馬衡捐贈北大

院藏號：新一六〇六一二

原拓號：一・一五・二

五二

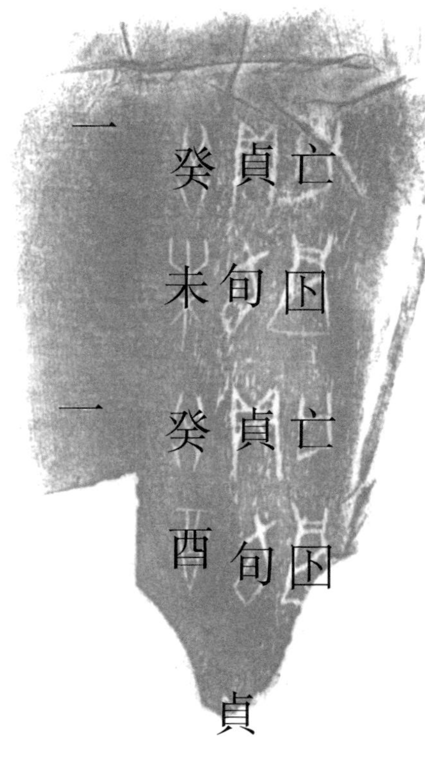

五二　癸酉癸未等日貞旬亡囚事

本骨正面存辭三條。反面無字。

（一）☐［貞］☐

（二）癸酉貞：旬亡［囚］［一］。　一

（三）癸未貞：旬亡囚。　一［二］

【簡釋】

［一］「囚」或比定作「禍」「咎」「憂」等字。下同。

［二］該拓本小于院藏實物。

【備注】

組類：歷組

材質：牛肩胛骨

著録：《續》四・三八・一〇（不全）、《礄蚩》一五・三、《合》三四七八二（不全）、《凡考》一五・三、《宮藏馬》二七二

來源：馬衡捐贈北大

院藏號：新一六〇五六一

原拓號：一・一五・三

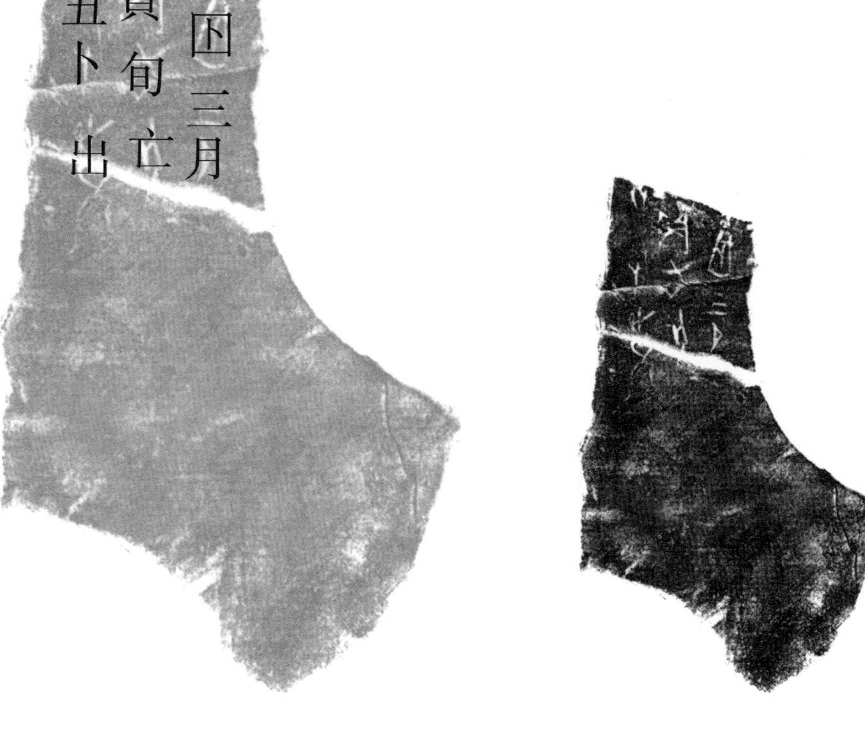

五三　三月癸丑卜出貞旬亡囚事

本甲正面存辭一條。反面無字。

（一）［癸］丑卜，出貞：旬亡囚［一］。三月。

【簡釋】

［一］「囚」或比定作「禍」「咎」「憂」等字。

【備注】

組類：出組

材質：龜腹甲

著録：《南師》二・一八七、《磻蚩》一五・四、《合》四一三三一、《凡考》一五・四、《宮藏馬》二〇八

來源：馬衡捐贈北大

院藏號：新一六〇八四六

原拓號：一・一五・四

五四　癸丑癸酉等日卜争貞旬亡囚事

本骨正面存辭二條。反面無字。

（一）癸丑卜，争貞：旬亡囚[一]。　二

（二）癸酉卜，争貞：旬亡囚。[二]

【簡釋】

[一]「囚」或比定作「禍」「咎」「憂」等字。下同。

[二]該拓本小于院藏實物。

【備注】

組類：賓組

材質：牛肩胛骨

著録：《續》四・四七・二、《佚》二九、《磻蜚》一六・一、《合》一六七九〇（全）、《凡考》一六・一、《宫藏馬》九二

來源：馬衡捐贈北大

院藏號：新一六〇五六四

原拓號：一・一六・一

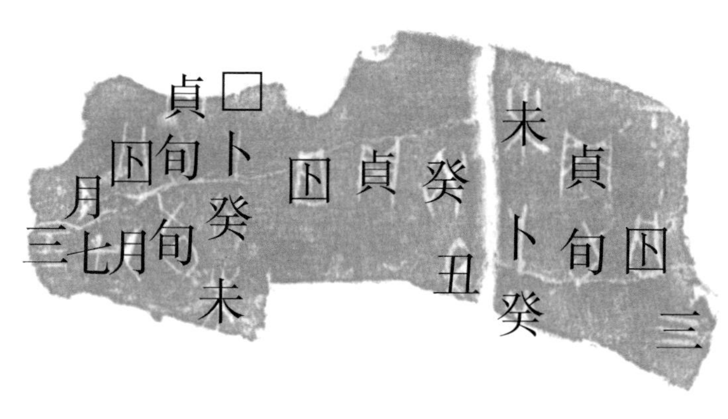

五五　七月癸未癸丑等日卜貞旬亡囚事

本甲正面存辭五條，有界劃綫。反面無字。

（一）［癸］〼　三

（二）〼未卜〼貞：旬〼囚[一]。

（三）癸未〼旬〼七月。　三

（四）癸［丑］〼貞〼囚。

（五）〼□卜〼［貞］：旬〼囚〼月。

【簡釋】

〔一〕「囚」或比定作「禍」「咎」「憂」等字。下同。

【備注】

組類：賓組

材質：龜腹甲

著録：〔左部〕《合補》四九六八；〔全〕《礌齋》一六・二、《凡考》一六・二、《宫藏馬》九三

來源：馬衡捐贈北大

院藏號：新一六〇八三一+新一六〇六六二

原拓號：一・一六・二

五六　癸丑癸亥等日貞旬亡囚事

本骨正面存辭二條。反面無字。

（一）癸丑貞：旬亡囚[一]。　三

（二）癸亥貞：旬亡囚。　三[二]

【簡釋】

[一]「囚」或比定作「禍」「咎」「憂」等字。下同。

[二]該拓本小于院藏實物。

【備注】

組類：歷無間

材質：牛肩胛骨

著録：《續》四・三八・五（不全）、《磻叢》一六・三、《合》三五〇〇五（不全）、《合》三五〇〇八（不全）、《凡考》一六・三、《宮藏馬》二八二

來源：馬衡捐贈北大

院藏號：新一六〇五八〇+新一六〇七九二+新一六〇六八九+資一二八-一一

原拓號：一・一六・三

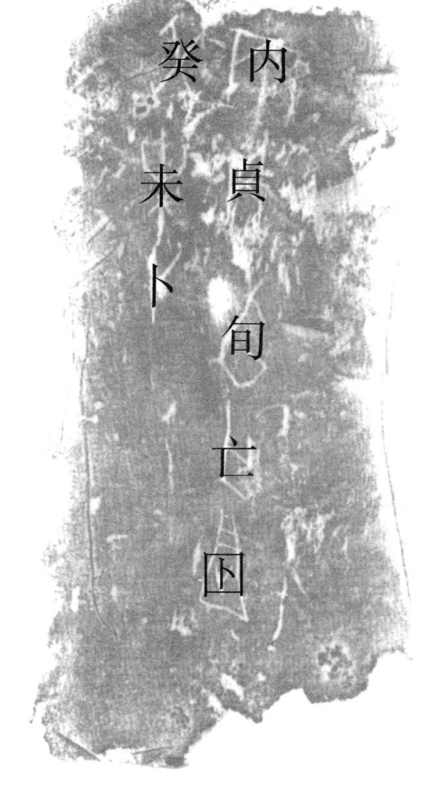

五七　癸未卜内貞旬亡𡆥事

本骨正面存辭一條。反面無字。

（一）癸未卜，内貞：旬亡𡆥〔一〕。

【簡釋】

〔一〕「𡆥」或比定作「禍」「咎」「憂」等字。又，該拓本小于院藏實物。

【備注】

組類：賓組

材質：牛肩胛骨

著録：《續》四・四九・一、《蟠蜚》一六・四、《合》一六八一三（全）、《凡考》一六・四、《宮藏馬》三九

來源：馬衡捐贈北大

院藏號：新一六〇六四一

原拓號：一・一六・四

五八　五月丙戌問今𣎵方其大出等事

本骨正面存辭二條。反面無字。

（一）丙［戌］☐今𣎵〔一〕方其大出。五月。　一　二　三

（二）一　二　三〔二〕

【簡釋】人

〔一〕「𣎵」爲「𣅀」字異體，或比定作「早」「春」等字。

〔二〕本骨可綴《京人》七三四，綴後即《合》六六九二。詳見嚴一萍復原，《綴新》第二八〇則。綴後釋文可補爲「丙戌卜：今𣎵方其大出。五月。一　二　三／戊子卜：于多父乇。一　二　三」。另，本骨右下「五」字爲僞刻，不録。又，該拓本小于故宮院藏實物。《鐵》《前》所録較爲完整，至馬衡先生購藏此骨右上半時，已殘骨首右下端「叀乇」部分。

【備注】

組類：自賓

材質：牛肩胛骨

著録：《鐵》一五一·二上部、《前》一·四六·四上部（不全）、《續》三·三六·一（不全）、《磻蜚》一七·一、《鐵新》五三一上部（不全）、《合》六六九二上部（不全）、《凡考》一七·一上部、《存補》三·二七九·一、《宮藏馬》二〇

來源：馬衡捐贈北大

院藏號：新一六〇五六八

原拓號：一·一七·一

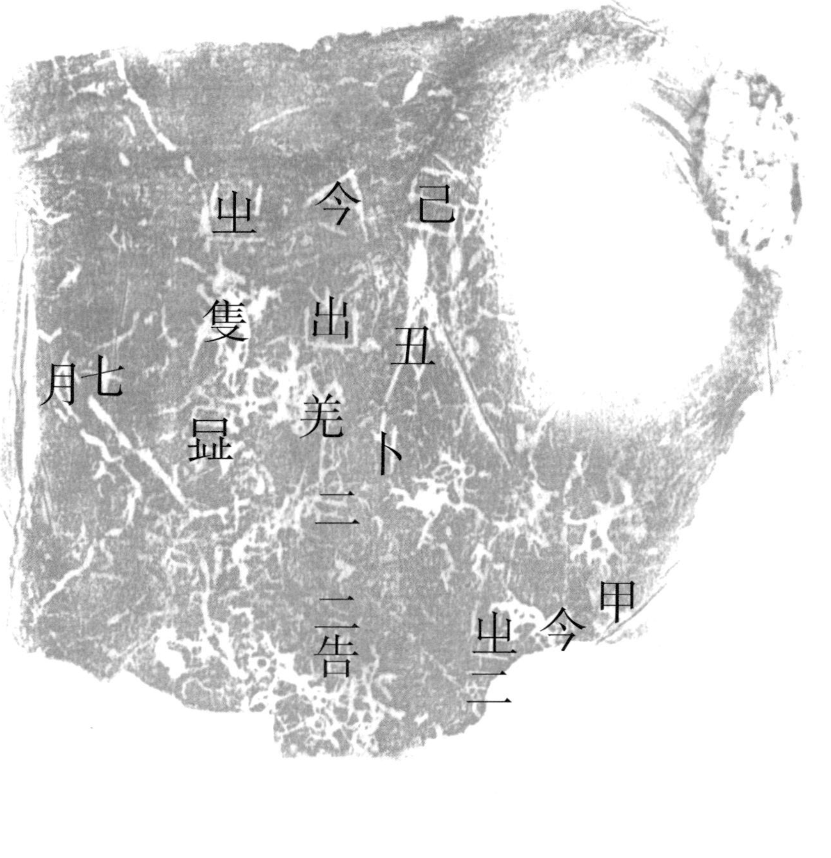

五九　七月己丑卜今出羌有獲圍等事

本骨正面存辭二條。反面無字。

（一）己丑卜：今出，羌虫（有）隻（獲）显（圍）。七月。　二　二告

（二）［甲］〼今〼虫〼　二[一]

【簡釋】

［一］該拓本小于院藏實物。本版與《合》六六〇六爲成套卜辭之二卜、三卜。

【備注】

組類：𠂤賓

材質：牛肩胛骨

著録：《續》六・一二・二（不全）、《磻螶》一七・二、《合》六六〇五（全）、《凡考》一七・二、《宮藏馬》二一

來源：馬衡捐贈北大

院藏號：新一六〇五七〇

原拓號：一・一七・二

六〇　丁亥卜出貞來𢀛王其叙丁汎置新某事

本甲正面存辭一條。反面無字。

（一）　丁亥卜，出貞：來𢀛[一]王其叙丁，汎，𦉢（置）[新]☐

【簡釋】

[一]「𢀛」或比定作「早」「春」等字。

【備注】

組類：賓出

材質：龜腹甲

著録：《餘》一三・二、《續》二・九・八、《續》三・三六・三、《磻蜚》一七・三、《合》二五三七一、《凡考》一七・三、《宮藏馬》一九五

來源：馬衡捐贈北大

院藏號：新一六〇八〇三

原拓號：一・一七・三

六一　戊寅卜出貞今日𩵋〓韶等事

本甲正面存辭二條。反面無字。

（一）戊寅卜，出貞：今日𩵋［〓］〔一〕嚚（韶）。

（二）☒□〓☒□卒☒［雨］☒〔二〕

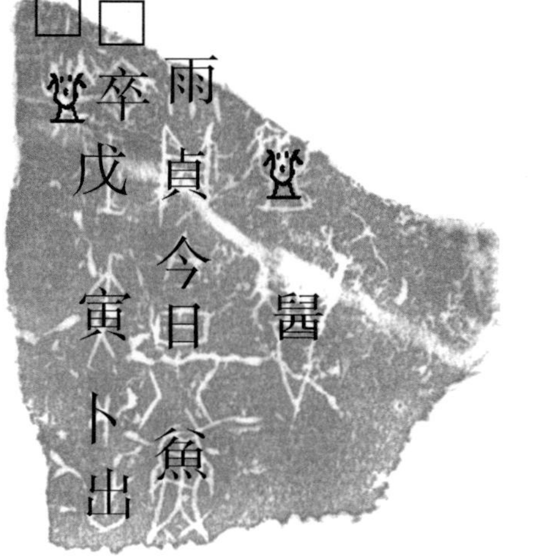

【簡釋】

〔一〕「〓」或比定爲「益」字。

〔二〕本甲可綴《合》一二七四一、《掇三》四六二、《合》二六一五六、《安散》八六，綴合後釋文可補爲「戊寅☒貞：今日☒〓卒☒□〓〓卒，迺雨。」詳見方稚松復原，《拼集》第一一〇則；劉影、蔣玉斌綴，《甲骨新綴第二〇四組》及文下評論。

【備注】

組類：賓出

材質：龜腹甲

著録：《續》三·三五·一〇、《磻堇》一七·四、《合》二六七六八、《凡考》一七·四、《宮藏馬》一九四

來源：馬衡捐贈北大

院藏號：新一六〇七三二

原拓號：一·一七·四

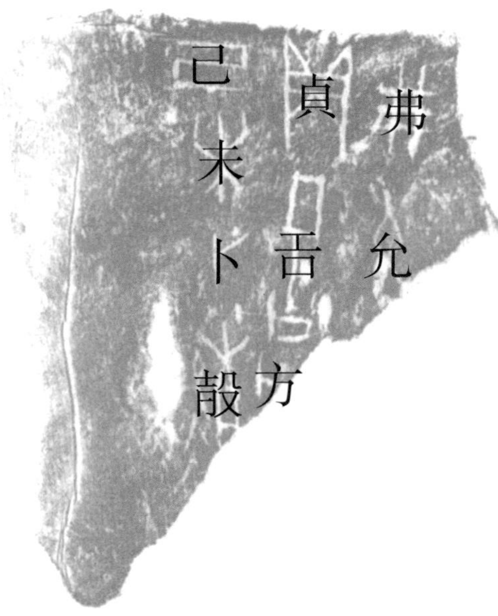

六二　己未卜殻貞舌方弗允事

本骨正面存辭一條。反面無字。

（一）己未卜，殻貞：舌［方］弗允☐〔一〕

【簡釋】

〔一〕該拓本小于院藏實物。

【備注】

組類：賓組

材質：牛肩胛骨

著録：《續》三・六・八、《磻蜚》一八・一、《合》八五二七（全）、《凡考》一八・一、《宫藏馬》一〇四

來源：馬衡捐贈北大

院藏號：新一六〇五六七

原拓號：一・一八・一

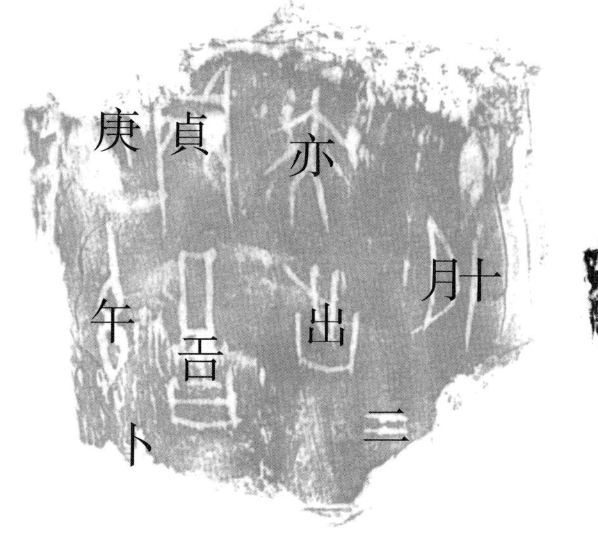

六三　十月庚午卜某貞舌亦出事

本骨正面存辭一條。反面無字。

（一）庚午［卜］□貞：舌□亦出。十月〔一〕。　二〔二〕

【簡釋】

〔一〕「十月」爲合文。

〔二〕該拓本小于院藏實物。

【備注】

組類：賓組

材質：牛肩胛骨

著録：《續》三・六・五、《磻甚》一八・二、《合》六一一七（全）、《凡考》一八・二、《宮藏馬》一〇三

來源：馬衡捐贈北大

院藏號：新一六〇五四六

原拓號：一・一八・二

六四　某日貞叀王征𢀛方等事

本甲正面存辭二條，有界劃綫。反面無字。

（一）貞：［叀］王［正（征）］𢀛［方］☐

一

（二）☐貞☐冒☐[一]

【簡釋】

［一］本甲可綴《合》九〇〇七，綴後即《合》六三一三。綴合後釋文可補爲「☐☐卜，爭貞☐☐以多冒☐」。

【備注】

組類：賓組

材質：龜腹甲

著録：《鐵》一一八・二下部、《南師》二・八六、《鐵新》三四九下部、《磻黄》一八・三、《合》三九八六六、《合》六三一三下部、《凡考》一八・三下部、《宮藏馬》一〇六下部

來源：馬衡捐贈北大

院藏號：新一六〇七八八

原拓號：一・一八・三

貞叀王生伐舌
貞叀王生伐舌方
貞多伐方

六五　某日貞叀王往伐舌方等事

本骨正面存辭三條，有界劃綫。反面無字。

（一）貞☐［多］☐［伐］☐方。

（二）貞：叀王生（往）伐舌方。

（三）［貞］：叀王生（往）伐舌。〔一〕

【簡釋】

〔一〕本骨可綴《上博》一七六四七・九八，綴後即《合》六一一五。綴後釋文可補爲「貞：乎多臣伐舌方」。詳見董作賓綴，《綴新》第三三七則。又，《合集來源表》以《合》六一一五藏於上海博物館（上册，第一八頁），非是。僅《上博》一七六四七・九八來源武進文獻徵集社，一九五二年十二月三十一日入藏上海博物館。另，《合》六一一五與《合》六一一四、《合》六一一六綴《旅藏》五四〇（孫亞冰綴，《旅藏》中册第二五頁，下册第三五頁）、《合》六一一七、《綴集》四與本骨同文。

【備注】

組類：賓組

材質：牛肩胛骨

著録：《續》三・六・三（不全）、《磻蜚》一八・四、《合》六一一五上半、《凡考》一八・四上半、《宮藏馬》一〇五

來源：馬衡捐贈北大

院藏號：新一六〇八六三

原拓號：一・一八・四

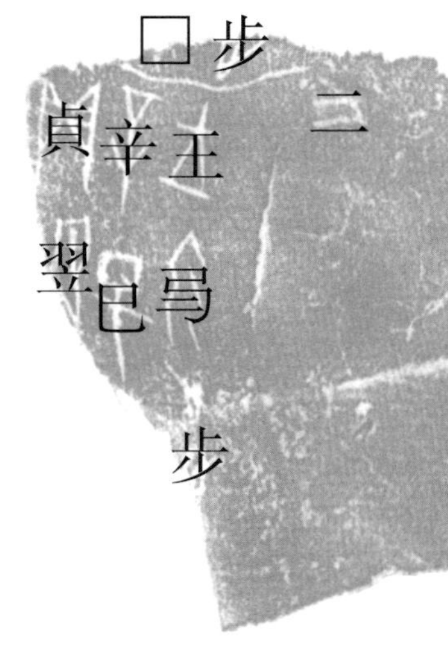

六六　某日貞翌辛巳王勿步等事

本甲正面存辭二條，有界劃綫。反面無字。

（一）貞：翌辛巳王弜（勿）步。　二

（二）☐□☐［步］☐

【備注】

組類：賓組

材質：龜腹甲

著録：《南師》二・一一三、《皤蚩》一九・一、《合》五三二一、《凡考》一九・一、《宮藏馬》一二二

來源：馬衡捐贈北大

院藏號：新一六〇七九一

原拓號：一・一九・一

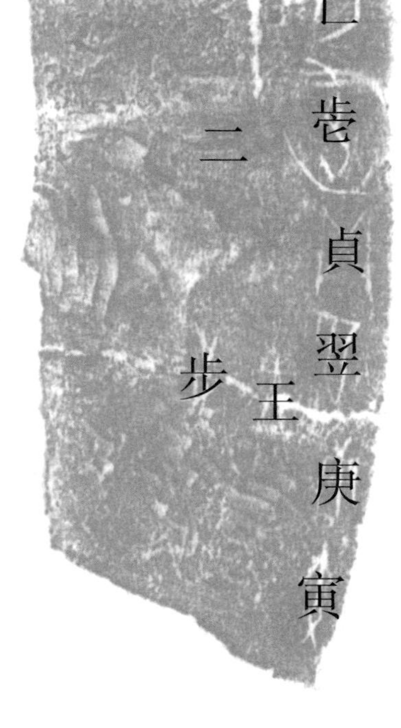

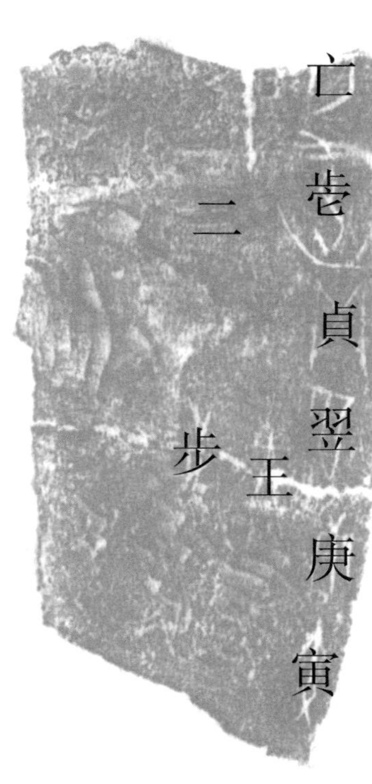

六七　某日貞翌庚寅王步等事

本甲正面存辭二條，有界劃綫。反面無字。

（一）貞：翌庚寅王步。　二

（二）☑〔亡〕巷〔一〕。

【簡釋】

〔一〕「巷」或比定作「蚩」，讀作「害」。

【備注】

組類：賓組

材質：龜腹甲

著録：《南師》二・一一四、《磻甍》一九・二、《合》三九八一九、《合補》五〇〇二、《凡考》一九・二、《宮藏馬》一二二

來源：馬衡捐贈北大

院藏號：新一六〇七八〇

原拓號：一・一九・二

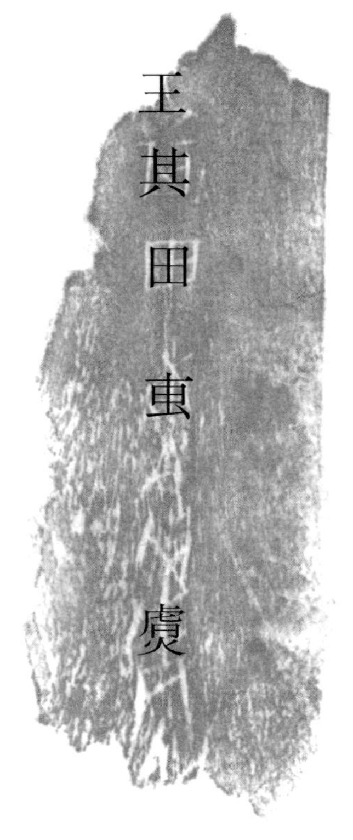

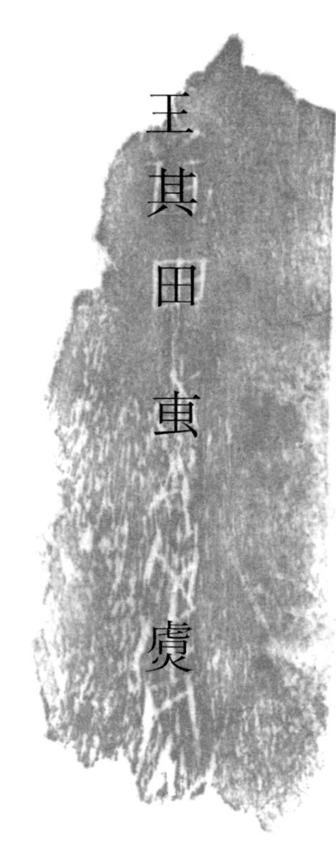

六八　某日問王其田叀虘事

本骨正面存辭一條。反面無字。

（一）　☐［王］其田，叀［虘］☐

【備注】

組類：無名

材質：牛肩胛骨

著録：《續》六・一〇・七、《旛甄》一九・三、《合》三三五六六、《凡考》一九・三、《宮藏馬》二九五

來源：馬衡捐贈北大

院藏號：新一六〇八五二

原拓號：一・一九・三

六九　某日卜古貞我田事

本甲正面存辭一條。反面未録。

（一）〼卜，𠁥（古）貞〼我田㞢（有）［來］〼□〼　三

【備注】

組類：賓組

材質：龜背甲

著録：《續》五・二九・一（不全）、《旛蒦》一九・四、《合》一〇五五三正、《凡考》一九・四、《宫藏馬》一二八正

來源：馬衡捐贈北大

院藏號：新一六〇八四八

原拓號：一・一九・四

七〇　己卯卜令爰夫于宋事

本甲正面存辭一條。反面無字。

（一）己卯卜☐令□☐爰夫☐于宋。

【備注】

組類：賓組

材質：龜腹甲

著録：《續》六・二四・五、《磻叢》二〇・一、《合》七八九八、《凡考》二〇・一、《宮藏馬》一八七

來源：馬衡捐贈北大

院藏號：新一六〇七九五

原拓號：一・二〇・一

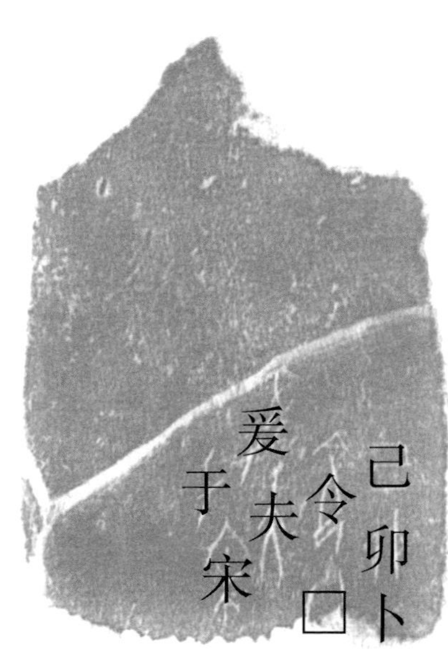

七一　某日問叀滴鰻事

本骨正面存辭一條。反面無字。

（一）☐［叀］滴鰻[一]，㠯（以）☐[二]

【簡釋】

［一］「鰻」或釋爲「罩」字。

［二］該拓本小于院藏實物。

【備注】

組類：無名

材質：牛肩胛骨

著録：《續》六・一〇・九、《磻蜚》二〇・二、《合》二八四二六、《合》二八一八一＋《合》二八四三一（較全）、《凡考》二〇・二、《宮藏馬》三〇二

來源：馬衡捐贈北大

院藏號：新一六〇五八八＋新一六〇八五一＋資一二八－六＋資一二八－七＋資一二八－四二

原拓號：一・二〇・二

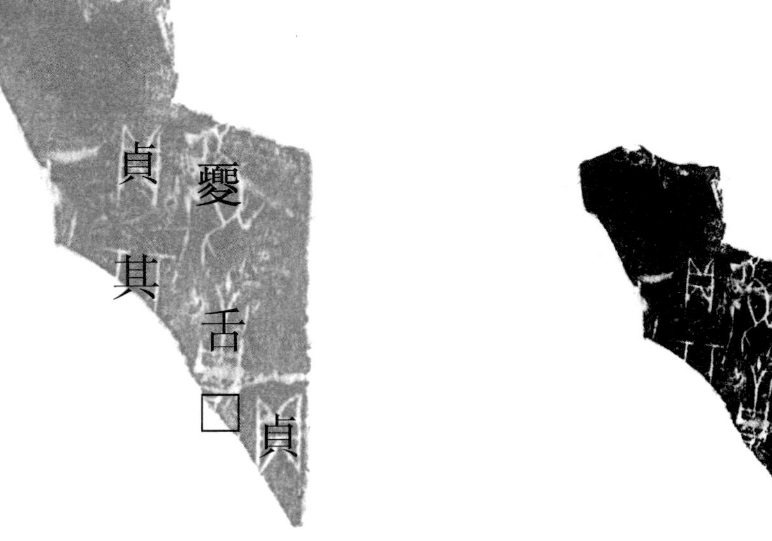

七二　某日貞夒舌等事

本甲正面存辭二條，有界劃綫。反面未録。

（一）☒□☒貞☒

（二）貞：［其］☒夒舌☒

【備注】

組類：賓組

材質：龜腹甲

著録：《續》六·一〇·六、《簠雜》二〇·三、《合》一五一五四正、《凡考》二〇·三、《宮藏馬》五八正

來源：馬衡捐贈北大

院藏號：新一六〇七四五

原拓號：一·二〇·三

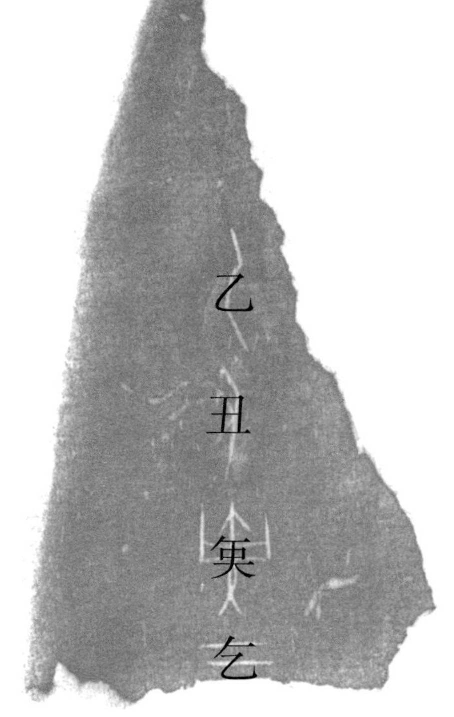

七三　乙丑寅乞骨面刻辭

本骨正面存辭一條。反面無字。

（一）　乙[一]丑寅[乞]☐

【簡釋】

[一]「乙」字下有改刻痕迹。

【備注】

組類：歷組

材質：牛肩胛骨

著録：《續》六・二七・三（不全）、《磻耋》二〇・四、《合》三五一八二、《凡考》二〇・四、《宮藏馬》二五八

來源：馬衡捐贈北大

院藏號：新一六〇八五九

原拓號：一・二〇・四

七四　壬戌卜王貞𢆶亡其刿等事

本甲正面存辭二條。反面無字。

（一）壬戌卜，王貞：𢆶［亡］其［刿］。

（二）丁卯☐。［一］

【簡釋】

［一］本版可遥綴《合》二〇一八一，綴後即《合補》六八〇三、《合補》六八二一。詳見嚴一萍綴，《綴新》第二八九則。

【備注】

組類：自組

材質：龜腹甲

著録：《鐵》一二五·一、《續》六·一一·八（不全）、《磻蜚》二一·一、《鐵新》一一〇六、《合》二〇一八〇、《凡考》二一·一、《合補》六八〇三甲、《合補》六八二一左半、《宮藏馬》九

來源：馬衡捐贈北大

院藏號：新一六〇八五七

原拓號：一·二一·一

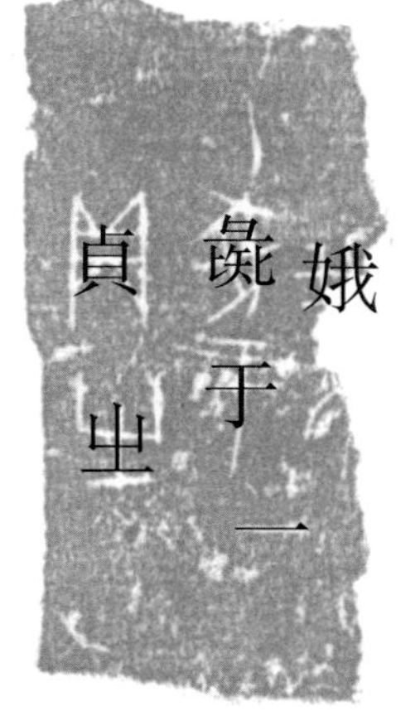

七五　某日貞侑堯于娥事

本甲正面存辭一條。反面無字。

（一）貞：㞢（侑）堯于［娥］。　一〔一〕

【簡釋】

〔一〕本甲可綴故宮院藏新一六〇七四六，綴後即《合》一四七八四、《宮藏馬》七四。

【備注】

組類：賓組

材質：龜腹甲

著録：《續》五・二六・七右半（不全）、《續》六・一〇・八（不全）、《通纂》三五六、《磻蠹》二一・二、《合》一四七八四右半（不全）、《凡考》二一・二右半、《宮藏馬》七四右半

來源：馬衡捐贈北大

院藏號：新一六〇五九二

原拓號：一・二一・二

七六　某日貞其逐兕獲等事

本甲正面存辭二條，有界劃綫。反面未録。

（一）貞：其逐兕，隻（獲）。

（二）☑□☑

【備注】

組類：賓組

材質：龜腹甲

著録：《餘》五・二、《通纂》七二八、《續》三・四三・四、《佚》二五、《皤蜚》二一・三、《合》一〇三九九正、《凡考》二一・三、《宮藏馬》一三五正

來源：馬衡捐贈北大

院藏號：新一六〇七七八

原拓號：一・二一・三

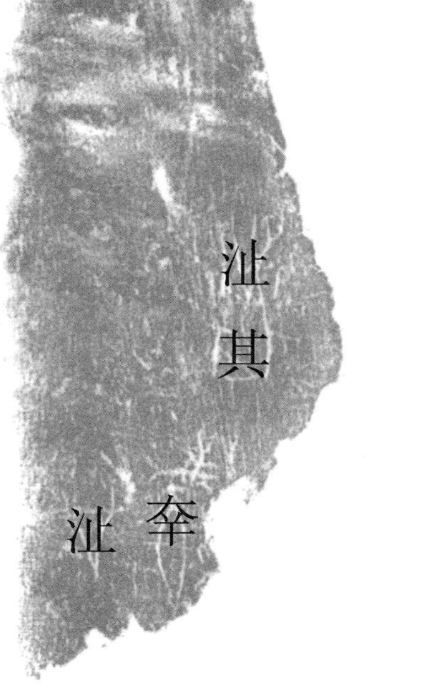

七七　某日問沚卒等事

本骨正面存辭二條。反面無字。

（一）沚☐［卒］☐

（二）沚其☐

【備注】

組類：賓組

材質：牛肩胛骨

著録：《南師》二・一〇七、《磻薑》二一・四、《凡考》二一・四、《合》三九八三九、《宮藏馬》一一四

來源：馬衡捐贈北大

院藏號：新一六〇八〇六

原拓號：一・二一・四

七八　某日卜禱年于河䢅受年等事

本骨正面存辭三條。反面無字。

（一）河𡴘（禱）☐叀丁☐

（二）至日酌。

（三）其𡴘（禱）年于河䢅，受年。〔一〕

【簡釋】

〔一〕該拓本小于院藏實物。

【備注】

組類：無名

材質：牛肩胛骨

著録：《續》六・一〇・五（不全）、《璠嵩》二二・一、《合》二八二六一（不全）、《凡考》二二・一、《宮藏馬》二八六

來源：馬衡捐贈北大

院藏號：新一六〇五五〇+新一六〇七九三

原拓號：一・二二・一

七九　乙未卜王問翌丁酉酌伐易日丁明陰大食某事

本甲正面存辭一條。反面無字。

（一）乙未卜，王：翌丁酉酌伐，易日。丁明雀（陰），大食☐

【備注】

組類：自賓

材質：龜腹甲

著録：《續》六・一一・三、《磻耋》二二・二、《合》一三四五〇、《凡考》二二・二、《宮藏馬》一四

來源：馬衡捐贈北大

院藏號：新一六〇六二七

原拓號：一・二二・二

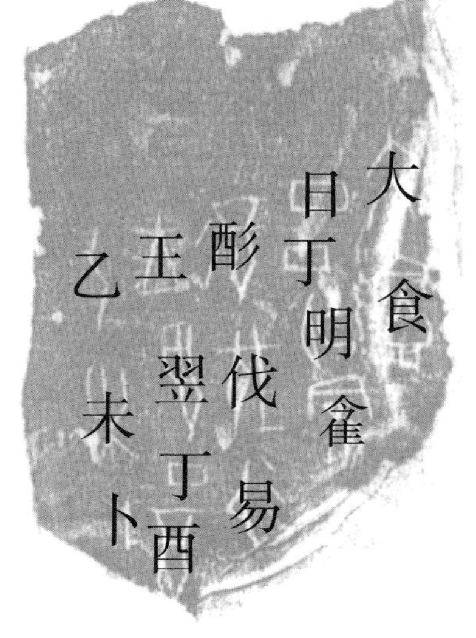

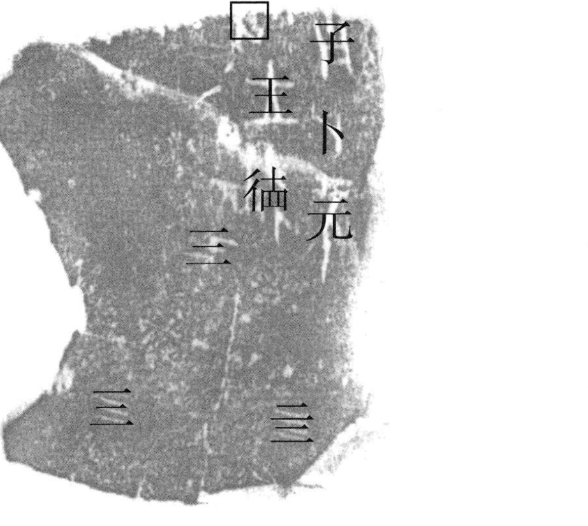

八〇　子曰卜王徝等事

本甲正面存辭二條。反面無字。

（一）　三　三(四)

（二）　☐子卜：元☐☐王徝[一]☐　三

【簡釋】

[一]「徝」或比定作「循」「值」等字。

【備注】

組類：𠂤賓

材質：龜腹甲

著録：《鐵》一八〇・一、《磻蕞》二二一・三、《鐵新》九八一、《合》七二四三、《凡考》二二一・三、《宮藏馬》三〇

來源：馬衡捐贈北大

院藏號：新一六〇七七五

原拓號：一・二二・三

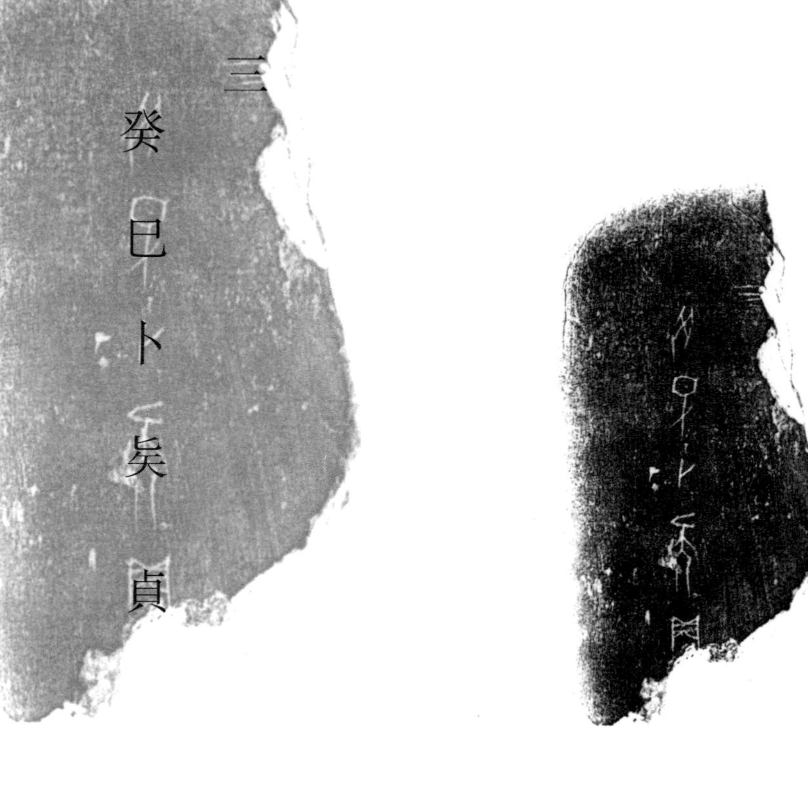

八一　癸巳卜矣貞某事

本骨正面存辭一條。反面無字。

（一）　癸巳卜，矣貞☐　三[一]

【簡釋】

［一］該拓本小于院藏實物。

【備注】

組類：出組

材質：牛肩胛骨

著録：《磻蚩》二二・四、《合》二三五八九（全）、《凡考》二二・四、《宮藏馬》二三五

來源：馬衡捐贈北大

院藏號：新一六〇五八四

原拓號：一・二二・四

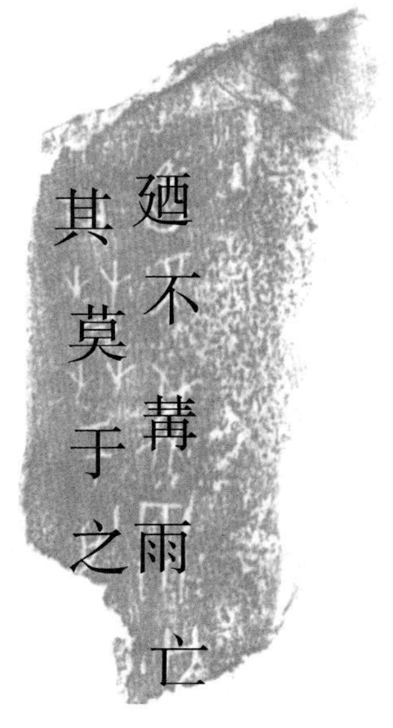

八二　某日問其暮于之廼不遘雨事

本骨正面存辭一條。反面無字。

（一）其莫（暮）于之，廼不冓（遘）雨，亡𡆥[一]

【簡釋】

[一]該拓本小于院藏實物。

【備注】

組類：無名

材質：牛肩胛骨

著録：《續》四・二一・四、《磻薑》二三・一、《合》二九八〇四、《凡考》二三・一、《宫藏馬》二九二

來源：馬衡捐贈北大

院藏號：新一六〇六一七

原拓號：一・二三・一

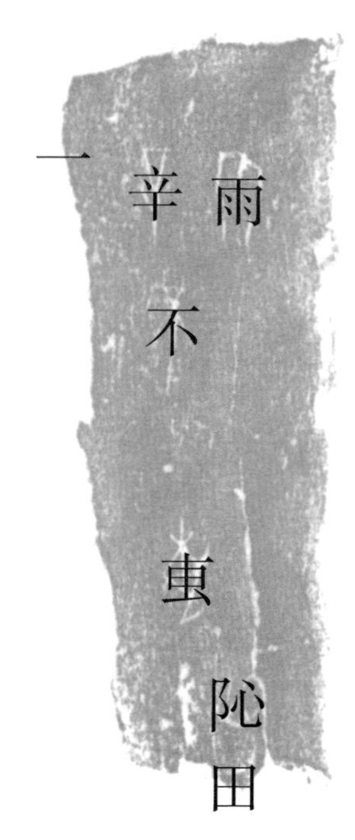

八三　某日問叀阢田與辛不雨等事

本骨正面存辭二條。反面無字。

（一）叀阢［田］☐

（二）辛不雨。一

【備注】

組類：無名

材質：牛肩胛骨

著録：《續》四・二一・九、《磻薹》二三・二、《合》二九八八九、《凡考》二三・二、《宮藏馬》三〇〇

來源：馬衡捐贈北大

院藏號：新一六〇七六四

原拓號：一・二三・二

八四　甲辰卜乙巳易日不易日雨事

本骨反面存辭一條。正面無字。

（一）［甲］辰卜：乙巳易日。不易日，雨。〔一〕

【簡釋】

〔一〕該拓本小于院藏實物。

【備注】

組類：歷組

材質：牛肩胛骨

著録：《續》四・一四・四、《磻薑》二三・三、《合》三四〇一五（全）、《凡考》二三・三、《宮藏馬》二五四

來源：馬衡捐贈北大

院藏號：新一六〇八〇七+新一六〇八〇九

原拓號：一・二三・三

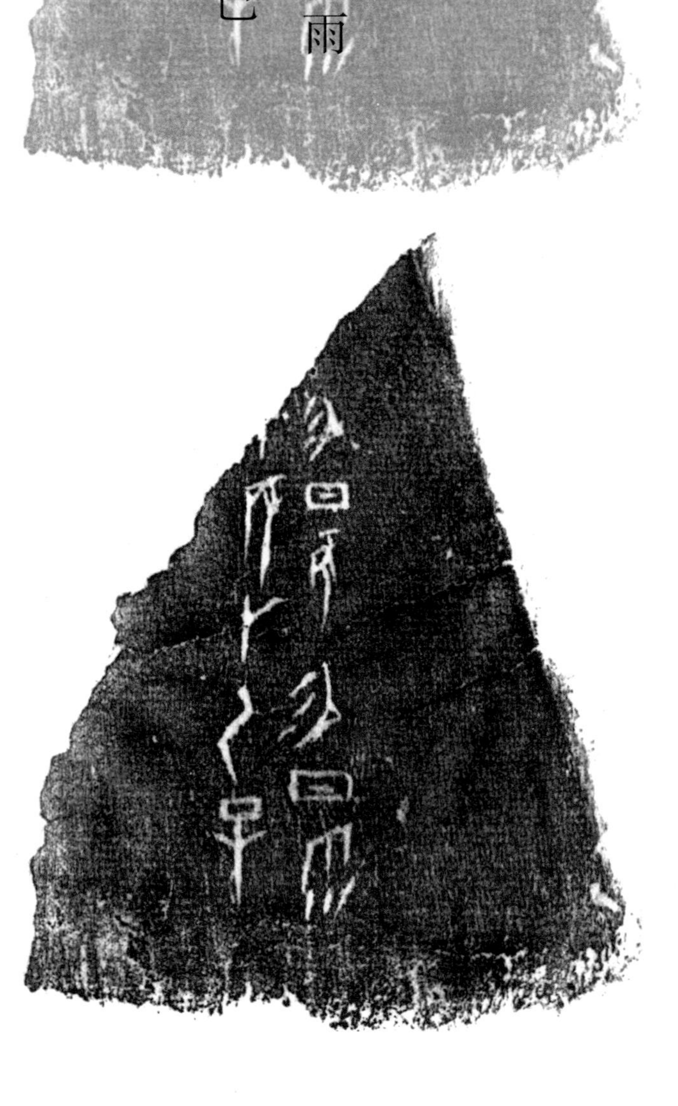

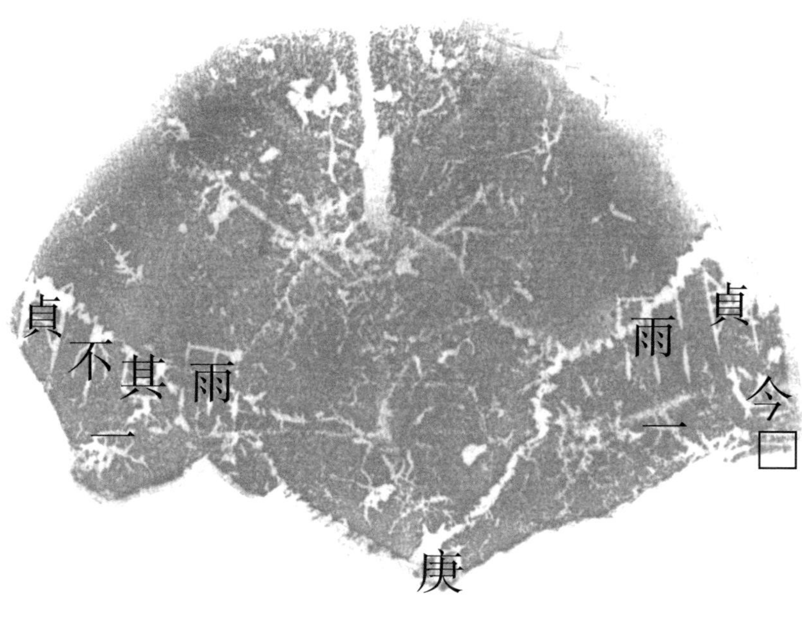

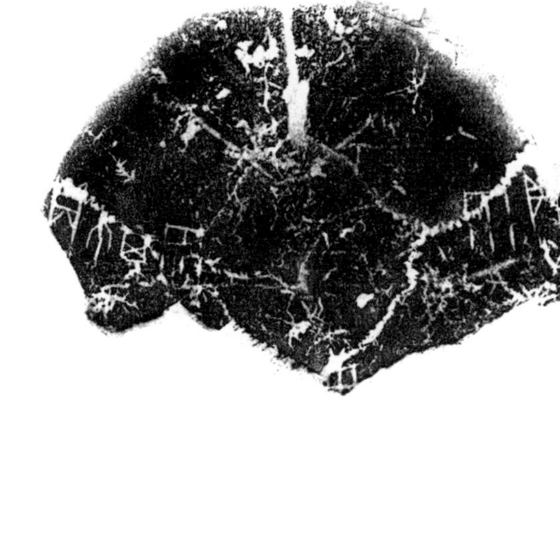

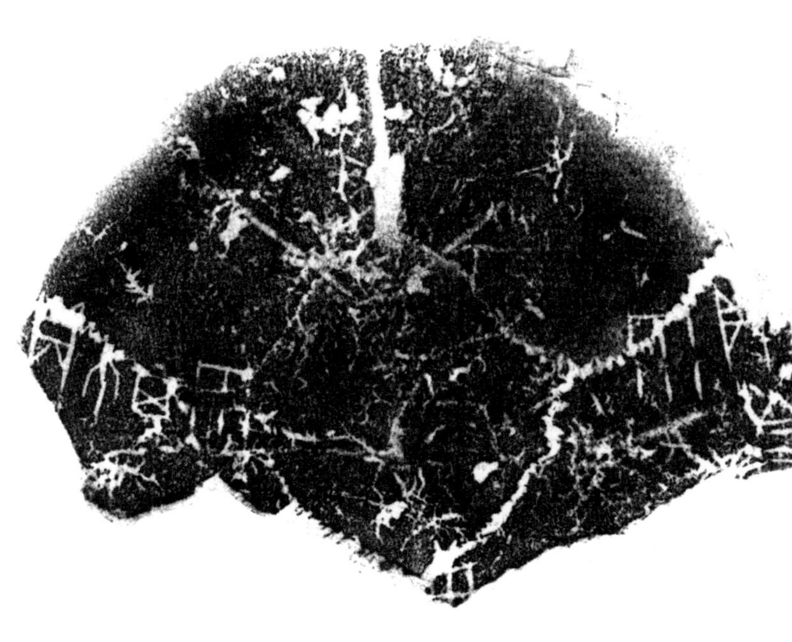

八五　某日貞今雨等事

本甲正面存辭三條。反面無字。

（一）［貞］：今□雨。　一

（二）貞☐不其雨。　一

（三）［庚］☐

【備注】

組類：賓組

材質：龜腹甲

著録：《續》四・一三・四（不全）、《磻蚩》二三・四、《合》一一九四六（不全）、《凡考》二三・四、《宮藏馬》四一

來源：馬衡捐贈北大

院藏號：新一六〇六五七+新一六〇八二八+資一二八-三〇+資一二八-三二

原拓號：一・二三・四

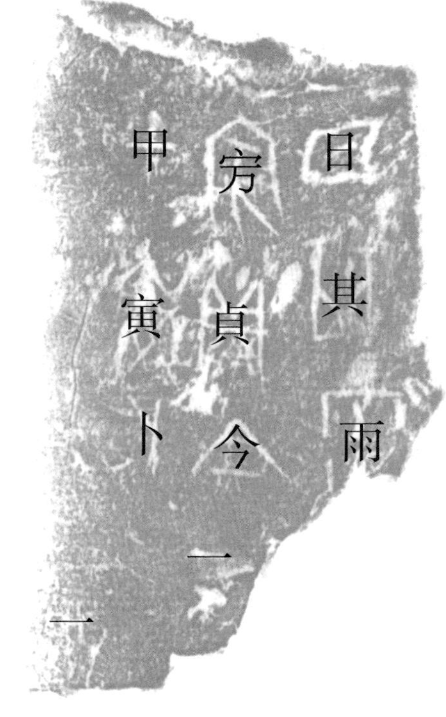

八六　甲寅卜穷貞今日其雨等事

本骨正面存辭二條。反面未録。

（一）甲寅卜，穷貞：今日其[雨]。　一

（二）　一〔一〕

【簡釋】

〔一〕該拓本小于院藏實物。

【備注】

組類：賓組

材質：牛肩胛骨

著録：《續》四・一三・二（不全）、《合》一二〇五五（全）、《凡考》二四・一、《宫藏馬》八四正

來源：馬衡捐贈北大

院藏號：新一六〇五四〇

原拓號：一・二四・一

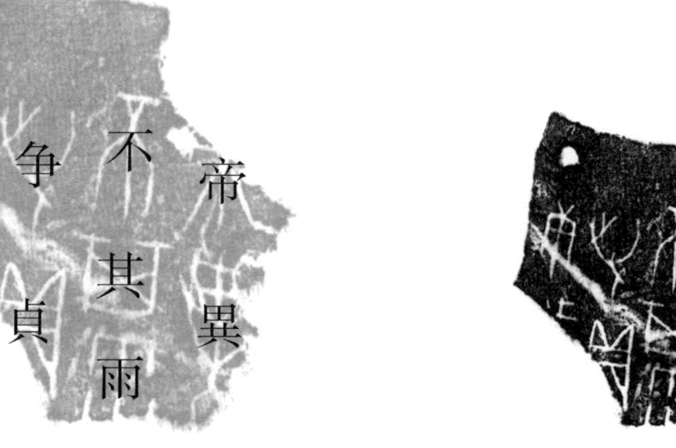

八七　庚戌争貞不其雨禘異事

本甲正面存辭一條。反面未録。

（一）庚［戌］☐争［貞］：不其雨。［帝（禘）］異。

【備注】

組類：賓組

材質：龜腹甲

著録：《續》四・二一・七、《合》一一九二一正、《凡考》二四・二、《宮藏馬》八一正

來源：馬衡捐贈北大

院藏號：新一六〇六五二

原拓號：一・二四・二

八八　庚辰貞今夕雨等事

本甲正面存辭二條。反面無字。

（一）庚辰貞：今夕[不]雨。

（二）貞：其[雨]。三(四)月。　一

【備注】

組類：賓出

材質：龜背甲

著録：《續》四・二一・一一、《合》一二五四八、《凡考》二四・三、《宮藏馬》一九六

來源：馬衡捐贈北大

院藏號：新一六〇八四五

原拓號：一・二四・三

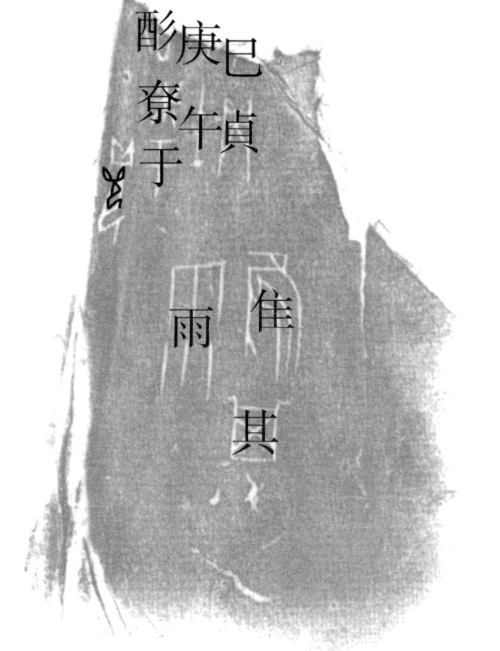

八九　巳日貞庚午酌燎于□等事

本骨正面存辭二條。反面無字。

（一）隹（唯）其雨。

（二）☐[巳]貞：[庚]午☐[酌]尞（燎）于□。〔一〕

【簡釋】

〔一〕本骨可綴《後》上二二·三與《後》上二二·四，綴合後即《合》三三二七三，詳見曾毅公綴，《綴新》第四四二則。可續綴《合》四一六六〇，綴合後即《合補》一〇六三九，詳見許進雄綴，《綴彙》第四組。釋文可補爲「己巳貞：庚午酌尞（燎）于□」。又，該拓本小于院藏實物。

【備注】

組類：歷組

材質：牛肩胛骨

著録：《續》四·二一·一〇、《通纂》二五九、《合》三三二七三左下、《合補》一〇六三九左下、《凡考》二四·四、《宮藏馬》二七〇

來源：馬衡捐贈北大

院藏號：新一六〇五七五

原拓號：一·二四·四

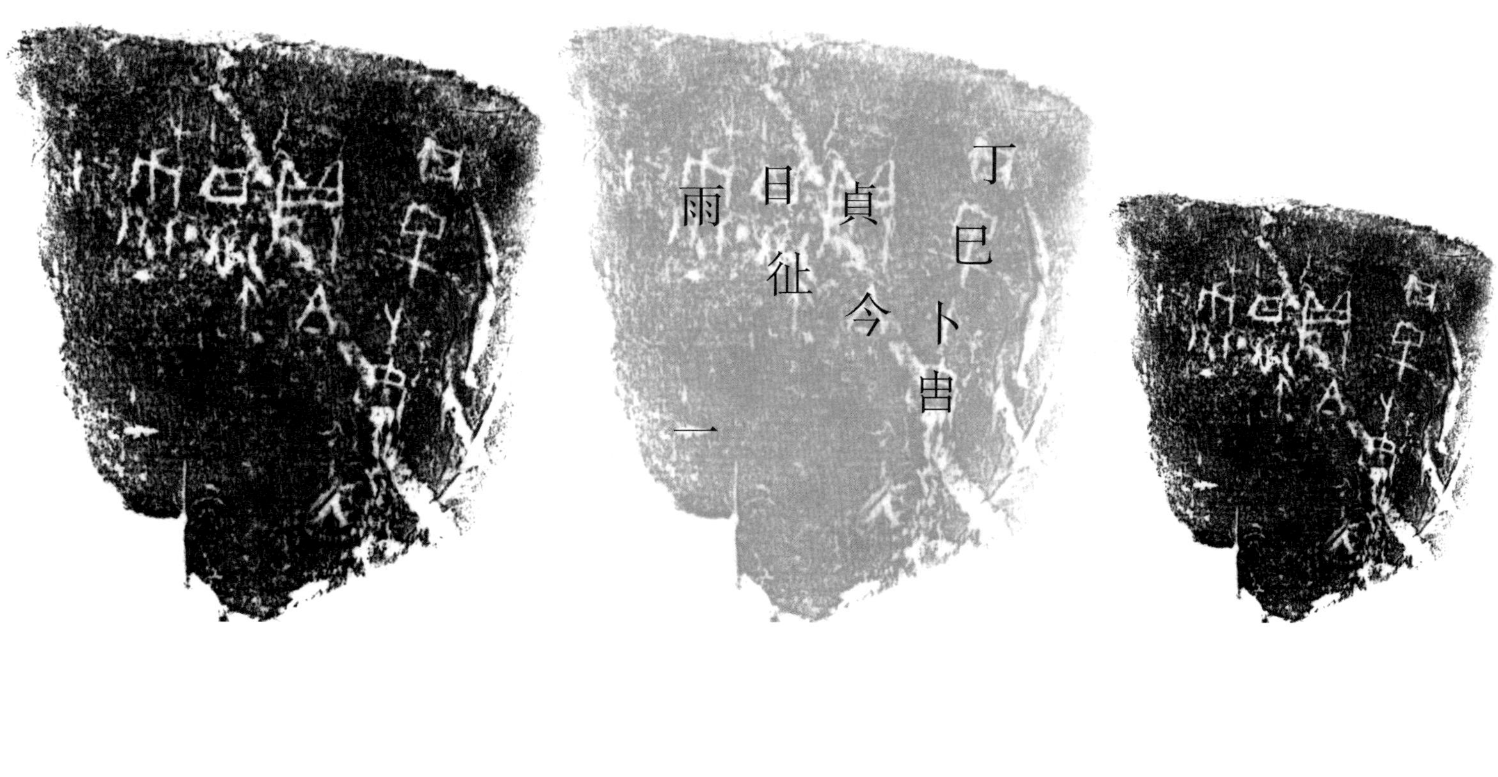

九〇　丁巳卜古貞今日延雨事

本骨正面存辭一條。反面無字。

（一）丁巳卜，𠂤（古）貞：今日征（延）雨。　一[一]

【簡釋】

[一]該拓本小于院藏實物。

【備注】

組類：賓組

材質：牛肩胛骨

著録：《鐵》二四六・一、《續》四・一一・四、《鐵新》五九八、《合》一二七七一（全）、《凡考》二五・一、《宮藏馬》一八五

來源：馬衡捐贈北大

院藏號：新一六〇五七四

原拓號：一・二五・一

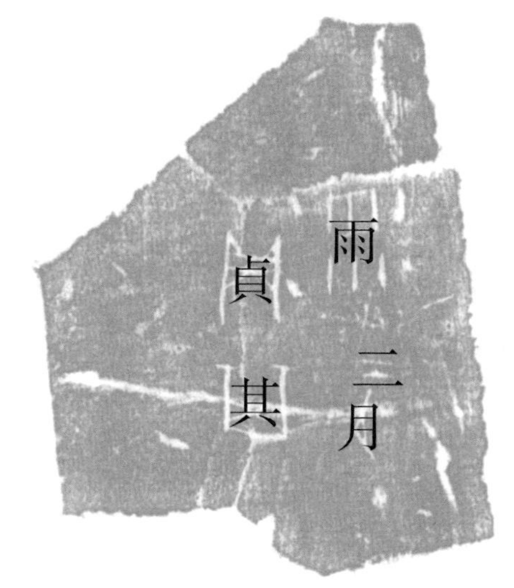

九一　二月某日貞其雨事

本甲正面存辭一條。反面無字。

（一）貞：其雨。二月。

【備注】

組類：賓組

材質：龜背甲

著録：《續》四·二四·六、《合》一二五〇四、《凡考》二五·二、《宫藏馬》一八三

來源：馬衡捐贈北大

院藏號：新一六〇八四七

原拓號：一·二五·二

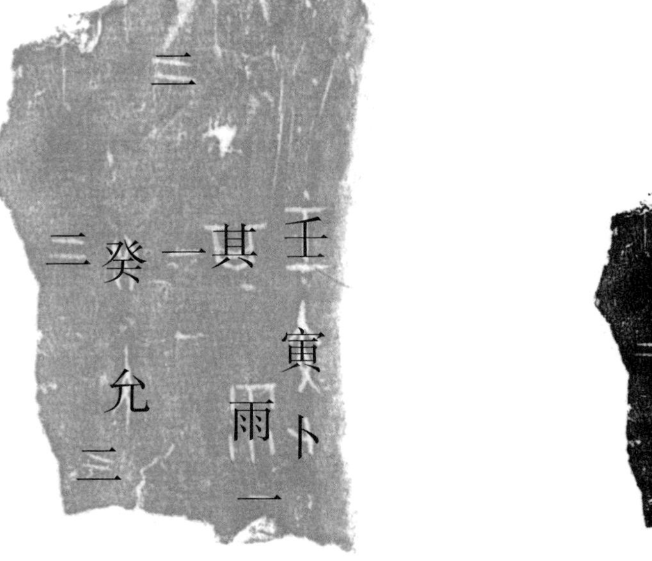

九二　壬寅卜其雨等事

本骨正面存辭三條。反面無字。

（一）　一　二

（二）　壬寅卜：其雨。癸允☐　一　二

（三）　二

【備注】

組類：自賓

材質：牛肩胛骨

著録：《續》四・二四・一（不全）、《合》一一八九四（不全）、《凡考》二五・三、《宮藏馬》一七

來源：馬衡捐贈北大

院藏號：新一六〇七七四+資一二八-五七+資一二八-六〇

原拓號：一・二五・三

九三　某日貞今夕不延雨與婦好等事

本甲正面存辭二條。反面未録。

（一）貞：今夕不征（延）雨。

（二）☐好☐

【備注】

組類：賓組

材質：龜腹甲

著録：《鐵》三一・一、《續》四・二一・三、《鐵新》五九九、《合》一二七八八正、《凡考》二五・四、《宮藏馬》八八正

來源：馬衡捐贈北大

院藏號：新一六〇七七六

原拓號：一・二五・四

九四　癸日貞祖丁用牛與己亥貞禱禾于河受禾等事

本骨正面存辭二條。反面無字。

（一）［癸］☐［貞］：且（祖）［丁］☐牛☐　三

（二）己亥貞：奉（禱）禾于河，受禾。三[一]

【簡釋】

［一］該拓本小于院藏實物。

【備注】

組類：歷組

材質：牛肩胛骨

著録：《續》四・一七・六、《通纂》四六〇、《合》三三二七一（全）、《凡考》二六・一、《宮藏馬》二六三

來源：馬衡捐贈北大

院藏號：新一六〇五六〇+資一二八-二七

原拓號：一・二六・一

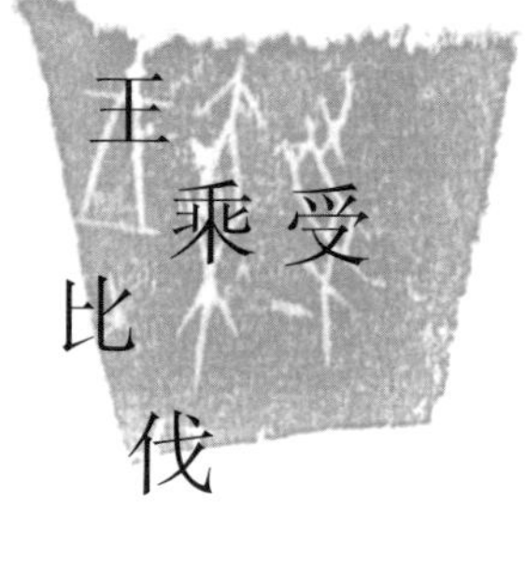

九五　某日問王比乘伐受有祐事

本甲正面存辭一條。反面無字。

（一）〼王［比］〼乘［伐］〼受〼〔一〕

【簡釋】

〔一〕該拓本小于院藏實物，未録「㞢」「又」等字。

【備注】

組類：賓組

材質：龜腹甲

著録：《續》六·二六·一一、《合補》二〇二八、《凡考》二六·二、《宮藏馬》一一七

來源：馬衡捐贈北大

院藏號：新一六〇七〇七

原拓號：一·二六·二

九六　某日貞禱禾于岳事

本骨正面存辭一條。反面無字。

（一）☐［貞：桒（禱）］禾于［岳］[一]。

【簡釋】

［一］該拓本與《宮凡將》一一一號爲一版之折，綴後即《宮藏馬》二六四，釋文可補爲「貞：桒（禱）禾于岳。」

【備注】

組類：歷組

材質：牛肩胛骨

著録：《南師》二·一九六、《合》三三三二九七右半、《合》四一五三七、《凡考》二六·三、《宮藏馬》二六四右半

來源：馬衡捐贈北大

院藏號：新一六〇八五八右半

原拓號：一·二六·三

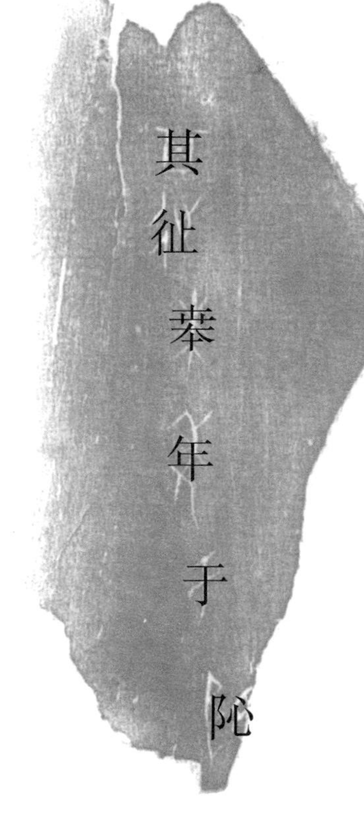

九七　某日問其延禱年于阢事

本骨正面存辭一條。反面無字。

（一）其徃（延）奉（禱）年于［阢］。〔一〕

【簡釋】

〔一〕該拓本小于院藏實物。

【備注】

組類：無名

材質：牛肩胛骨

著録：《續》二・二八・三、《合》二八二四六（全）、《凡考》二六・四、《宮藏馬》二八七

來源：馬衡捐贈北大

院藏號：新一六〇五七九

原拓號：一・二六・四

九八　某日貞其𡆥與勿祉等事

本甲正面存辭四條。反面無字。

（一）［貞］☐

（二）貞☐其［𡆥］〔一〕☐

（三）☐斦☐弜（勿）☐祉〔二〕☐　二

（四）☐告

【簡釋】

〔一〕「𡆥」或比定作「殟」「葬」等字。

〔二〕「祉」或比定作「循」「徝」等字。

【備注】

組類：賓組

材質：龜腹甲

著録：《續》六・一〇・一、《合》一七一一九、《凡考》二七・一、《宮藏馬》一二四

來源：馬衡捐贈北大

院藏號：新一六〇五八六

原拓號：一・二七・一

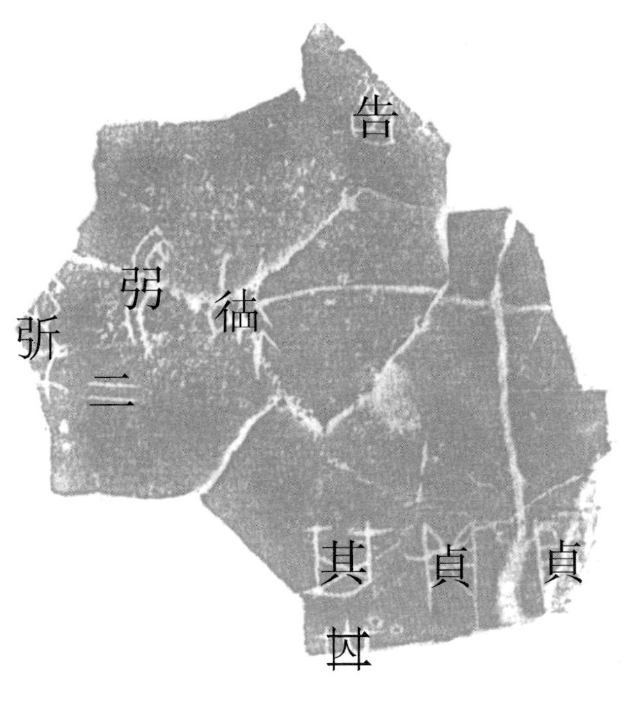

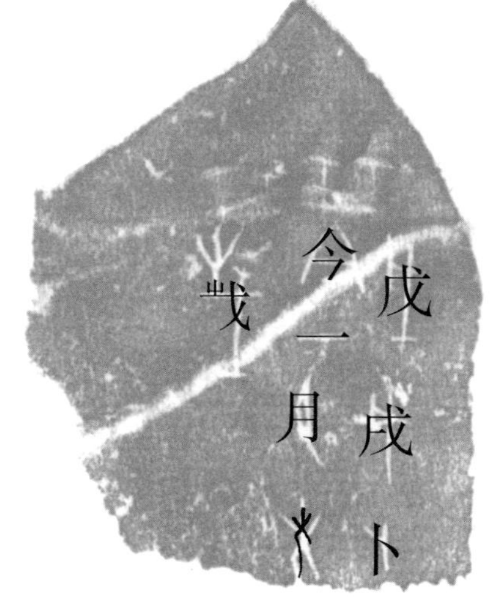

九九　戊戌卜今一月⿻屮乀𢦏事

本甲正面存辭一條。反面無字。

（一）　戊戌卜，今一月［⿻屮乀］〔一〕𢦏〔二〕。

【簡釋】

〔一〕「⿻屮乀」或比定作「失」「寿」等字。

〔二〕「𢦏」或比定作「捷」「翦」等字。

【備注】

組類：自賓

材質：龜腹甲

著録：《續》五・三〇・五、《續》六・一一・五、《合》七六八一、《凡考》二七・二、《宫藏馬》二四

來源：馬衡捐贈北大

院藏號：新一六〇六九二

原拓號：一・二七・二

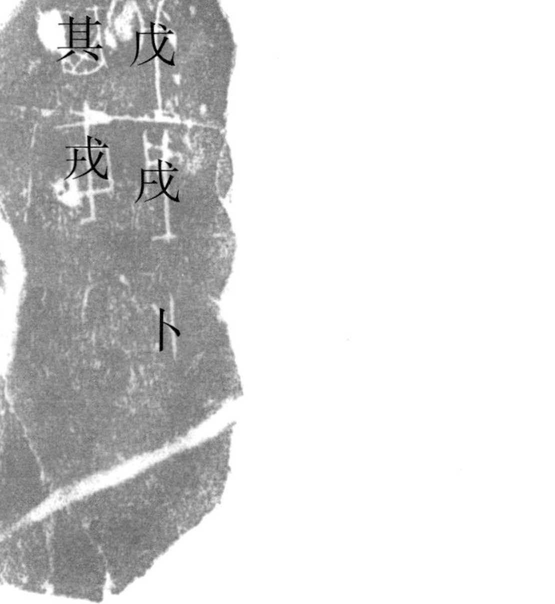

一〇〇　**戊戌卜其戍事**

本甲正面存辭一條。反面無字。

（一）戊戌卜：其戍。

【備注】

組類：自賓

材質：龜腹甲

著録：《鐵》九一・一、《續》六・二・三、《鐵新》八八九、《合》七七五二、《凡考》二七・三、《宮藏馬》一三

來源：馬衡捐贈北大

院藏號：新一六〇八六四

原拓號：一・二七・三

一〇一　十二月甲申卜争貞亞亡不若事

本甲正面存辭一條。反面無字。

（一）甲申卜，争貞：亞亡不若。十二月〔一〕。　一

【簡釋】

〔一〕「十二月」爲合文。

【備注】

組類：賓組

材質：龜腹甲

著録：《鐵》三七・一、《續》四・三三・五（不全）、《鐵新》七三七、《合》五六九〇、《凡考》二七・四、《宫藏馬》一八一

來源：馬衡捐贈北大

院藏號：新一六〇八〇二

原拓號：一・二七・四

一〇二　五月丙午丁未等日行貞今夕亡囚事

本骨正面存辭五條。反面無字。

（一）□☒貞☒囚[一]。　一

（二）乙☒［貞］☒□☒　一

（三）丙午卜，貞：今夕亡囚。才（在）五月[二]。　一

（四）丁未卜，行貞：今夕亡囚。才（在）五月。　一

（五）☒行貞：今夕亡囚。才（在）五月。　一

【簡釋】

［一］「囚」或比定作「禍」「咎」「憂」等字。下同。

［二］「五月」爲合文。下同。

【備注】

組類：出組

材質：牛肩胛骨

著録：［上部］《合補》八二四八；［右下］《合》二六四五二；［全］《南師》二·一八二、《合》四一二五六、《凡考》二八·一、《宮藏馬》二四三

來源：馬衡捐贈北大

院藏號：新一六〇五六六+新一六〇六三八+新一六〇六六九

原拓號：一·二八·一

一〇三　丁亥卜貞王儐歲與某日卜旅問儐毓某等事

本甲正面存辭二條。反面無字。

（一）丁亥卜☐貞：王[宦（儐）]☐歲[眔]☐　一

（二）☐卜，旅☐[宦（儐）]毓☐[一]

【簡釋】

[一]該拓本小于院藏實物。

【備注】

組類：出組

材質：龜腹甲

著録：《續》二・三・一、《合》二三一五八（全）、《凡考》二八・二、《宮藏馬》二二三

來源：馬衡捐贈北大

院藏號：新一六〇七八五

原拓號：一・二八・二

一〇四　四月癸亥卜旅貞今夕亡囚等事

本甲正面存辭三條。反面無字。

（一）辛［酉］☐貞：［今］☐　一

（二）癸亥卜，旅貞：今夕亡囚[一]。三(四)月。　一

（三）☐［旅］☐[二]

【簡釋】

［一］「囚」或比定作「禍」「咎」「憂」等字。

［二］本甲可綴《合》二六二八四，綴合後即《合補》八〇四八。釋文可補爲「乙丑卜，旅貞：今夕亡囚。三(四)月」。又，該拓本小于院藏實物。

【備注】

組類：出組

材質：龜腹甲

著録：《續》四・四三・一〇、《合》二六三三一(全)、《凡考》二八・三、《合補》八〇四八下半、《宮藏馬》二四七

來源：馬衡捐贈北大

院藏號：新一六〇七五三

原拓號：一・二八・三

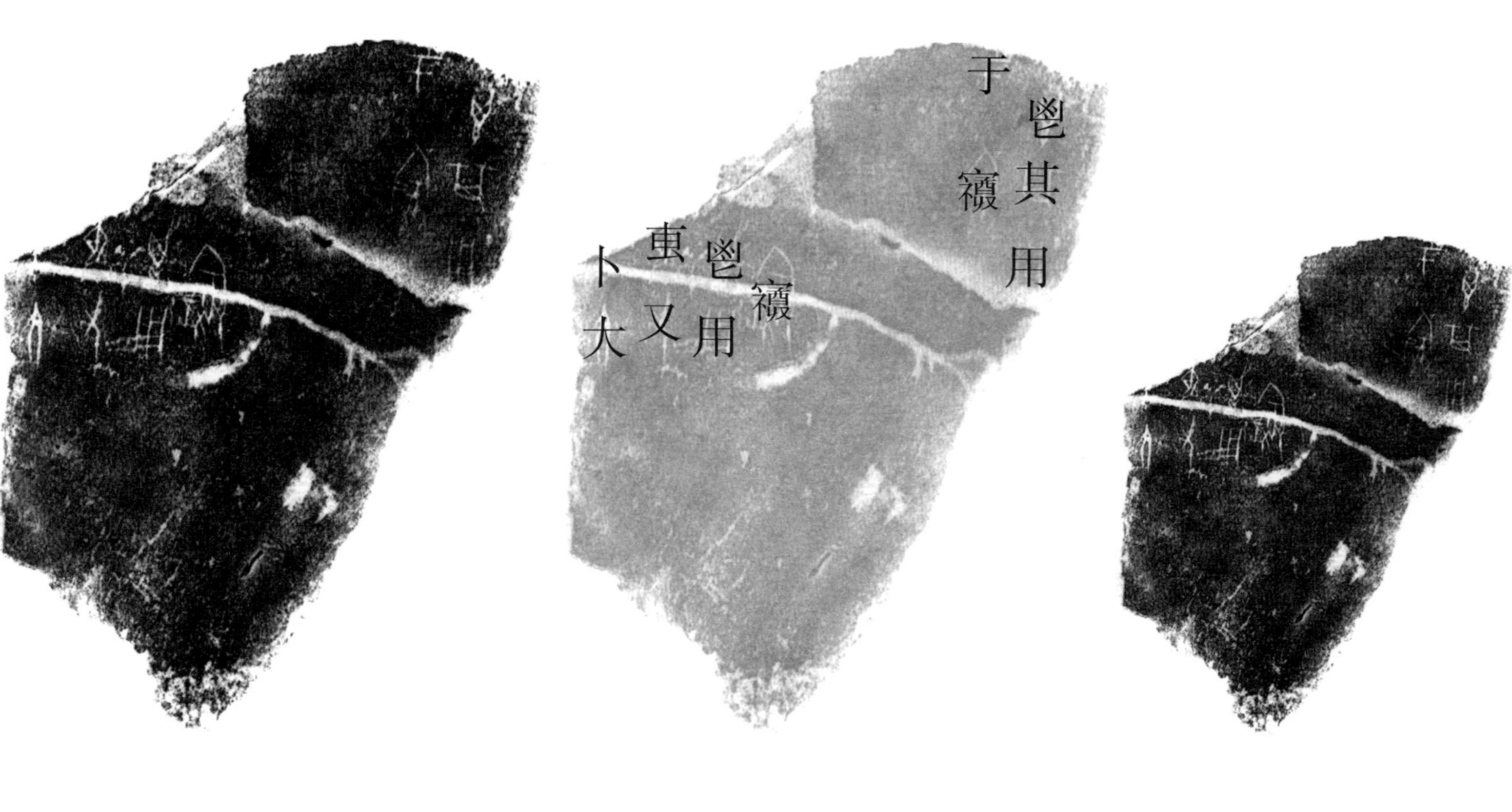

一〇五　某日卜大問⿰亻有⿱㠯口用于⿱宀裸等事

本甲正面存辭二條。反面無字。

（一）☐［卜］，大☐叀又（⿰亻有）☐⿱㠯口用☐⿰衤覆（⿱宀裸）。

（二）☐⿱㠯口其用☐于⿰衤覆（⿱宀裸）。

【備注】

組類：出組

材質：龜腹甲

著録：［上半］《續》六·一二·五、《合》二五九〇九；［中部］《合》二五九七六；［右上］《合》二五九七七；［全］《凡考》二九·一、《宫藏馬》一九八

來源：馬衡捐贈北大

院藏號：新一六〇六八〇+新一六〇六六六+資一二八-二一+資一二八-七〇

原拓號：一·二九·一

一〇六　某日問其係事

本甲正面存辭一條。反面未録。

（一）☐其係☐　三（四）

【備注】

組類：賓組

材質：龜背甲

著録：《續》六·二七·四、《合》一八四六三正、《凡考》二九·二、《宮藏馬》一五七正

來源：馬衡捐贈北大

院藏號：新一六〇八五四

原拓號：一·二九·二

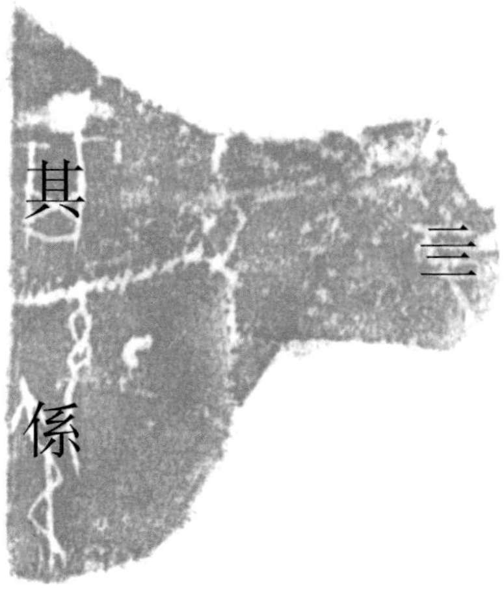

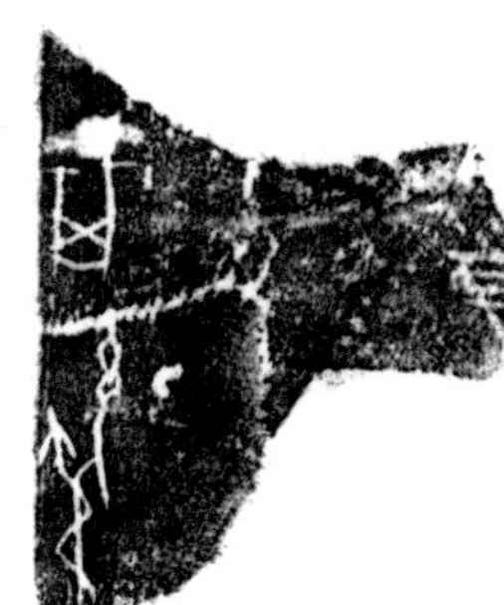

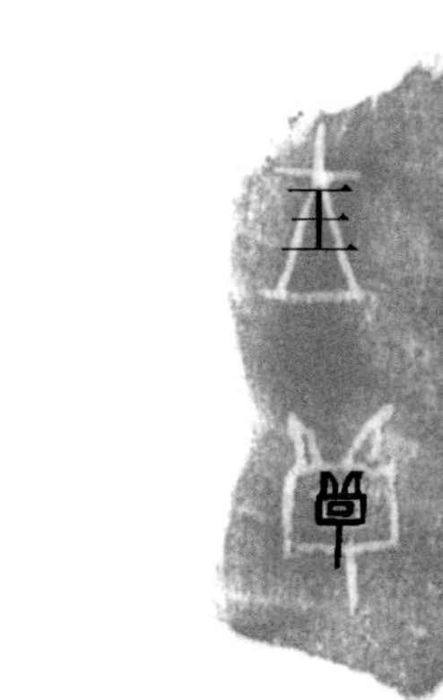

一〇七　某日王問干事

本甲正面存辭一條。反面無字。

（一）☐王：☐(干)☐㞢☐　三(四)

【備注】

組類：自賓

材質：龜腹甲

著録：《合》四九四七、《凡考》二九・三、《宮藏馬》二七

來源：馬衡捐贈北大

院藏號：新一六〇七〇六

原拓號：一・二九・三

一〇八　十月辛卯卜及有𠛱與一月某日王問貯以[字形]等事

本甲正面存辭二條。反面無字。

（一）辛卯卜□及㞢（有）𠛱。［十月］〔一〕。

（二）□王：貯〔二〕以□[字形]。一月。〔三〕

【簡釋】

〔一〕「十月」爲合文。

〔二〕「貯」或比定作「賈」字。

〔三〕本甲可遥綴《合》一〇九一，綴後即《合補》二四一三。

【備注】

組類：自賓

材質：龜腹甲

著録：《鐵》二七二·一、《前》六·二一·四（不全）、《續》六·一一·二、《鐵新》四七〇、《合》一〇九〇、《凡考》二九·四、《合補》二四一三乙、《文拓》八〇、《宮藏馬》一一

來源：馬衡捐贈北大

院藏號：新一六〇七九八

原拓號：一·二九·四

一〇九　乙卯壬辰等日卜貞今夕其有囚事

本骨正面存辭五條。反面無字。

（一）乙卯卜，貞：今夕亡囚[一]。　一　二

吿

（二）乙卯卜，貞：今夕其㞢(有)囚。　一

二

（三）壬☒貞：［今］☒亡☒　一

（四）壬［辰］☒夕［其］☒　二

（五）癸☒　二[二]

【簡釋】

[一]「囚」或比定作「禍」「咎」「憂」等字。下同。

[二]本骨可綴《合》一三〇四八，綴合後釋文可補爲「壬辰卜，貞：今夕其㞢(有)囚」。詳見李愛輝綴，《甲骨拼合第四八一至四九〇則》第四八四則。

【備注】

組類：𠂤賓

材質：牛肩胛骨

著録：《鐵》一三一・二、《南師》二・一二七、《鐵新》八三五、《合》一六五二一、《合》四〇五七六、《凡考》三〇・一、《宮藏馬》一六

來源：馬衡捐贈北大

院藏號：新一六〇五四四

原拓號：一・三〇・一

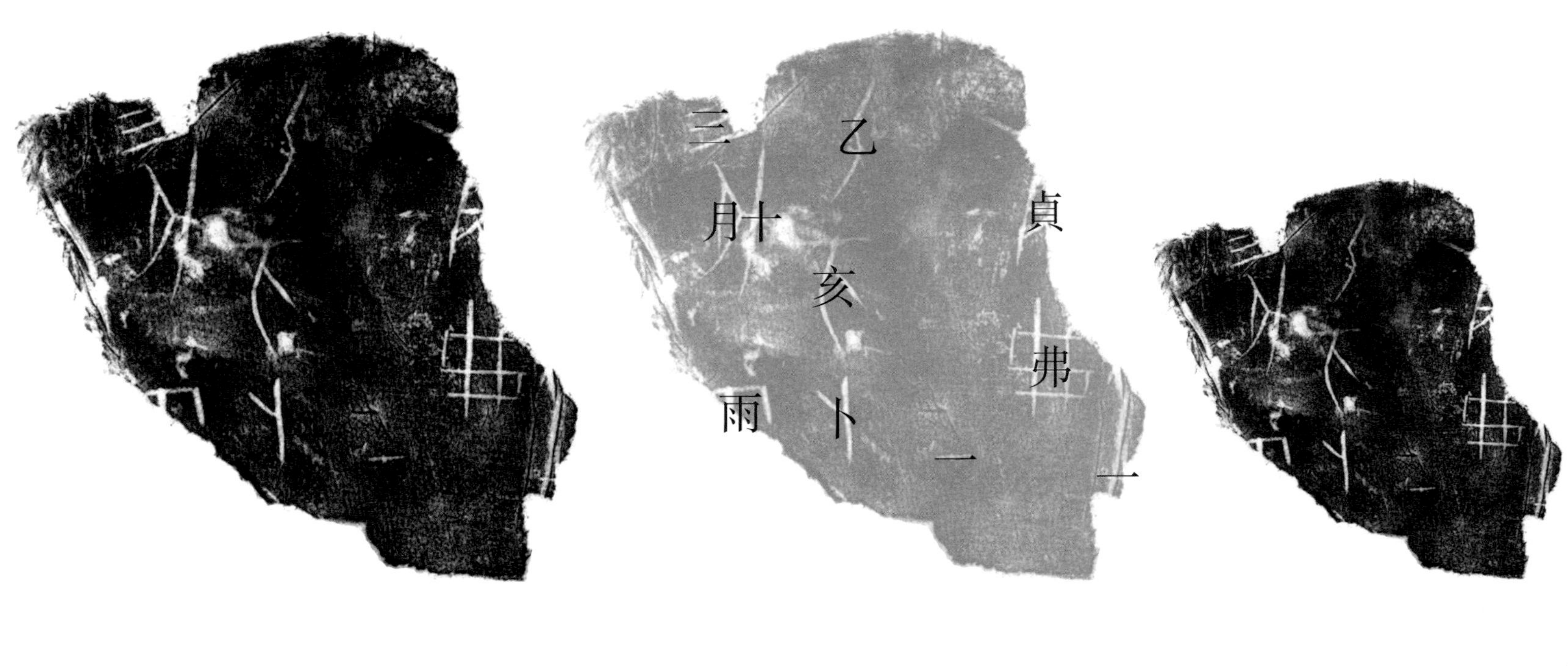

一一〇　十三月乙亥卜雨等事

本骨正面存辭二條。反面無字。臼面未録。

（一）［貞］：弗☑　［一］

（二）乙亥卜☑十三月[一]［雨］☑　一

【簡釋】

［一］「十三月」爲合文。

【備注】

組類：賓組

材質：牛肩胛骨

著録：《續》六・九・二、《合》一二六四四正、《凡考》三〇・二、《宮藏馬》五一正

來源：馬衡捐贈北大

院藏號：新一六〇五七一

原拓號：一・三〇・二

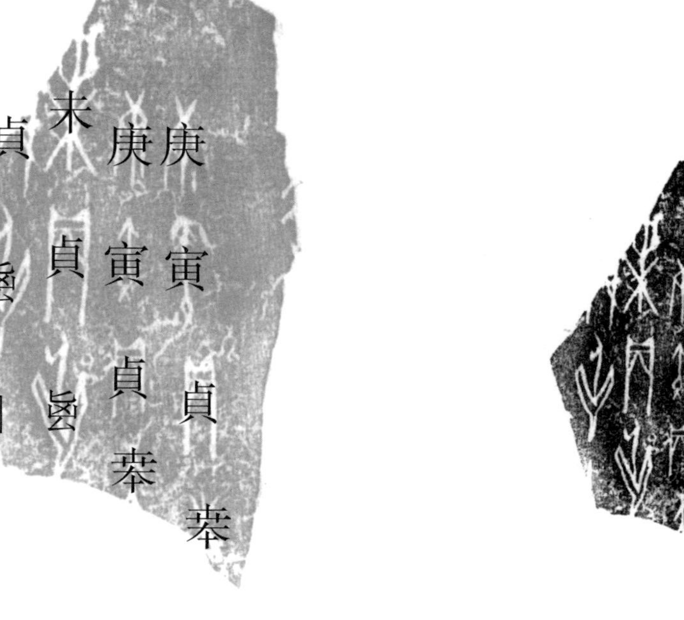

一一一　庚寅貞禱等事

本骨正面存辭四條。反面無字。

（一）庚寅貞：［桒（禱）］☐

（二）庚寅貞：［桒（禱）］☐

（三）☐未貞：㞢☐

（四）☐［貞］：㞢□☐〔一〕

【簡釋】

〔一〕該拓本與《宫凡將》九六號爲一版之折，綴後即《宫藏馬》二六四。

【備注】

組類：歷組

材質：牛肩胛骨

著録：《續》六·一二·七（不全）、《合》三三一九七左半、《凡考》三〇·三、《宫藏馬》二六四左半

來源：馬衡捐贈北大

院藏號：新一六〇八五八左半

原拓號：一·三〇·三

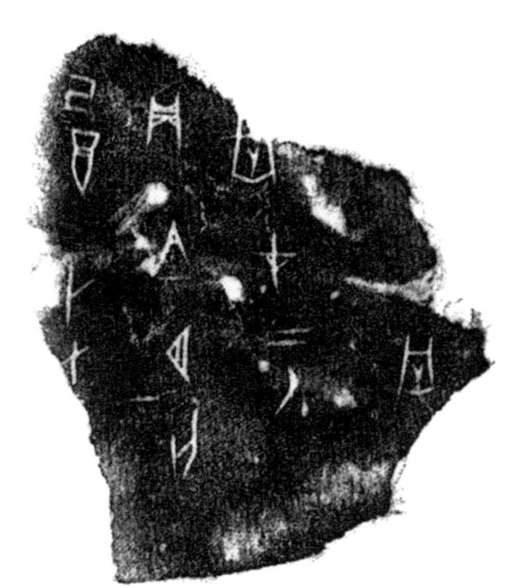

一一二　二月己酉卜旅貞今夕亡囚等事

本甲正面存辭二條。反面無字。

（一）己酉卜，[旅]貞：今夕亡囚[一]。才(在)二月。一

（二）☐囚。

【簡釋】

[一]「囚」或比定作「禍」「咎」「憂」等字。下同。

【備注】

組類：出組

材質：龜腹甲

著録：《續》四・四九・三、《合》二六三二八、《凡考》三〇・四、《宮藏馬》二四四

來源：馬衡捐贈北大

院藏號：新一六〇五九七

原拓號：一・三〇・四

索引表

表一　本書著録情況一覽表

本書編號	《宮藏馬》編號	院藏號	《凡》原拓號	《合》《合補》編號	《鐵》《鐵新》編號	《續》編號	《凡考》編號	其他著録號	《磻薑》編號
一	宮藏馬一一三	新一六〇六六四+ 新一六〇八一三	凡一·一·一	合六四六三 〔上部〕合補九四	鐵一七五·二 鐵新四四一	續一·一〇·六	凡考一·一		磻薑一·一
二	宮藏馬七九	新一六〇七五六	凡一·一·二	合一四二三		續一·一〇·一	凡考一·二		磻薑一·二
三	宮藏馬二二七	新一六〇七二八	凡一·一·三	合二二七七九下部		續一·一〇·二	凡考一·三下半	通纂一六一下半	磻薑一·三
四	宮藏馬二二八	新一六〇七四九	凡一·一·四	合二二八〇五		續一·一一·三	凡考一·四		磻薑一·四
五	宮藏馬三五	新一六〇五六二	凡一·二·一	合一九八四一		續一·一七·二(不全)	凡考二·一		磻薑二·一
六	宮藏馬二三〇	新一六〇六三七+ 新一六〇八八四	凡一·二·二	合二三一四六(不全)		續一·一三·四(不全)	凡考二·二	通纂四三 南師二·一七五	磻薑二·二
七	宮藏馬二二〇(全)	新一六〇七六二	凡一·二·三	合四〇九六五			凡考二·三	南師二·一七九	磻薑二·三
八	宮藏馬六八	新一六〇八八六	凡一·二·四			續一·一七·五	凡考二·四		磻薑二·四
九	宮藏馬一九九(全)	新一六〇五九九	凡一·三·一	合二三〇二八(全)		續一·二〇·三	凡考三·一		磻薑三·一
一〇	宮藏馬二五三(全)	新一六〇六四七	凡一·三·二	合三四〇五三(全)		續一·二二·二	凡考三·二		磻薑三·二
一一	宮藏馬六五	新一六〇六九五	凡一·三·三	合一八三六		續一·二二·三	凡考三·三		磻薑三·三
一二	宮藏馬九一	新一六〇五四八	〔臼〕凡一·四·一 〔正〕凡一·四·二	〔正〕合一六四二五 〔正臼〕合一七六三三(全)	〔正〕鐵二四五·一 〔正〕鐵新六三二	〔臼〕續六·二七·一	〔正〕凡考四·二 〔臼〕凡考四·一	〔正〕南師二·三二	〔正〕磻薑四·二 〔臼〕磻薑四·一
一三	宮藏馬一七三(全)	新一六〇五四七	〔正〕凡一·四·四 〔臼〕凡一·四·三	〔正臼〕合二三五四(全)		〔正〕續一·三九·五(不全) 〔臼〕續六·九·四	〔正〕凡考四·四 〔臼〕凡考四·三		〔正〕磻薑四·四 〔臼〕磻薑四·三
一四	宮藏馬一〇	新一六〇五六三+ 新一六〇六二五+ 資一二八-一三+ 資一二八-一八	凡一·五·一	〔右下〕合二二四五〇		續六·九·七(不全)	凡考五·一		磻薑五·一
一五	宮藏馬一三〇	新一六〇五四九+ 新一六〇八九九	凡一·五·二	合一七六六五正		續六·一二·一	凡考五·二		磻薑五·二
一六	宮藏馬二四二	新一六〇八三二+ 新一六〇八四〇+ 新一六〇九〇二+ 新一六〇六九八+ 資一二八-一四+ 資一二八-四八	凡一·五·三	〔左部〕合二六三六六 〔左中部〕合補八一〇三 〔右下部〕合補八〇八九		〔左部〕續二·一四·五	凡考五·三	南師二·一八一	磻薑五·三
一七	宮藏馬二一〇	新一六〇五九五	凡一·五·四	合補七三六九			凡考五·四		磻薑五·四

本書編號	《宮藏馬》編號	院藏號	《凡》原拓號	《合》《合補》編號	《鐵》《鐵新》編號	《續》編號	《凡考》編號	其他著録號	《磻耆》編號
一八	宮藏馬二五一(不全)	新一六〇六七七	凡一・六・一	合三四〇八四(不全) 合補一〇四四六甲(不全)		續一・三九・七(不全)	凡考六・一上半		磻耆六・一
一九	宮藏馬二二五	新一六〇七三五+ 新一六〇七五一+ 新一六〇八九一	凡一・六・二	合二五三四三(不全)		續二・九・一(不全)	凡考六・二		磻耆六・二
二〇	宮藏馬二七九(全)	新一六〇五七六	凡一・六・三	合三二四五二(全)		續一・一七・四	凡考六・三	通纂二四八	磻耆六・三
二一	宮藏馬二二一	新一六〇七三三	凡一・六・四	合二五一一四		續二・二・八(不全)	凡考六・四		磻耆六・四
二二	宮藏馬二五九(全)	新一六〇五四五	凡一・七・一	合三二二二五(全)		續一・三二・五	凡考七・一		磻耆七・一
二三	宮藏馬一三三	新一六〇六三四	凡一・七・二	合一〇六三〇		續一・二九・五	凡考七・二		磻耆七・二
二四	宮藏馬二八五(全)	新一六〇五八二	凡一・七・三	合三〇七二六(全)		續六・一一・六	凡考七・三		磻耆七・三
二五	宮藏馬五五	新一六〇八〇四	凡一・七・四	合一四五三八		續一・三五・四	凡考七・四		磻耆七・四
二六	宮藏馬一〇九	新一六〇五五八+ 新一六〇六五四+ 新一六〇六六一+ 資一二八-四五	〔正〕凡一・八・二 〔臼〕凡一・八・一	〔正〕合補一一一一(不全) 〔正臼〕合一七五八六(不全)		〔正〕續六・一二・六(不全) 〔臼〕續六・一〇・一〇(不全)	〔正〕凡考八・二 〔臼〕凡考八・一		〔正〕磻耆八・二 〔臼〕磻耆八・一
二七	宮藏馬六四	新一六〇五五七+ 資一二八-四六	凡一・八・三	合四二二三(全)		續六・一〇・三	凡考八・三		磻耆八・三
二八	宮藏馬三	新一六〇六二八	凡一・八・四	合二二九〇		續一・二九・六	凡考八・四		磻耆八・五
二九	宮藏馬四八	新一六〇五三九	凡一・九・一	合二三八四(全)		續六・九・一	凡考九・一		
三〇	宮藏馬一九	新一六〇五五四	凡一・九・二	合六七八九上半		續六・九・六	凡考九・二上半		
三一	宮藏馬二六七(全)	新一六〇六四五	凡一・九・三	合三二八一一(全)			凡考九・三		
三二	宮藏馬二五	新一六〇八〇五	凡一・九・四	合六九六八(全)		續六・九・八	凡考九・四		
三三	宮藏馬二九一(全)	新一六〇五五九	凡一・一〇・一	合二九六五四(全)		續二・一六・八	凡考一〇・一		磻耆一〇・一
三四	宮藏馬二三四	新一六〇七七七	凡一・一〇・二	合二五〇五八		續六・一一・七(不全)	凡考一〇・二		磻耆一〇・二
三五	宮藏馬七五正	新一六〇五九三	凡一・一〇・三	合二五八五	鐵一五〇・一 鐵新四一	續二・一六・七	凡考一〇・三		磻耆一〇・三
三六	宮藏馬一四九	新一六〇六三九	凡一・一〇・四	合一七六二二		續六・九・三 續六・一六・三(不全)	凡考一〇・四	雲間三九下・六	磻耆一〇・四
三七	宮藏馬六九	新一六〇五五二+ 資一二八-一〇	凡一・一一・一	合八八八(不全)		續二・一七・一	凡考一一・一		磻耆一一・一
三八	宮藏馬六	新一六〇六八二+ 新一六〇八八〇	凡一・一一・二	合二〇六七四		續二・二六・二	凡考一一・二	南師二・五九	磻耆一一・二
三九	宮藏馬一七六	新一六〇七九四	〔正〕凡一・一一・三 〔反〕凡一・一一・四	〔反〕一一八九七 〔正反〕合一九五〇	〔正〕鐵一二・四 〔正〕鐵新八八一	〔正〕續一・四四・七 〔反〕續四・一五・七	〔正〕凡考一一・三 〔反〕凡考一一・四		〔正〕磻耆一一・三 〔反〕磻耆一一・四

本書編號	《宮藏馬》編號	院藏號	《凡》原拓號	《合》《合補》編號	《鐵》《鐵新》編號	《續》編號	《凡考》編號	其他著録號	《磻耋》編號
四〇	宮藏馬三六	新一六〇六四三＋ 新一六〇六一八＋ 資一二八-六三	凡一・一二・一	合一三五二六		續六・九・五	凡考一二・一		磻耋一二・一
四一	宮藏馬二三八	新一六〇七七三	凡一・一二・二	合補八四六四			凡考一二・二	南師二・一九〇	磻耋一二・二
四二	宮藏馬二三七	新一六〇七六一	凡一・一二・三	合二四〇〇九		續六・二七・九	凡考一二・三		磻耋一二・三
四三	宮藏馬三八	新一六〇八二〇＋ 新一六〇八二二＋ 新一六〇八四一＋ 資一二八-六一	凡一・一二・四	合一九四三 合四〇四六四	鐵一一八・三 鐵新二一		凡考一二・四		磻耋一二・四
四四	宮藏馬四〇	新一六〇五七三	凡一・一三・一	合七八四三		續三・一四・七(不全)	凡考一三・一		
四五	宮藏馬一五四正	新一六〇七八四	凡一・一三・二				凡考一三・二		
四六	宮藏馬一〇七	新一六〇七九六	凡一・一三・三	合八六八三		續二・七・六	凡考一三・三	南師二・九四	
四七	宮藏馬九八	新一六〇六六五	凡一・一三・四	合五三〇九	鐵一七七・四 鐵新七四九	續六・一一・一	凡考一三・四	佚八二 南師二・六二	
四八	宮藏馬五〇	新一六〇五六九	〔正〕凡一・一四・二 〔臼〕凡一・一四・一	〔正臼〕合一五三一四(全)	〔正〕鐵二四八・三 〔正〕鐵新二三九	〔正〕續六・一一・四 〔臼〕續六・二四・九(不全)	〔正〕凡考一四・二 〔臼〕凡考一四・一		〔正〕磻耋一四・二 〔臼〕磻耋一四・一
四九	宮藏馬七〇	新一六〇五五三＋ 新一六〇六四〇	〔正〕凡一・一四・四 〔臼〕凡一・一四・三	〔臼〕合四〇六八五 〔正臼〕合一三四四(不全)			〔正〕凡考一四・四 〔臼〕凡考一四・三	〔臼〕南師二・二五	〔正〕磻耋一四・四 〔臼〕磻耋一四・三
五〇	宮藏馬二〇六	新一六〇六四四＋ 新一六〇六九一	凡一・一五・一	合二六六八九		續六・一〇・二	凡考一五・一	南師二・一八八	磻耋一五・一
五一	宮藏馬二七三	新一六〇六一二	凡一・一五・二	合三四八一八(不全) 合三四八一九		續四・三九・八	凡考一五・二		磻耋一五・二
五二	宮藏馬二七二(全)	新一六〇五六一	凡一・一五・三	合三四七八二(不全)		續四・三八・一〇(不全)	凡考一五・三		磻耋一五・三
五三	宮藏馬二〇八	新一六〇八四六	凡一・一五・四	合四一二三一			凡考一五・四	南師二・一八七	磻耋一五・四
五四	宮藏馬九二	新一六〇五六四	凡一・一六・一	合一六七九〇(全)		續四・四七・二	凡考一六・一	佚二九	磻耋一六・一
五五	宮藏馬九三	新一六〇八三一＋ 新一六〇六六二	凡一・一六・二	〔左部〕合補四九六八			凡考一六・二		磻耋一六・二
五六	宮藏馬二八二	新一六〇五八〇＋ 新一六〇六八九＋ 新一六〇七九二＋ 資一二八-一一	凡一・一六・三	合三五〇〇五(不全) 合三五〇〇八(不全)		續四・三八・五(不全)	凡考一六・三		磻耋一六・三
五七	宮藏馬三九	新一六〇六四一	凡一・一六・四	合一六八一三(全)		續四・四九・一	凡考一六・四		磻耋一六・四
五八	宮藏馬二〇	新一六〇五六八	凡一・一七・一	合六六九二上部(不全)	鐵一五一・二上部 鐵新五三一上部	續三・三六・一(不全)	凡考一七・一上部	前一・四六・四上部 存補三・二七九・一	磻耋一七・一
五九	宮藏馬二一	新一六〇五七〇	凡一・一七・二	合六六〇五(全)		續六・一二・二(不全)	凡考一七・二		磻耋一七・二

本書編號	《宮藏馬》編號	院藏號	《凡》原拓號	《合》《合補》編號	《鐵》《鐵新》編號	《續》編號	《凡考》編號	其他著録號	《磻蚩》編號
六〇	宮藏馬一九五	新一六〇八〇三	凡一・一七・三	合二五三七一		續一・九・八 續三・三六・三	凡考一七・三	餘一三・二	磻蚩一七・三
六一	宮藏馬一九四	新一六〇七三二	凡一・一七・四	合二六七六八		續三・三五・一〇	凡考一七・四		磻蚩一七・四
六二	宮藏馬一〇四	新一六〇五六七	凡一・一八・一	合八五二七(全)		續三・六・八	凡考一八・一		磻蚩一八・一
六三	宮藏馬一〇三	新一六〇五四六	凡一・一八・二	合六一一七(全)		續三・六・五	凡考一八・二		磻蚩一八・二
六四	宮藏馬一〇六下部	新一六〇七八八	凡一・一八・三	合三九八六六 合六三一三下部	鐵一一八・二下半 鐵新三四九下半		凡考一八・三下部	南師二・八六	磻蚩一八・三
六五	宮藏馬一〇五	新一六〇八六三	凡一・一八・四	合六一五上半		續三・六・三(不全)	凡考一八・四上半		磻蚩一八・四
六六	宮藏馬一二二	新一六〇七九一	凡一・一九・一	合五二二一			凡考一九・一	南師二・一一三	磻蚩一九・一
六七	宮藏馬一二一	新一六〇七八〇	凡一・一九・二	合三九八一九 合補五〇〇二			凡考一九・二	南師二・一一四	磻蚩一九・二
六八	宮藏馬二九五	新一六〇八五二	凡一・一九・三	合三三五六六		續六・一〇・七	凡考一九・三		磻蚩一九・三
六九	宮藏馬二八正	新一六〇八四八	凡一・一九・四	合一〇五五三正		續五・二九・一(不全)	凡考一九・四		磻蚩一九・四
七〇	宮藏馬一八七	新一六〇七九五	凡一・二〇・一	合七八九八		續六・二四・五	凡考二〇・一		磻蚩二〇・一
七一	宮藏馬三〇二(全)	新一六〇五八八+ 新一六〇八五一+ 資一二八-六+ 資一二八-七+ 資一二八-四二	凡一・二〇・二	合二八四二六 合二八一八一+ 合二八四三一(較全)		續六・一〇・九	凡考二〇・二		磻蚩二〇・二
七二	宮藏馬五八正	新一六〇七四五	凡一・二〇・三	合一五一五四正		續六・一〇・六	凡考二〇・三		磻蚩二〇・三
七三	宮藏馬二五八	新一六〇八五九	凡一・二〇・四	合三五一八二		續六・二七・三(不全)	凡考二〇・四		磻蚩二〇・四
七四	宮藏馬九	新一六〇八五七	凡一・二一・一	合二〇一八〇 合補六八〇三甲 合補六八二一左半	鐵一二五・一 鐵新一一〇六	續六・一一・八(不全)	凡考二一・一		磻蚩二一・一
七五	宮藏馬七四右半	新一六〇五九二	凡一・二一・二	合一四七八四右半(不全)		續五・二六・七右半(不全) 續六・一〇・八(不全)	凡考二一・二右半	通纂三五六	磻蚩二一・二
七六	宮藏馬一三五正	新一六〇七七八	凡一・二一・三	合一〇三九九正		續三・四三・四	凡考二一・三	餘五・二 通纂七二八 佚二五	磻蚩二一・三
七七	宮藏馬一一四	新一六〇八〇六	凡一・二一・四	合三九八三九			凡考二一・四	南師二・一〇七	磻蚩二一・四
七八	宮藏馬二八六(全)	新一六〇五五〇+ 新一六〇七九三	凡一・二二・一	合二八二六一(不全)		續六・一〇・五(不全)	凡考二二・一		磻蚩二二・一
七九	宮藏馬一四	新一六〇六二七	凡一・二二・二	合一三四五〇		續六・一一・三	凡考二二・二		磻蚩二二・二
八〇	宮藏馬三〇	新一六〇七七五	凡一・二二・三	合七二四三	鐵一八〇・一 鐵新九八一		凡考二二・三		磻蚩二二・三

本書編號	《宮藏馬》編號	院藏號	《凡》原拓號	《合》《合補》編號	《鐵》《鐵新》編號	《續》編號	《凡考》編號	其他著録號	《磻耋》編號
八一	宮藏馬二三五	新一六〇五八四	凡一·二二·四	合二三五八九(全)			凡考二二·四		磻耋二二·四
八二	宮藏馬二九二(全)	新一六〇六一七	凡一·二三·一	合二九八〇四		續四·二一·四	凡考二三·一		磻耋二三·一
八三	宮藏馬三〇〇	新一六〇七六四	凡一·二三·二	合二九八八九		續四·二二·九	凡考二三·二		磻耋二三·二
八四	宮藏馬二五四(全)	新一六〇八〇七+新一六〇八〇九	凡一·二三·三	合三四〇一五(全)		續四·一四·四	凡考二三·三		磻耋二三·三
八五	宮藏馬四一	新一六〇六五七+新一六〇八二八+資一二八-三〇+資一二八-三二	凡一·二三·四	合一一九四六(不全)		續四·一三·四(不全)	凡考二三·四		磻耋二三·四
八六	宮藏馬八四正(全)	新一六〇五四〇	凡一·二四·一	合一二〇五五(全)		續四·一三·二(不全)	凡考二四·一		
八七	宮藏馬八一正	新一六〇六五二	凡一·二四·二	合一一九二一正		續四·二二·七	凡考二四·二		
八八	宮藏馬一九六	新一六〇八四五	凡一·二四·三	合一二五四八		續四·二一·一	凡考二四·三		
八九	宮藏馬二七〇(全)	新一六〇五七五	凡一·二四·四	合三三二七三左下+合補一〇六三九左下		續四·二一·一〇	凡考二四·四	通纂二五九	
九〇	宮藏馬一八五	新一六〇五七四	凡一·二五·一	合一二七七一(全)	鐵二四六·一+鐵新五九八	續四·一一·四	凡考二五·一		
九一	宮藏馬一八三	新一六〇八四七	凡一·二五·二	合一二五〇四		續四·二四·六	凡考二五·二		
九二	宮藏馬一七	新一六〇七七四+資一二八-五七+資一二八-六〇	凡一·二五·三	合一一八九四(不全)		續四·二四·一(不全)	凡考二五·三		
九三	宮藏馬八八正	新一六〇七七六	凡一·二五·四	合一二七八八正	鐵三一·一+鐵新五九九	續四·二一·三	凡考二五·四		
九四	宮藏馬二六三(全)	新一六〇五六〇+資一二八-二七	凡一·二六·一	合三三二七一(全)		續四·一七·六	凡考二六·一	通纂四六〇	
九五	宮藏馬一一七	新一六〇七〇七	凡一·二六·二	合補二〇二八		續六·二六·一	凡考二六·二		
九六	宮藏馬二六四右半	新一六〇八五八右半	凡一·二六·三	合三三二九七右半+合四一五三七			凡考二六·三	南師二·一九六	
九七	宮藏馬二八七(全)	新一六〇五七九	凡一·二六·四	合二八二四六(全)		續二·二八·三	凡考二六·四		
九八	宮藏馬二二四	新一六〇五八六	凡一·二七·一	合一七一一九		續六·一〇·一	凡考二七·一		
九九	宮藏馬二四	新一六〇六九二	凡一·二七·二	合七六八一		續五·三〇·五+續六·一一·五	凡考二七·二		
一〇〇	宮藏馬二三	新一六〇八六四	凡一·二七·三	合七七五二	鐵九一·一+鐵新八八九	續六·一二·三	凡考二七·三		
一〇一	宮藏馬一八一	新一六〇八〇二	凡一·二七·四	合五六九〇	鐵三七·一+鐵新七三七	續四·三三·五(不全)	凡考二七·四		

本書編號	《宮藏馬》編號	院藏號	《凡》原拓號	《合》《合補》編號	《鐵》《鐵新》編號	《續》編號	《凡考》編號	其他著録號	《磻耑》編號
一〇二	宮藏馬二四三	新一六〇五六六＋ 新一六〇六三八＋ 新一六〇六六九	凡一・二八・一	〔上部〕合補八二四八 〔右下〕合二六四五二 〔全〕合四一二五六			凡考二八・一	〔全〕南師二・一八二	
一〇三	宮藏馬二二二	新一六〇七八五	凡一・二八・二	合二三一五八(全)		續二・三・一	凡考二八・二		
一〇四	宮藏馬二四七(全)	新一六〇七五三	凡一・二八・三	合二六三三一(全) 合補八〇四八下半		續四・四三・一〇	凡考二八・三		
一〇五	宮藏馬一九八	新一六〇六八〇＋ 新一六〇六六六＋ 資一二八－二一＋ 資一二八－七〇	凡一・二九・一	〔上半〕合二五九〇九 〔中部〕合二五九七六 〔右上〕合二五九七七		〔上半〕續六・二二・五	凡考二九・一		
一〇六	宮藏馬一五七正	新一六〇八五四	凡一・二九・二	合一八四六三正		續六・二七・四	凡考二九・二		
一〇七	宮藏馬二七	新一六〇七〇六	凡一・二九・三	合四九四七			凡考二九・三		
一〇八	宮藏馬一一	新一六〇七九八	凡一・二九・四	合一〇九〇 合補二四一三乙	鐵二七二・一 鐵新四七〇	續六・一一・二	凡考二九・四	前六・二二・四(不全) 文拓八〇	
一〇九	宮藏馬一六	新一六〇五四四	凡一・三〇・一	合一六五二一 合四〇五七六	鐵一三一・二 鐵新八三五		凡考三〇・一	南師二・一二七	
一一〇	宮藏馬五一正	新一六〇五七一	凡一・三〇・二	合一二六四四正		續六・九・二	凡考三〇・二		
一一一	宮藏馬二六四左半	新一六〇八五八左半	凡一・三〇・三	合三三二九七左半		續六・一二・七(不全)	凡考三〇・三		
一一二	宮藏馬二四四	新一六〇五九七	凡一・三〇・四	合二六三二八		續四・四九・三	凡考三〇・四		

表二　《合》《合補》與本書對照表

《合》《合補》編號	本書編號
合一〇九〇	一〇八
合一三四四（不全）	四九正臼
合一四二三	二
合一八三六	一一
合一九四三	四三
合一九五〇	三九正反
合二二九〇	二八
合二三五四（全）	一三正臼
合二三八四（全）	二九
合二五八五	三五
合六六九二上部（不全）	五八
合一〇三九九正	七六
合一〇五五三正	六九
合一〇六三〇	二三
合一一八九四（不全）	九二
合一一八九七	三九
合一一九二二正	八七
合一一九四六（不全）	八五
合一二〇五五（全）	八六
合一二五〇四	九一
合一二五四八	八八
合一二六四四正	一一〇
合一二七七一（全）	九〇
合一二七八八正	九三
合一三四五〇	七九
合一三五二六	四〇
合一四五三八	二五
合一四七八四右半（不全）	七五
合一五一五四正	七二
合一五三一四（全）	四八正臼
合一六四二五	一二正
合一六五二一	一〇九
合一六七九〇（全）	五四
合一六八一三（全）	五七
合一七一一九	九八
合一七五八六（不全）	二六正臼
合一七六二二	三六
合一七六三三（全）	一二正臼
合一七六六五正	一五
合一八四六三正	一〇六
合一九八四一	五
合二〇一八〇	七四
合二〇六七四	三八
合二二四五〇	一四右下
合二二七七九下部	三
合二二八〇五	四
合二三〇二八（全）	九
合二三一四六（不全）	六
合二三一五八（全）	一〇三
合二三五八九（全）	八一
合二四〇〇九	四二
合二五〇五八	三四
合二五一一四	二一
合二五三四三（不全）	一九
合二五三七一	六〇
合二五九〇九	一〇五上半
合二五九七六	一〇五中部
合二五九七七	一〇五右上
合二六三二八	一一二
合二六三三一（全）	一〇四
合二六三六六	一六左部
合二六四五二	一〇二右下
合二六六八九	五〇
合二六七六八	六一
合二八一八一+合二八四三一（較全）	七一
合二八二四六（全）	九七
合二八二六一（不全）	七八
合二八四二六	七一
合二九六五四（全）	三三
合二九八〇四	八二
合二九八八九	八三
合三〇七二六（全）	二四
合三二二二五（全）	二三
合三二四五二（全）	二〇
合三二八一一（全）	三一
合三三二七一（全）	九四
合三三二七三左下	八九
合三三二九七右半	九六
合三三二九七左半	一一一
合三三五六六	六八
合三四〇一五（全）	八四

《合》《合補》編號	本書編號
合六一五上半	六五
合八八八（不全）	三七
合四二二三（全）	二七
合四九四七	一〇七
合五二二一	六六
合五三〇九	四七
合五六九〇	一〇一
合六一一七（全）	六三
合六三一三下部	六四
合六四六三	一
合六六〇五（全）	五九
合六六九二上半	五八
合六七八九上半	三〇
合六九六八（全）	三二
合七二四三	八〇
合七六八一	九九
合七七五二	一〇〇
合七八四三	四四
合七八九八	七〇
合八五二七（全）	六二
合八六八三	四六
合三四〇五三（全）	一〇
合三四〇八四（不全）	一八
合三四七八二（不全）	五二
合三四八一八（不全）	五一
合三四八一九	五一
合三五〇〇五（不全）	五六
合三五〇〇八（不全）	五六
合三五一八二	七三
合三九八一九	六七

《合》《合補》編號	本書編號
合三九八三九	七七
合三九八六六	六四
合四〇四六四	四三
合四〇五七六	一〇九
合四〇六八五	四九臼
合四〇九六五	七
合四一二三一	五三
合四一二五六	一〇二全
合四一五三七	九六
合補九四	一上部
合補一一一一（不全）	二六正
合補二〇二八	九五
合補二四一三乙	一〇八
合補四九六八	五五左部
合補五〇〇二	六七
合補六八〇三甲	七四
合補六八二一左半	七四
合補七三六九	一七
合補八〇四八下半	一〇四
合補八〇八九	一六左下部
合補八一〇三	一六左中部
合補八二四八	一〇二上部
合補八四六四	四一
合補一〇四四六甲(不全)	一八
合補一〇六三九左下	八九

表三　《凡》原拓號、《凡考》《磻裴》與本書對照表

《凡》原拓號	《凡考》編號	《磻裴》編號	本書編號
凡一·一·一	凡考一·一	磻裴一·一	一
凡一·一·二	凡考一·二	磻裴一·二	二
凡一·一·三	凡考一·三下半	磻裴一·三	三
凡一·一·四	凡考一·四	磻裴一·四	四
凡一·二·一	凡考二·一	磻裴二·一	五
凡一·二·二	凡考二·二	磻裴二·二	六
凡一·二·三	凡考二·三	磻裴二·三	七
凡一·二·四	凡考二·四	磻裴二·四	八
凡一·三·一	凡考三·一	磻裴三·一	九
凡一·三·二	凡考三·二	磻裴三·二	一〇
凡一·三·三	凡考三·三	磻裴三·三	一一
凡一·四·一	凡考四·一	磻裴四·一	一二臼
凡一·四·二	凡考四·二	磻裴四·二	一二正
凡一·四·三	凡考四·三	磻裴四·三	一三臼
凡一·四·四	凡考四·四	磻裴四·四	一三正
凡一·五·一	凡考五·一	磻裴五·一	一四
凡一·五·二	凡考五·二	磻裴五·二	一五
凡一·五·三	凡考五·三	磻裴五·三	一六
凡一·五·四	凡考五·四	磻裴五·四	一七
凡一·六·一	凡考六·一上半	磻裴六·一	一八
凡一·六·二	凡考六·二	磻裴六·二	一九
凡一·六·三	凡考六·三	磻裴六·三	二〇
凡一·六·四	凡考六·四	磻裴六·四	二一
凡一·七·一	凡考七·一	磻裴七·一	二二
凡一·七·二	凡考七·二	磻裴七·二	二三
凡一·七·三	凡考七·三	磻裴七·三	二四
凡一·七·四	凡考七·四	磻裴七·四	二五
凡一·八·一	凡考八·一	磻裴八·一	二六臼
凡一·八·二	凡考八·二	磻裴八·二	二六正
凡一·八·三	凡考八·三	磻裴八·三	二七
凡一·八·四	凡考八·四	磻裴八·五	二八
凡一·九·一	凡考九·一		二九
凡一·九·二	凡考九·二上半		三〇
凡一·九·三	凡考九·三		三一
凡一·九·四	凡考九·四		三二
凡一·一〇·一	凡考一〇·一	磻裴一〇·一	三三
凡一·一〇·二	凡考一〇·二	磻裴一〇·二	三四
凡一·一〇·三	凡考一〇·三	磻裴一〇·三	三五
凡一·一〇·四	凡考一〇·四	磻裴一〇·四	三六
凡一·一一·一	凡考一一·一	磻裴一一·一	三七
凡一·一一·二	凡考一一·二	磻裴一一·二	三八
凡一·一一·三	凡考一一·三	磻裴一一·三	三九正
凡一·一一·四	凡考一一·四	磻裴一一·四	三九反
凡一·一二·一	凡考一二·一	磻裴一二·一	四〇
凡一·一二·二	凡考一二·二	磻裴一二·二	四一
凡一·一二·三	凡考一二·三	磻裴一二·三	四二
凡一·一二·四	凡考一二·四	磻裴一二·四	四三
凡一·一三·一	凡考一三·一		四四
凡一·一三·二	凡考一三·二		四五
凡一·一三·三	凡考一三·三		四六
凡一·一三·四	凡考一三·四		四七
凡一·一四·一	凡考一四·一	磻裴一四·一	四八臼
凡一·一四·二	凡考一四·二	磻裴一四·二	四八正
凡一·一四·三	凡考一四·三	磻裴一四·三	四九臼

《凡》原拓號	《凡考》編號	《磻蚩》編號	本書編號
凡一·一四·四	凡考一四·四	磻蚩一四·四	四九正
凡一·一五·一	凡考一五·一	磻蚩一五·一	五〇
凡一·一五·二	凡考一五·二	磻蚩一五·二	五一
凡一·一五·三	凡考一五·三	磻蚩一五·三	五二
凡一·一五·四	凡考一五·四	磻蚩一五·四	五三
凡一·一六·一	凡考一六·一	磻蚩一六·一	五四
凡一·一六·二	凡考一六·二	磻蚩一六·二	五五
凡一·一六·三	凡考一六·三	磻蚩一六·三	五六
凡一·一六·四	凡考一六·四	磻蚩一六·四	五七
凡一·一七·一	凡考一七·一上半	磻蚩一七·一	五八
凡一·一七·二	凡考一七·二	磻蚩一七·二	五九
凡一·一七·三	凡考一七·三	磻蚩一七·三	六〇
凡一·一七·四	凡考一七·四	磻蚩一七·四	六一
凡一·一八·一	凡考一八·一	磻蚩一八·一	六二
凡一·一八·二	凡考一八·二	磻蚩一八·二	六三
凡一·一八·三	凡考一八·三下部	磻蚩一八·三	六四
凡一·一八·四	凡考一八·四上半	磻蚩一八·四	六五
凡一·一九·一	凡考一九·一	磻蚩一九·一	六六
凡一·一九·二	凡考一九·二	磻蚩一九·二	六七
凡一·一九·三	凡考一九·三	磻蚩一九·三	六八
凡一·一九·四	凡考一九·四	磻蚩一九·四	六九
凡一·二〇·一	凡考二〇·一	磻蚩二〇·一	七〇
凡一·二〇·二	凡考二〇·二	磻蚩二〇·二	七一
凡一·二〇·三	凡考二〇·三	磻蚩二〇·三	七二
凡一·二〇·四	凡考二〇·四	磻蚩二〇·四	七三
凡一·二一·一	凡考二一·一	磻蚩二一·一	七四
凡一·二一·二	凡考二一·二右半	磻蚩二一·二	七五
凡一·二一·三	凡考二一·三	磻蚩二一·三	七六
凡一·二一·四	凡考二一·四	磻蚩二一·四	七七
凡一·二二·一	凡考二二·一	磻蚩二二·一	七八

《凡》原拓號	《凡考》編號	《磻蚩》編號	本書編號
凡一·二二·二	凡考二二·二	磻蚩二二·二	七九
凡一·二二·三	凡考二二·三	磻蚩二二·三	八〇
凡一·二二·四	凡考二二·四	磻蚩二二·四	八一
凡一·二三·一	凡考二三·一	磻蚩二三·一	八二
凡一·二三·二	凡考二三·二	磻蚩二三·二	八三
凡一·二三·三	凡考二三·三	磻蚩二三·三	八四
凡一·二三·四	凡考二三·四	磻蚩二三·四	八五
凡一·二四·一	凡考二四·一		八六
凡一·二四·二	凡考二四·二		八七
凡一·二四·三	凡考二四·三		八八
凡一·二四·四	凡考二四·四		八九
凡一·二五·一	凡考二五·一		九〇
凡一·二五·二	凡考二五·二		九一
凡一·二五·三	凡考二五·三		九二
凡一·二五·四	凡考二五·四		九三
凡一·二六·一	凡考二六·一		九四
凡一·二六·二	凡考二六·二		九五
凡一·二六·三	凡考二六·三		九六
凡一·二六·四	凡考二六·四		九七
凡一·二七·一	凡考二七·一		九八
凡一·二七·二	凡考二七·二		九九
凡一·二七·三	凡考二七·三		一〇〇
凡一·二七·四	凡考二七·四		一〇一
凡一·二八·一	凡考二八·一		一〇二
凡一·二八·二	凡考二八·二		一〇三
凡一·二八·三	凡考二八·三		一〇四
凡一·二九·一	凡考二九·一		一〇五
凡一·二九·二	凡考二九·二		一〇六
凡一·二九·三	凡考二九·三		一〇七
凡一·二九·四	凡考二九·四		一〇八

《凡》原拓號	《凡考》編號	《磻蜚》編號	本書編號
凡一・三〇・一	凡考三〇・一		一〇九
凡一・三〇・二	凡考三〇・二		一一〇
凡一・三〇・三	凡考三〇・三		一一一
凡一・三〇・四	凡考三〇・四		一一二

表四 《鐵》《鐵新》與本書對照表

《鐵》《鐵新》編號	本書編號
鐵一二·四	三九正
鐵三一·一	九三
鐵三七·一	一〇一
鐵九一·一	一〇〇
鐵一一八·二下部	六四
鐵一一八·三	四三
鐵一二五·一	七四
鐵一三一·二	一〇九
鐵一五〇·一	三五
鐵一五一·二上部	五八
鐵一七五·二	一
鐵一七七·四	四七
鐵一八〇·一	八〇
鐵二四五·一	一二正
鐵二四六·一	九〇
鐵二四八·三	四八正
鐵二七二·一	一〇八
鐵新二一	四三
鐵新四一	三五
鐵新二二九	四八正
鐵新三四九下部	六四
鐵新四四一	一
鐵新四七〇	一〇八
鐵新五三一上部	五八
鐵新五九八	九〇
鐵新五九九	九三
鐵新六三二	一二正
鐵新七三七	一〇一
鐵新七四九	四七
鐵新八三五	一〇九
鐵新八八一	三九正
鐵新八八九	一〇〇
鐵新九八一	八〇
鐵新一一〇六	七四

表五　《續》與本書對照表

《續》編號	本書編號
續一・一〇・一	二
續一・一〇・二	三
續一・一〇・六	一
續一・一一・三	四
續一・一三・四(不全)	六
續一・一七・二(不全)	五
續一・一七・四	二〇
續一・一七・五	八
續一・二〇・三	九
續一・二二・二	一〇
續一・二二・三	一一
續一・二九・五	二三
續一・二九・六	二八
續一・三二・五	二二
續一・三五・四	二五
續一・三九・五(不全)	一三正
續一・三九・七(不全)	一八
續一・四四・七	三九正
續二・二・八(不全)	二一
續二・三・一	一〇三
續二・七・六	四六
續二・九・一(不全)	一九
續二・九・八	六〇
續二・一四・五	一六左部
續二・一六・七	三五
續二・一六・八	三三
續二・一七・一	三七
續二・二六・二	三八
續二・二八・三	九七
續三・六・三(不全)	六五
續三・六・五	六三
續三・六・八	六二
續三・一四・七(不全)	四四
續三・三五・一〇	六一
續三・三六・一(不全)	五八
續三・三六・三	六〇
續三・四三・四	七六
續四・一一・四	九〇
續四・一三・二(不全)	八六
續四・一三・四(不全)	八五
續四・一四・四	八四
續四・一五・七	三九反
續四・一七・六	九四
續四・二一・三	九三
續四・二一・四	八二
續四・二一・七	八七
續四・二一・一〇	八九
續四・二一・一一	八八
續四・二二・九	八三
續四・二四・一(不全)	九二
續四・二四・六	九一
續四・三三・五(不全)	一〇一
續四・三八・五(不全)	五六
續四・三八・一〇(不全)	五二
續四・三九・八	五一
續四・四三・一〇	一〇四
續四・四七・二	五四
續四・四九・一	五七
續四・四九・三	一一二
續五・二六・七右半(不全)	七五
續五・二九・一(不全)	六九
續五・三〇・五	九九
續六・九・一	二九
續六・九・二	一一〇
續六・九・三	三六
續六・九・四	一三臼
續六・九・五	四〇
續六・九・六	三〇
續六・九・七(不全)	一四
續六・九・八	三二
續六・一〇・一	九八
續六・一〇・二	五〇
續六・一〇・三	二七
續六・一〇・五(不全)	七八
續六・一〇・六	七二
續六・一〇・七	六八
續六・一〇・八(不全)	七五
續六・一〇・九	七一
續六・一〇・一〇(不全)	二六臼
續六・一一・一	四七
續六・一一・二	一〇八

《續》編號	本書編號
續六・一一・三	七九
續六・一一・四	四八正
續六・一一・五	九九
續六・一一・六	二四
續六・一一・七（不全）	三四
續六・一一・八（不全）	七四
續六・一二・一	一五
續六・一二・二（不全）	五九
續六・一二・三	一〇〇
續六・一二・五	一〇五上半
續六・一二・六（不全）	二六正
續六・一二・七（不全）	一一一
續六・一六・三（不全）	三六
續六・二四・五	七〇
續六・二四・九（不全）	四八臼
續六・二六・一一	九五
續六・二七・一	一二臼
續六・二七・三（不全）	七三
續六・二七・四	一〇六
續六・二七・九	四二

表六　其他著録與本書對照表

其他著録號	本書編號
南師二・二五	四九臼
南師二・三三	一二正
南師二・五九	三八
南師二・六二	四七
南師二・八六	六四
南師二・九四	四六
南師二・一〇七	七七
南師二・一一三	六六
南師二・一一四	六七
南師二・一二七	一〇九
南師二・一七五	六
南師二・一七九	七
南師二・一八一	一六
南師二・一八二	一〇二全
南師二・一八七	五三
南師二・一八八	五〇
南師二・一九〇	四一
南師二・一九六	九六
前一・四六・四上部	五八
前六・二一・四（不全）	一〇八
通纂四三	六
通纂一六一下半	三
通纂二四八	二〇
通纂二五九	八九
通纂三五六	七五
通纂四六〇	九四
通纂七二八	七六

其他著録號	本書編號
佚二五	七六
佚二九	五四
佚八二	四七
餘五・二	七六
餘一三・二	六〇
雲間三九下・六	三六
文拓八〇	一〇八
存補三・二七九・一	五八

表七 《宮藏馬》與本書對照表

《宮藏馬》編號	本書編號
宮藏馬三	二八
宮藏馬六	三八
宮藏馬九	七四
宮藏馬一〇	一四
宮藏馬一一	一〇八
宮藏馬一四	七九
宮藏馬一六	一〇九
宮藏馬一七	九二
宮藏馬一九	三〇
宮藏馬二〇	五八
宮藏馬二一	五九
宮藏馬二三	一〇〇
宮藏馬二四	九九
宮藏馬二五	三二
宮藏馬二七	一〇七
宮藏馬三〇	八〇
宮藏馬三五	五
宮藏馬三六	四〇
宮藏馬三八	四三
宮藏馬三九	五七
宮藏馬四〇	四四
宮藏馬四一	八五
宮藏馬四八	二九
宮藏馬五〇	四八
宮藏馬五一正	一一〇
宮藏馬五五	二五
宮藏馬五八正	七二
宮藏馬六四	二七
宮藏馬六五	一一
宮藏馬六八	八
宮藏馬六九	三七
宮藏馬七〇	四九
宮藏馬七四右半	七五
宮藏馬七五正	三五
宮藏馬七九	二
宮藏馬八一正	八七
宮藏馬八四正(全)	八六
宮藏馬八八正	九三
宮藏馬九一	一二
宮藏馬九二	五四
宮藏馬九三	五五
宮藏馬九八	四七
宮藏馬一〇三	六三
宮藏馬一〇四	六二
宮藏馬一〇五	六五
宮藏馬一〇六下部	六四
宮藏馬一〇七	四六
宮藏馬一〇九	二六
宮藏馬一一三	一
宮藏馬一一四	七七
宮藏馬一一七	九五
宮藏馬一二一	六七
宮藏馬一二二	六六
宮藏馬一二四	九八
宮藏馬一二八正	六九
宮藏馬一三〇	一五
宮藏馬一三三	二三
宮藏馬一三五正	七六
宮藏馬一四九	三六
宮藏馬一五四正	四五
宮藏馬一五七正	一〇六
宮藏馬一七三(全)	一三
宮藏馬一七六	三九
宮藏馬一八一	一〇一
宮藏馬一八三	九一
宮藏馬一八五	九〇
宮藏馬一八七	七〇
宮藏馬一九四	六一
宮藏馬一九五	六〇
宮藏馬一九六	八八
宮藏馬一九八	一〇五
宮藏馬一九九(全)	九
宮藏馬二〇六	五〇
宮藏馬二〇八	五三
宮藏馬二一〇	一七
宮藏馬二二〇(全)	七
宮藏馬二二一	二一
宮藏馬二二二	一〇三
宮藏馬二二五	一九
宮藏馬二二七	三
宮藏馬二二八	四

《宮藏馬》編號	本書編號
宮藏馬二三〇	六
宮藏馬二三四	三四
宮藏馬二三五	八一
宮藏馬二三七	四二
宮藏馬二三八	四一
宮藏馬二四二	一六
宮藏馬二四三	一〇二
宮藏馬二四四	一一二
宮藏馬二四七（全）	一〇四
宮藏馬二五一（不全）	一八
宮藏馬二五三（全）	一〇
宮藏馬二五四（全）	八四
宮藏馬二五八	七三
宮藏馬二五九（全）	二二
宮藏馬二六三（全）	九四
宮藏馬二六四右半	九六
宮藏馬二六四左半	一一一
宮藏馬二六七（全）	三一
宮藏馬二七〇（全）	八九
宮藏馬二七二（全）	五二
宮藏馬二七三	五一
宮藏馬二七九（全）	二〇
宮藏馬二八二	五六
宮藏馬二八五（全）	二四
宮藏馬二八六（全）	七八
宮藏馬二八七（全）	九七
宮藏馬二九一（全）	三三
宮藏馬二九二（全）	八二
宮藏馬二九五	六八

《宮藏馬》編號	本書編號
宮藏馬三〇〇	八三
宮藏馬三〇二（全）	七一

表八　院藏號與本書對照表

院藏號	本書編號
新一六〇五三九	二九
新一六〇五四〇	八六
新一六〇五四四	一〇九
新一六〇五四五	二二
新一六〇五四六	六三
新一六〇五四七	一三
新一六〇五四八	一二
新一六〇五五四	三〇
新一六〇五五九	三三
新一六〇五六一	五二
新一六〇五六二	五
新一六〇五六四	五四
新一六〇五六七	六二
新一六〇五六八	五八
新一六〇五六九	四八
新一六〇五七〇	五九
新一六〇五七一	一一〇
新一六〇五七三	四四
新一六〇五七四	九〇
新一六〇五七五	八九
新一六〇五七六	二〇
新一六〇五七九	九七
新一六〇五八〇＋新一六〇六八九＋新一六〇七九二＋資一二八－一一(全)	五六(全)
新一六〇五八二	二四
新一六〇五八四	八一
新一六〇五八六	九八
新一六〇五九二	七五
新一六〇五九三	三五
新一六〇五九五	一七
新一六〇五九七	一一二
新一六〇五九九	九
新一六〇六一二	五一
新一六〇六一七	八二
新一六〇六二七	七九
新一六〇六二八	二八
新一六〇六三四	二三
新一六〇六三九	三六
新一六〇六四一	五七
新一六〇六四五	三一
新一六〇六四七	一〇
新一六〇六五二	八七
新一六〇六六五	四七
新一六〇六七七	一八
新一六〇六九二	九九
新一六〇六九五	一一
新一六〇七〇六	一〇七
新一六〇七〇七	九五
新一六〇七二八	三
新一六〇七三二	六一
新一六〇七三三	二一
新一六〇七四五	七二
新一六〇七四九	四
新一六〇七五三	一〇四
新一六〇七五六	二
新一六〇七六一	四二
新一六〇七六二	七
新一六〇七六四	八三
新一六〇七七三	四一
新一六〇七七五	八〇
新一六〇七七六	九三
新一六〇七七七	三四
新一六〇七七八	七六
新一六〇七八〇	六七
新一六〇七八四	四五
新一六〇七八五	一〇三
新一六〇七八八	六四下部
新一六〇七九一	六六
新一六〇七九四	三九
新一六〇七九五	七〇
新一六〇七九六	四六
新一六〇七九八	一〇八
新一六〇八〇二	一〇一
新一六〇八〇三	六〇
新一六〇八〇四	二五
新一六〇八〇五	三二
新一六〇八〇六	七七
新一六〇八四五	八八
新一六〇八四六	五三
新一六〇八四七	九一
新一六〇八四八	六九

院藏號	本書編號
新一六〇五四九+新一六〇八九九	一五
新一六〇五五〇+新一六〇七九三	七八
新一六〇五五二+資一二八-一〇	三七
新一六〇五五三+新一六〇六四〇	四九
新一六〇五五七+資一二八-四六	二七
新一六〇五五八+新一六〇六五四+新一六〇六六一+資一二八-四五	二六
新一六〇五六〇+資一二八-二七	九四
新一六〇五六三+新一六〇六二五+資一二八-一三+資一二八-一八	一四
新一六〇五六六+新一六〇六三八+新一六〇六六九	一〇二
新一六〇五八八+新一六〇八五一+資一二八-六+資一二八-七+資一二八-四二	七一
新一六〇六三七+新一六〇八八四	六
新一六〇六四三+新一六〇六一八+資一二八-六三	四〇
新一六〇六四四+新一六〇六九一	五〇
新一六〇六五七+新一六〇八二八+資一二八-三〇+資一二八-三三	八五
新一六〇六六四+新一六〇八一三	一
新一六〇六八〇+新一六〇六六六+資一二八-二一+資一二八-七〇	一〇五
新一六〇六八二+新一六〇八八〇	三八
新一六〇七三五+新一六〇七五一+新一六〇八九一	一九
新一六〇七七四+資一二八-五七+資一二八-六〇	九二
新一六〇八〇七+新一六〇八〇九	八四
新一六〇八二〇+新一六〇八二三+新一六〇八四一+資一二八-六一	四三
新一六〇八三一+新一六〇六六二	五五
新一六〇八三二+新一六〇八四〇+新一六〇九〇二+新一六〇六九八+資一二八-一四+資一二八-四八	一六
新一六〇八五二	六八
新一六〇八五四	一〇六
新一六〇八五七	七四
新一六〇八五八左半	一一一
新一六〇八五八右半	九六
新一六〇八五九	七三
新一六〇八六三	六五
新一六〇八六四	一〇〇
新一六〇八八六	八

表九　本書甲骨綴合表

本書編號	綴合號	綴合者	備注	綴合出處
三	通別二一〇・二	郭沫若	綴後即合二二七七九（通纂一六一）	《綴編》第二六則；《綴新》第五四八則
一八	合三四〇八二（上博二一五六九・七+上博二一五六九・九）	曾毅公	綴後即合補一〇四四六	《綴編》第五六則；《綴新》第四三六則
三〇	上博一七六四七・一九四（續五・二九・五、續六・二〇・六、雲間二六上・一）	曾毅公	綴後即合六七八九	《綴編》第一五〇則；《綴新》第四六一則
三七	合一四五九（續存下一九四）	林宏明		《甲骨新綴第五六五例》，先秦史研究室網站，二〇一五年四月二七日
三九反	合九五五七反	馬保春		《拼三》第五九八則
四二	上博一七六四五・一五	蔡哲茂		《〈上海博物館藏甲骨文字〉新綴五則》第五則，先秦史研究室網站，二〇〇九年十月九日
四八	合補一〇〇二	林宏明		《契合集》第七一例
五八	京人七四三	嚴一萍（復原）	綴後即合六六九二（全）［鐵一五一・二（全）、前一・四六・四（不全）、鐵新五三一（全）］	《綴新》第二八〇則
六一	合一二七四一（續存下一二六、旅藏一一〇）+掇三四六二［合二四七六二（鐵零八、續存下一二八不全）+合二六一五六（鐵零九+一四、續存下一四〇）］+安散八六（奥缶齋二九）	方稚松（復原）、劉影、蔣玉斌		《拼集》第一一〇則；《甲骨新綴第二〇四組》及文下評論，先秦史研究室網站，二〇一五年七月六日
六四	合九〇〇七		綴後即合六六九二（鐵一一八・二、鐵新三四九、宮藏馬一〇七）	
六五	上博一七六四七・九八（續三・八・六、續六・二三・一二、通纂四八〇、雲間一二下・三）	董作賓	綴後即合六一五	《綴新》第三三七則
七四	合二〇一八一（鐵一五・一）	嚴一萍	遥綴，綴後即合補六八〇三、合補六八二一	《綴新》第二八九則；《綴彙》第五五〇組
七五	故宮院藏新一六〇七四六		綴後即合一四七八四不全（續五・二六・七不全、宮藏馬七四）	
八九	合三三二七三（後上二二・三+後上二二・四）+合四一六六〇（英藏二四四三）	曾毅公、許進雄	綴後即合補一〇六三九	《綴編》第四七則；《綴新》第四四二則；《綴彙》第四組
九六+一一一			綴後即合三三一九七（宮藏馬二六八）	
一〇四	合二六二八四（龜二・二七・九）		綴後即合補八〇四八	
一〇八	合一〇九一		遥綴，綴後即合補二四一三	
一〇九	合一三〇四八	李愛輝		《甲骨拼合第四八一至四九〇則》第四八四則，先秦史研究室網站，二〇二〇年一月二日

表一〇　本書事類索引表

類別	本書編號
人物（王、貞人、貴族、職官等）	一、二、三、四、六、七、一一、一二、一三、一六、一七、一九、二一、二二、二三、二四、二六、二七、二八、二九、三〇、三一、三二、三三、三四、三六、四〇、四一、四二、四三、四四、四五、四七、四八、四九、五〇、五三、五四、五七、五九、六〇、六一、六二、六四、六五、六六、六七、六八、六九、七〇、七三、七四、七九、八〇、八一、八六、八七、九〇、九三、九五、九八、一〇一、一〇二、一〇三、一〇四、一〇五、一〇七、一〇八、一一一、一一二
軍事（征伐、戰争、軍隊）	一、一二、一四、二六、三〇、三二、四六、五八、五九、六二、六三、六四、六五、六九、七七、九五、九九、一〇〇、一〇六、一〇七
方域（地名、國族名、方位等）	一四、三〇、三九、四〇、四六、五八、六二、六三、六四、六五、六八、六九、七〇、七一、七四、七七、八三、九七、九九、一〇一、一〇八
貢納與徵賦	一五、七三、一〇八
社會生産（農業、畜牧業、手工業、商業）	七一、七八、九四、九六、九七
出行（巡行、田游、田獵）	二三、四四、六六、六七、六八、七一、七六、八〇、八三、九八
天象與氣象（星象、卜雨、卜風等）	二、三九、六一、七九、八二、八三、八四、八五、八六、八七、八八、八九、九〇、九一、九二、九三、一一〇
建築（城邑、宫室、宗廟、道路等）	一〇、七八、一〇五
占疾問夢（疾病、生育、身體、夢幻等）	四七、九八
祭祀祝禱（犧牲、受祭者、祭法、祭儀、祭日等）	一、二、三、四、五、六、七、八、九、一一、一三、一八、一九、二〇、二一、二二、二三、二四、二五、二七、二八、二九、三一、三三、三四、三五、三七、三八、三九、四〇、四三、四六、四八、四九、五九、六〇、六一、七二、七四、七五、七八、七九、八七、八九、九四、九六、九七、一〇一、一〇三、一〇五、一〇八、一一一
卜旬卜夕	三、一六、五〇、五一、五二、五三、五四、五五、五六、五七、一〇二、一〇四、一〇九、一一二
習刻、僞刻、無字	五八
記事刻辭	一二、一三、二六、三六、四八、四九、七三

表一一　本書人名、地名、官名索引表

類別		名稱	本書編號
人名	商王、商族	王	二、三、六、一九、二一、二二、二三、二四、二八、三一、三二、三三、四一、四二、四四、四七、六〇、六四、六五、六六、六七、六八、七四、七九、八〇、九五、一〇三、一〇七、一〇八
		我	三九、四〇、六九
	貞人	㱿	二、二三、四〇、四三、四四、四五、四六、四七、六二
		宕	一二、二三、八六
		内	五七
		争	五四、八七、一〇一
		永	一一
		韋	一三、二六、二七
		古	二六、二九、六九、九〇
		亘	四八
		出	五三、六〇、六一
		大	一七
		祝	五〇
		旅	六、七、三四、一〇三、一〇四、一一二
		即	一六
		矣	八一
		行	四、一〇二
		尹	二一
	貴族	自般	二七
		古侯商	三一
		羌後	三六
		陕	二六
		雀	三二
		戠	四六
		利	四九

類別		名稱	本書編號
人名	貴族	奐	七三
		乘	九五
	婦女	[illegible]	一二
		婦息	一三
		婦羊	四八
		（婦）好	九三
	史官	宕	一二
		永	一三
		岳	二六
		亘	四八
		小叡	三六
國族名		人	一
		東人	一四
		[illegible]	一四
		[illegible]	一四
		何	三〇
		羌	三六、五九
		夫	七〇
		[illegible]	七四
		沚	七七
		[illegible]	九九
		[illegible]	一〇八
		古侯	三一
		方	三〇、四六、五八
		盧方	三九
		舌／舌方	六二、六三、六四、六五
		（多）冒	六四

類别	細目	名稱	本書編號
神主名	祖先	大甲	一、二、三
		大庚	四
		大戊	三、七
		祖乙	五、八、三一
		高祖乙	二〇
		毓祖乙	六
		祖丁	七、九、一〇、一一、九四
		父乙	二三、二八、三一
		父丁	二二
		高妣己	一三
		高妣某	二九
		妣庚	一八
		母某	三五
		丁	三九
		某丁	四三
		某己	二八
		成	四九
		毓某	一〇三
		夒	七二
		[illegible]	八九
		河	二五、七八、九四
		岳	九六
	即世貴族	娥	七五
地名	建築	祖丁宗	一〇
		河新	七八
		寐	一〇五
	地域	兹邑	四〇
		[illegible]	四四
		虞	六八
		宋	七〇

類别	細目	名稱	本書編號
地名	地域	阤	八三、九七
	山川	滴	七一（水名）
官名		射	二六
		自	二七
		多（臣）	六五
		亞	一〇一
		貯	一〇八

引書簡稱及參考文獻

《鐵》　劉　鶚《鐵雲藏龜》，抱殘守闕齋石印本，一九〇三年。

《前》　羅振玉《殷虚書契前編》，珂羅版影印本，一九一三年。

《餘》　羅振玉《鐵雲藏龜之餘》，春古叢編影印本，一九一五年。

《後》　羅振玉《殷虚書契後編》，珂羅版影印本，一九一六年。

《龜》　林泰輔《龜甲獸骨文字》，（東京）商周遺文會輯，東京三省堂影印本，一九一七年；北京富晉書社翻印版，一九三〇年。

《通纂》　郭沫若《卜辭通纂》，（東京）東京文求堂書店石印本，一九三三年。

《通別二》　郭沫若《卜辭通纂·別録之二》，（東京）東京文求堂書店石印本，一九三三年。

《續》　羅振玉《殷虚書契續編》，集古遺文影印本，一九三三年。

《佚》　商承祚《殷契佚存》，金陵大學中國文化研究所叢刊甲種影印本，一九三三年。

《磻蚩》　吴熊《磻蚩所藏甲骨》，南開大學圖書館藏吴熊手拓辛巳年拓本，一九四一年。

《南師》　胡厚宣《戰後南北所見甲骨録》，上海來薰閣書店石印本，一九五一年。

《續存》　胡厚宣《甲骨續存》，群聯出版社，一九五五年。

《京人》　［日］貝塚茂樹《京都大學人文科學研究所藏甲骨文字》，（京都）京都大學人文科學研究所，一九六〇年。

《安散》　傅春喜《安陽散見殷虚甲骨》，拓本，二〇一四年。

《鐵新》　嚴一萍《鐵雲藏龜新編》，（臺北）藝文印書館，一九七五年。

《合》　郭沫若 主編《甲骨文合集》，中華書局，一九七八至一九八二年。

《凡考》　嚴一萍《凡將齋所藏殷墟文字考釋》，（臺北）藝文印書館，一九七九年。

《英藏》　李學勤、齊文心、［美］艾蘭《英國所藏甲骨集》，中華書局，一九八五年。

《存補》　胡厚宣《甲骨續存補編》，天津古籍出版社，一九九六年。

《合補》　彭邦炯、謝濟、馬季凡《甲骨文合集補編》，語文出版社，一九九九年。

《掇三》　郭若愚《殷契拾掇（三編）》，上海古籍出版社，二〇〇五年。

《上博》　濮茅左《上海博物館藏甲骨文字》，上海辭書出版社，二〇〇九年。

《雲間》　朱孔陽 原著，宋鎮豪、朱德天 編集《雲間朱孔陽藏戩壽堂殷虚文字舊拓》，綫裝書局，二〇〇九年。

《奥缶齋》　《中國民間私家藏品書系·奥缶齋》，文化藝術出版社，二〇一一年。

《旅藏》　中國社會科學院甲骨學殷商史研究中心、旅順博物館《旅順博物館藏甲骨》，上海古籍出版社，二〇一四年。

《文拓》　孫亞冰《中國社會科學院古代史研究所藏甲骨文拓》，上海古籍出版社，二〇二〇年。

《宮藏馬》　故宮博物院《故宮博物院藏殷墟甲骨文·馬衡卷〔壹〕》，中華書局，二〇二二年。

《宮凡將》　故宮博物院《故宮博物院藏殷墟甲骨文·馬衡卷〔貳〕附編　凡將齋甲骨刻辭拓本》，中華書局，二〇二二年。

《綴編》　曾毅公《甲骨綴合編》，修文堂，一九五〇年。

《綴新》　嚴一萍《甲骨綴合新編》，（臺北）藝文印書館，一九七五年。

《綴集》　蔡哲茂《甲骨綴合集》，（臺北）樂學書局，一九九九年。

《拼集》　黄天樹 主編《甲骨拼合集》，學苑出版社，二〇一〇年。

《綴彙》　蔡哲茂《甲骨綴合彙編》，（新北）花木蘭文化出版社，二〇一一年。

《契合集》　林宏明《契合集》，（臺北）萬卷樓圖書股份有限公司，二〇一三年。

《拼三》　黄天樹 主編《甲骨拼合三集》，學苑出版社，二〇一三年。

蔡哲茂《〈上海博物館藏甲骨文字〉新綴五則》，中國社會科學院歷史研究所先秦史研究室網站，http://www·xianqin·org/blog/archives/1686·html，二〇〇九年十月九日。

林宏明《甲骨新綴第五六五例》，中國社會科學院歷史研究所先秦史研究室網站，http://www·xianqin·org/blog/archives/5149·html，二〇一五年四月二十四日。

劉影、蔣玉斌《甲骨新綴第二〇四組》及文下評論，中國社會科學院歷史研究所先秦史研究室網站，http://www·xianqin·org/blog/archives/5350·html，二〇一五年七月六日。

李愛輝《甲骨拼合第四八一至四九〇則》，中國社會科學院歷史研究所先秦史研究室網站，http://www·xianqin·org/blog/archives/12391·html，二〇二〇年一月二日。

李宗焜《甲骨文字編》，中華書局，二〇一二年。

香港中文大學中國文化研究所劉殿爵中國古籍研究中心，漢達文庫（甲骨文），http://www·chant·org/。

故宮博物院 編

故宮博物院藏殷墟甲骨文

馬衡卷〔貳〕 附編 國學門甲骨刻辭拓本上

中華書局

目録

一　干支表殘辭

本骨正面存辭三條。反面無字。

（一）甲子、乙丑☐

（二）甲子、乙丑、丙☐

（三）甲子、乙丑、丙［寅］☐

【備注】

組類：自組習刻

材質：牛肩胛骨

著録：《南師》二・一七〇、《國考》一・一・一

來源：馬衡捐贈北大

原拓號：二・一・一

二　干支表殘辭

本骨正面存辭二條。反面無字。

（一）☐［午］、辛未、壬申、癸酉

（二）☐辛巳、壬午、癸未

【備注】

組類：黄組

材質：牛肩胛骨

著録：《南師》二・二六九、《國考》一・二・一

來源：馬衡捐贈北大

原拓號：二・二・一

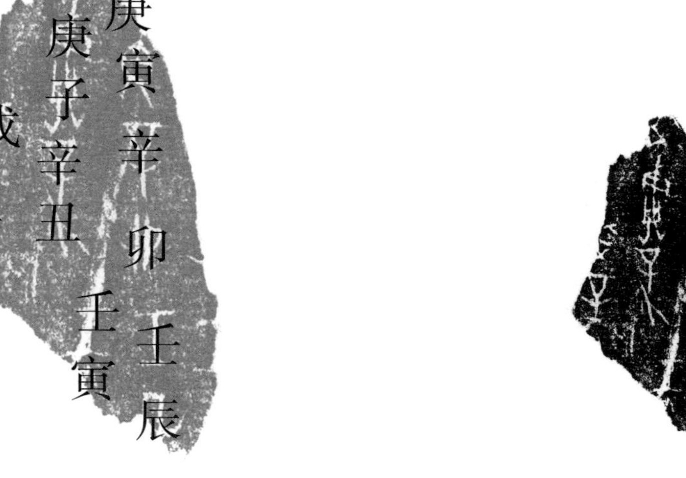

三　干支表殘辭

本骨正面存辭三條。反面無字。

（一）⧄［庚］寅、辛卯、壬［辰］⧄

（二）⧄亥、庚子、辛丑、壬［寅］⧄

（三）⧄［戊］、辛⧄

【備注】

組類：黃組習刻

材質：牛肩胛骨

著録：《國考》一・二・二

來源：馬衡捐贈北大

原拓號：二・二・二

四　干支表殘辭

本骨正面存辭一條。反面無字。

（一）　甲子☐

【備注】

組類：黄組

材質：牛肩胛骨

著録：《國考》一・二・三

來源：馬衡捐贈北大

原拓號：二・二・三

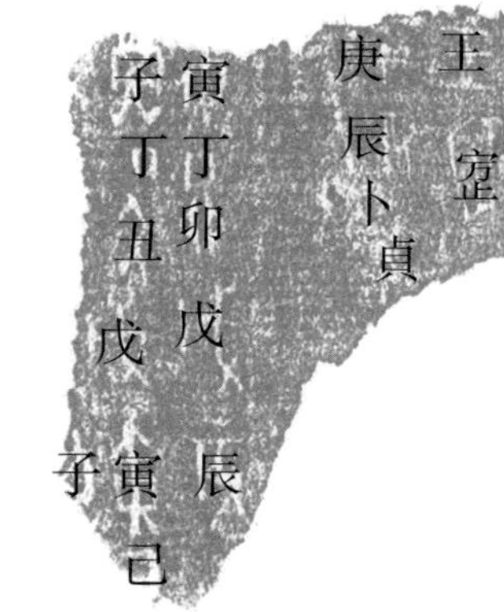

五　干支表殘辭與庚辰卜貞王儐等事

本甲正面存辭四條。反面無字。

（一）〼［寅］、丁卯、戊辰〼

（二）〼［子］、丁丑、戊寅、［己］〼

（三）〼［子］〼

（四）庚辰卜，貞：王宭（儐）翌〼尤。

【備注】

組類：黄組

材質：龜甲

著録：《國考》一・三・一

來源：馬衡捐贈北大

原拓號：二・三・一

六　干支表殘辭

本骨正面存辭三條。反面無字。

（一）甲子、［乙］☐

（二）甲戌、乙［亥］☐［子、丁］☐

（三）甲申、乙酉、丙戌、丁［亥］☐

【備注】

組類：黃組

材質：牛肩胛骨

著録：《南師》二・二七〇、《國考》一・三・二

來源：馬衡捐贈北大

原拓號：二・三・二

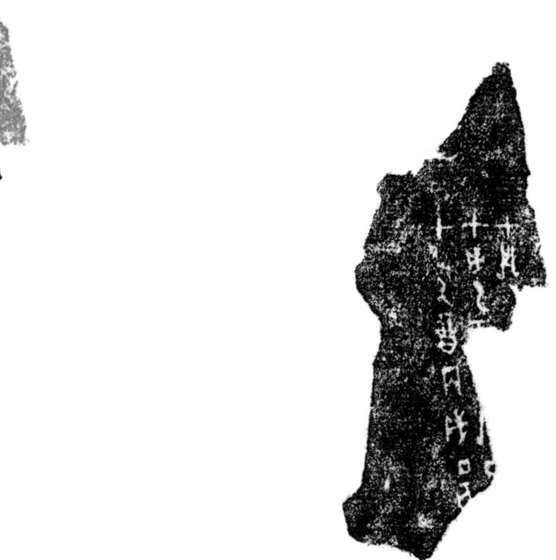

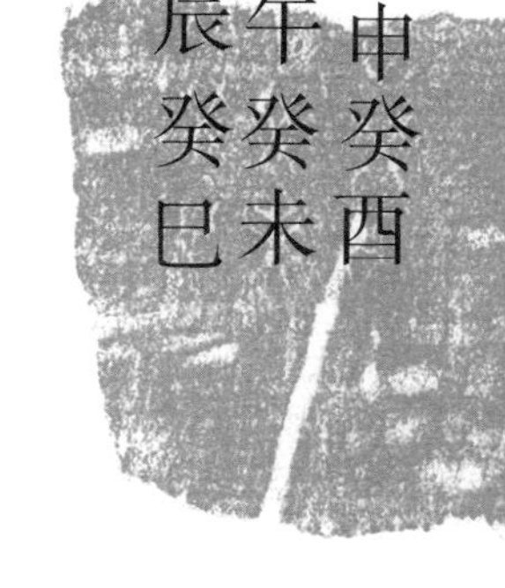

七　干支表殘辭

本甲正面存辭三條。反面無字。

（一）☐[申]、癸酉

（二）☐[午]、癸未

（三）☐[辰]、癸巳

【備注】

組類：黄組

材質：龜甲

著録：《國考》一・三・三

來源：馬衡捐贈北大

原拓號：二・三・三

八　干支表殘辭

本骨正面存辭三條。反面無字。

（一）☐［辛］未、壬申、癸酉

（二）☐巳、壬午、癸未

（三）☐丁［未］☐

【備注】

組類：賓組

材質：牛肩胛骨

著録：《國考》一·三·四

來源：馬衡捐贈北大

原拓號：二·三·四

九　丙戌卜貞文武宗其牢等事

本甲正面存辭三條。反面無字。

（一）甲申☐武☐其☐

（二）丙戌卜，貞：文武宗其牢。

（三）癸亥卜。　一

【備注】

組類：黄組

材質：龜腹甲

著録：《續》六·七·四（不全）、《佚》八六一、《合》三六一五六、《國考》一·四·一、《北珍》六七五

來源：馬衡捐贈北大

原拓號：二·四·一

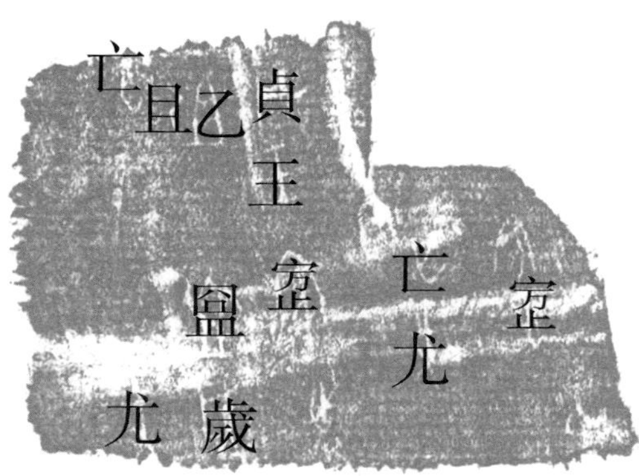

一〇　某日貞王儐祖乙𥁕歲亡尤等事

本甲正面存辭二條。反面無字。

（一）☐宾（儐），亡尤。

（二）貞：王宾（儐）且（祖）乙[一]𥁕歲，亡尤。

【簡釋】

［一］「且乙」爲合文。

【備注】

組類：黄組

材質：龜背甲

著録：《南師》二・一三〇、《考填》三三八、《合》三五六七九、《國考》一・四・二、《北珍》四八五

來源：馬衡捐贈北大

原拓號：二・四・二

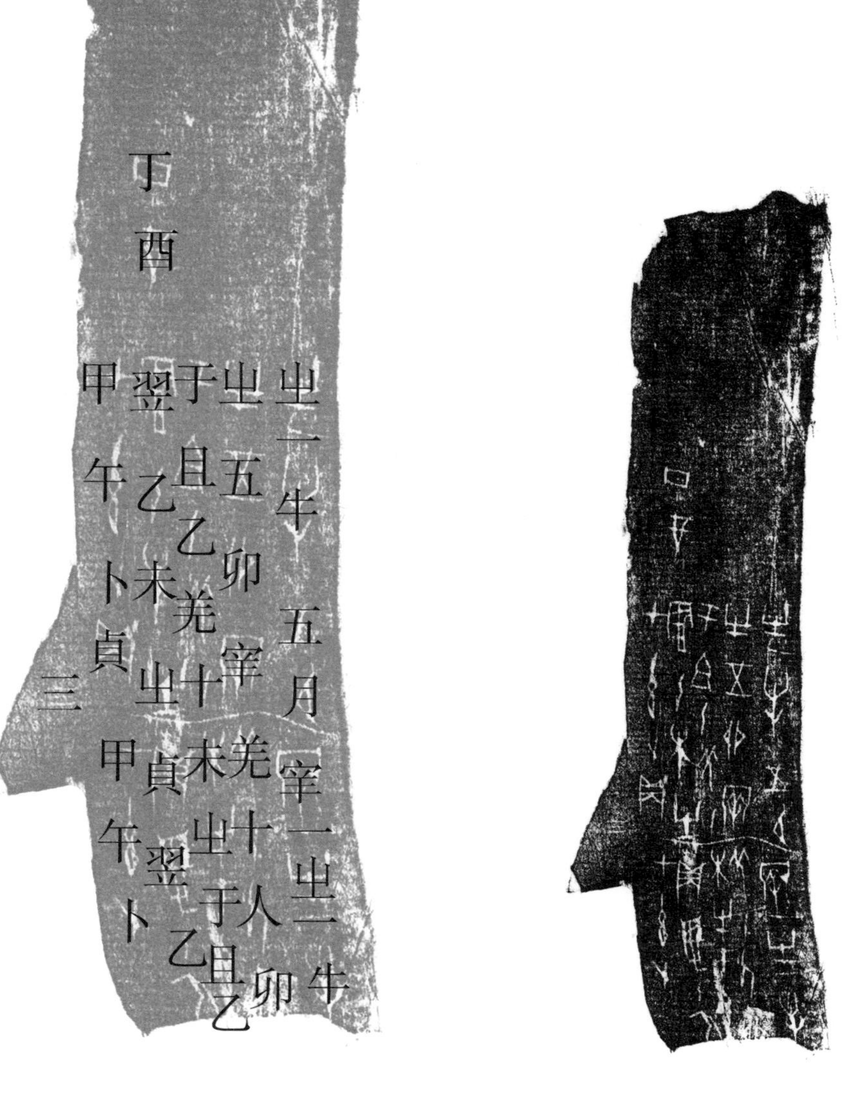

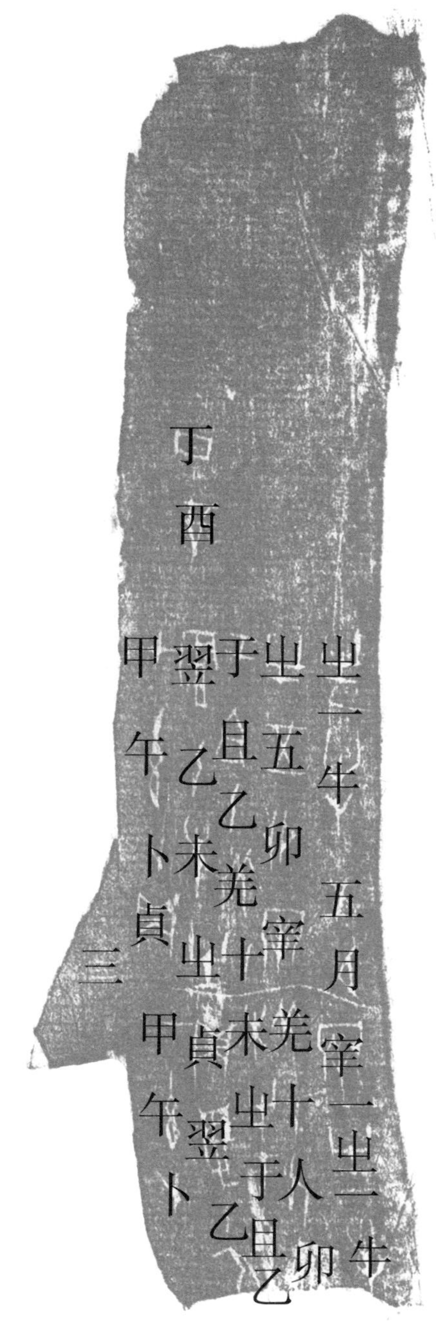

一一　**五月甲午卜貞翌乙未侑于祖乙羌十又五卯宰又一牛等事**

本骨正面存辭三條，有界劃綫。反面無字。

（一）甲午卜，貞：翌［乙］未㞢（侑）于且（祖）［乙］羌十人，卯宰一㞢（又）一牛。三

（二）甲午卜，貞：翌乙未㞢（侑）于且（祖）乙羌十㞢（又）五，卯宰㞢（又）一牛。五月。

（三）丁酉。

【備注】

組類：賓出

材質：牛肩胛骨

著録：《續》一・一二・八（不全）、《佚》一五四（全）、《合》三二四（不全）、《國考》一・四・三

來源：馬衡捐贈北大

原拓號：二・四・三

一二　丁巳卜貞王儐四祖丁咨日亡尤事

本甲正面存辭一條。反面無字。

（一）　丁巳卜，貞：王㝑（儐）亖（四）且（祖）丁[一]咨日，亡尤。

【簡釋】

〔一〕「且丁」爲合文。

【備注】

組類：黄組

材質：龜背甲

著録：《續》一·二二·五、《合》三五七一三、《國考》一·五·一、《北珍》四九一

來源：馬衡捐贈北大

原拓號：二·五·一

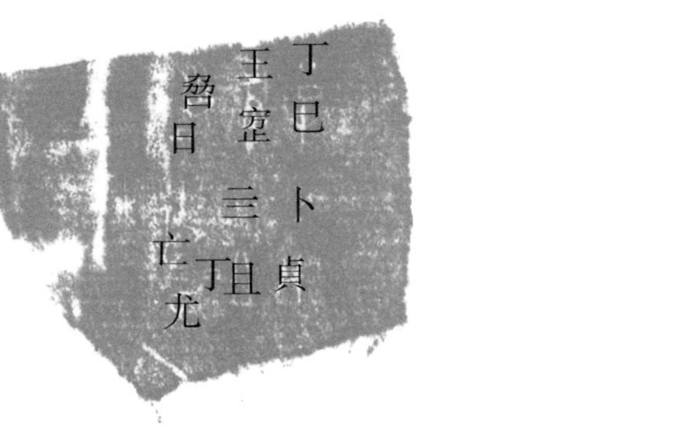

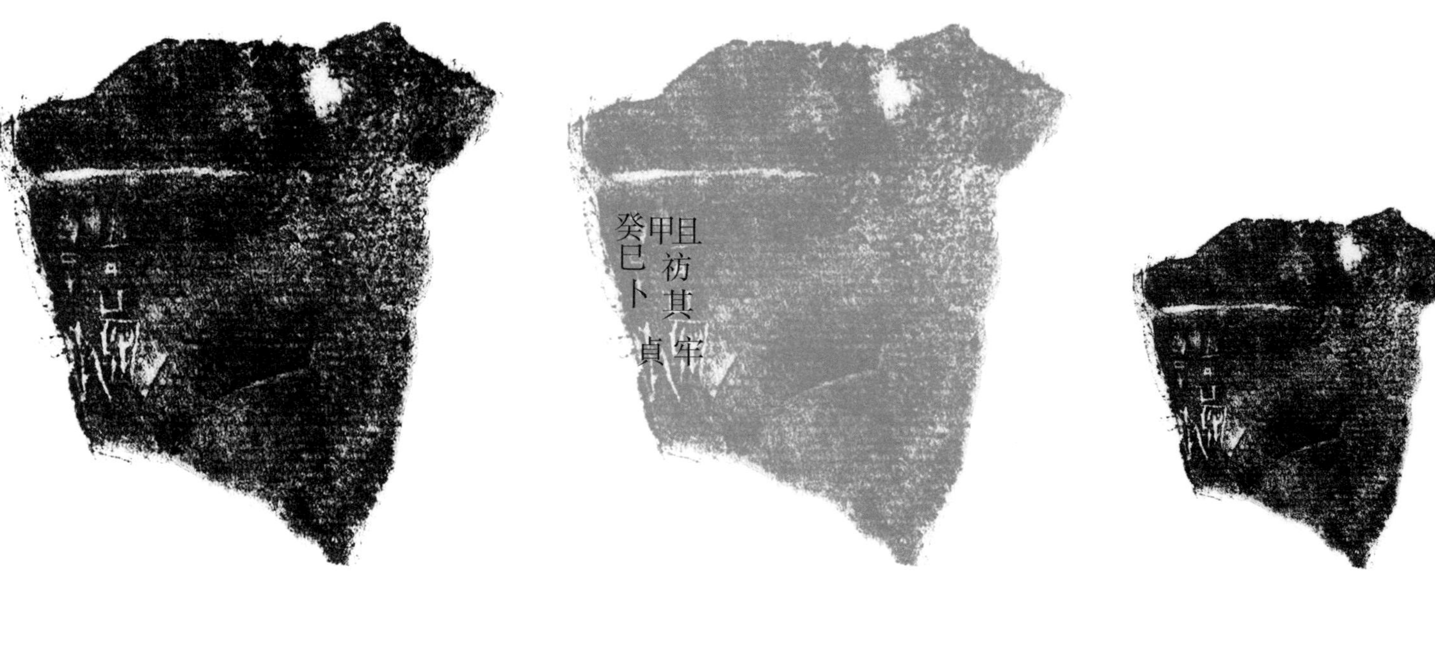

一三　癸巳卜貞祖甲祊其牢事

本甲正面存辭一條。反面無字。

（一）癸巳卜，貞：且(祖)甲[一]祊其牢。[二]

【簡釋】

[一]「且甲」爲合文。

[二]本甲可綴《宮國學》四四五，綴合後即《合》三五九三四、《北珍》六八〇。

【備注】

組類：黄組

材質：龜腹甲

著録：《南師》二・一三三、《合》三五九三四下部、《合》四一七二二、《國考》一・五・二、《北珍》六八〇下部

來源：馬衡捐贈北大

原拓號：二・五・二

一四　癸日問祖甲祊等事

本甲正面存辭二條。反面無字。

（一）癸☐且（祖）甲[一]祊☐兹☐

（二）☐貞☐其☐用。

【簡釋】

[一]「且甲」爲合文。

【備注】

組類：黃組

材質：龜腹甲

著録：《續》一・二六・二、《合》三五九四七、《國考》一・五・三、《北珍》六五九

來源：馬衡捐贈北大

原拓號：二・五・三

一五　某日貞小疾勿告于祖乙與𢀛方不亦出等事

本骨正面存辭四條，有界劃綫。反面未録。

（一）貞：小［疾］勿告于祖乙。

（二）貞：𢀛方不亦出。

（三）告于且（祖）乙。

（四）☑［方］☑［亦］☑〔一〕

【簡釋】

〔一〕本骨可綴《合》六一一六，綴合後釋文可補爲「𢀛方其亦出」。詳見蔡哲茂綴，《綴集》第三十九組。

【備注】

組類：賓組

材質：牛肩胛骨

著録：《南師》二・五二、《合》六一二〇正、《國考》一・五・四、《存補》五・四三六・一、《合補》一八二九、《北珍》七七六正

來源：馬衡捐贈北大

原拓號：二・五・四

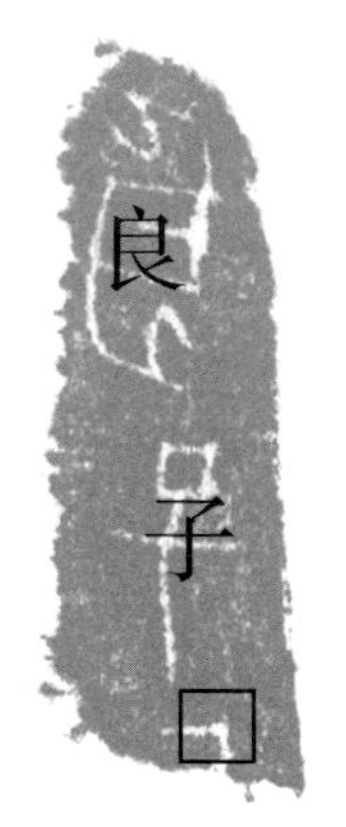

一六　某日貞王勿祀祖乙與問良子等事

本甲正面存辭一條。反面存辭一條。

〔正面〕

（一）貞：王［勿］〼［且（祖）］乙〼

〔反面〕

（一）〼良子□〼

【備注】

組類：賓組

材質：龜腹甲

著録：〔正〕《南師》二・三、《國考》一・六・一；〔反〕《南師》二・四、《國考》一・六・二；〔正反〕《合》一六二八、《北珍》二三八八

來源：馬衡捐贈北大

原拓號：〔正〕二・六・一、〔反〕二・六・二

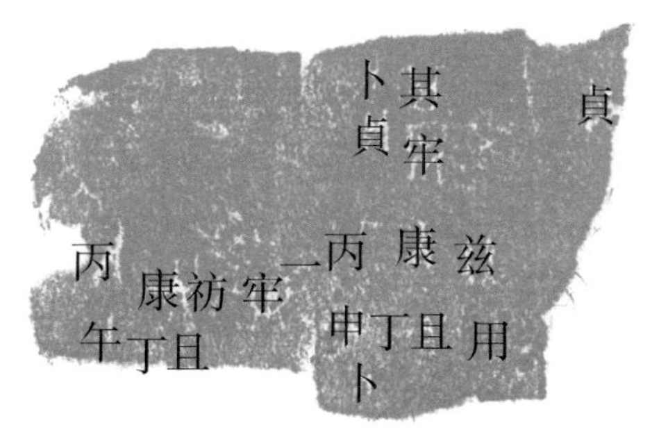

一七　丙申丙午卜康祖丁祊其牢等事

本甲正面存辭四條。反面無字。

（一）丙申卜☐康且（祖）丁[一]☐茲用。　一

（二）丙午☐康且（祖）丁祊☐牢。

（三）☐卜，貞☐其牢。

（四）☐貞☐

【簡釋】

［一］「且丁」爲合文。下同。

【備注】

組類：黄組

材質：龜腹甲

著録：《續》一·二六·九、《合》三五九九九、《國考》一·六·三、《北珍》六六三

來源：馬衡捐贈北大

原拓號：二·六·三

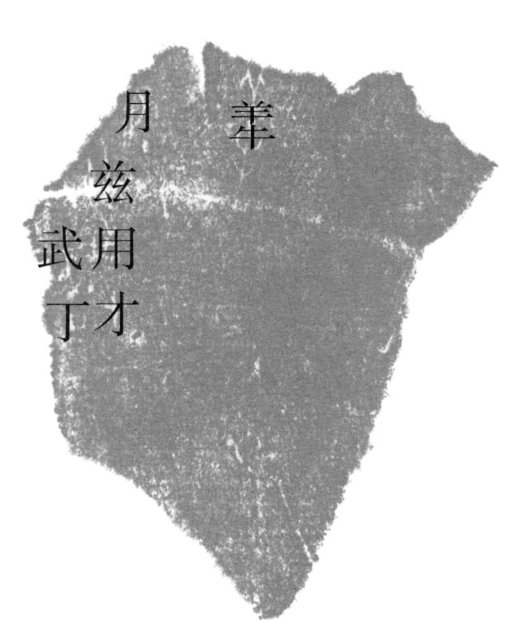

一八　某月問武丁等事

本甲正面存辭二條。反面無字。

（一）〼武丁〼兹用。才（在）〼月。

（二）〼羊。

【備注】

組類：黃組

材質：龜腹甲

著録：《續》一・二四・六（不全）、《合》三五八五〇、《國考》一・六・四、《北珍》六九二

來源：馬衡捐贈北大

原拓號：二・六・四

一九　乙巳卜貞王儐歲與儐叡亡尤等事

本甲正面存辭二條。反面無字。

（一）乙巳卜，貞：王宓（儐）歲，亡［尤］。

（二）貞：王宓（儐）叡，亡尤。

【備注】

組類：黄組

材質：龜背甲

著録：《續》二・一〇・四、《合》三八五八三、《國考》一・七・一、《北珍》五四〇

來源：馬衡捐贈北大

原拓號：二・七・一

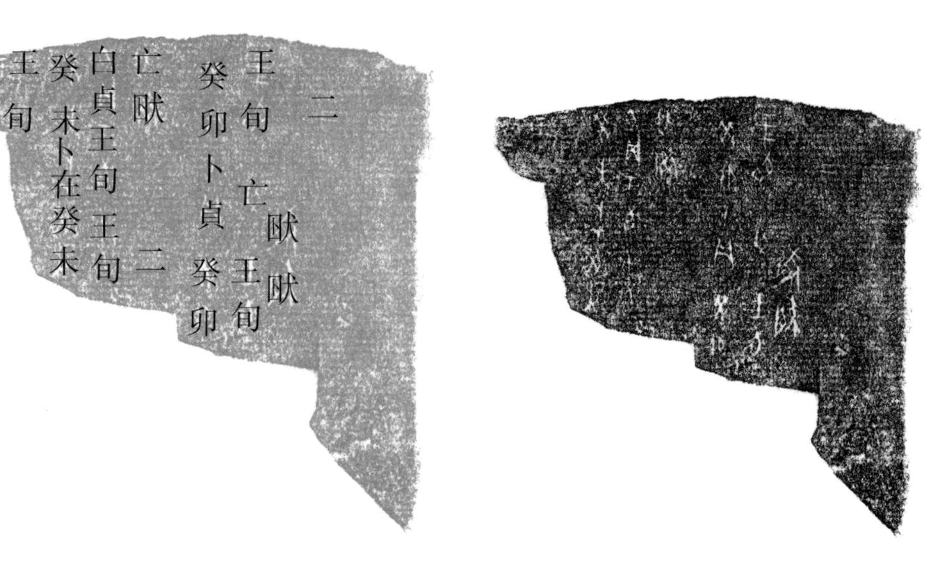

二一〇 癸未癸卯癸亥等日卜貞王旬亡畎事

本甲正面存辭五條。反面無字。

（一）癸未☐王旬☐　二

（二）癸卯☐王旬☐畎[一]。

（三）癸亥☐王旬☐

（四）癸未卜，在白貞：王旬亡畎。

（五）癸卯卜，貞：王旬亡畎。　二

【簡釋】

［一］「畎」或比定作「禍」「咎」「憂」等字。下同。

【備注】

組類：黄組

材質：龜腹甲

著録：《續》六・三・二（不全）、《合》三九〇六九（不全）、《國考》一・七・三、《北珍》一三一九（全）

來源：馬衡捐贈北大

原拓號：二・七・二

二一 **丁卯卜貞王儐康祖丁壴亡尤事**

本甲正面存辭一條。反面無字。

（一） 丁卯卜，貞：王宊（儐）康且（祖）丁[一]壴，亡尤。

【簡釋】

[一]「且丁」爲合文。

【備注】

組類：黄組

材質：龜背甲

著録：《續》一・二六・一〇（不全）、《合》三五九五五（全）、《國考》一・七・二

來源：馬衡捐贈北大

原拓號：二・七・三

二一一　丁日問王祀武乙等事

本甲正面存辭二條。反面無字。

（一）丁□☐王☐武乙〔一〕☐

（二）☐［貞］☐［尤］。〔二〕

【簡釋】

〔一〕「武乙」爲合文。

〔二〕本甲可綴《合》三五三八四及《合》三八六一七，詳見李愛輝綴，《拼三》第七二五則。

【備注】

組類：黄組

材質：龜腹甲

著録：《國考》一・八・一、《北珍》五〇五

來源：馬衡捐贈北大

原拓號：二・八・一

二三　丙申卜貞翌丁酉其侑于中丁與貞毋侑等事

本骨正面存辭三條。反面無字。

（一）丙申卜，□貞：翌丁［酉］其又（侑）于［中丁］〔一〕。

（二）貞：毋又（侑）。

（三）貞：中丁歲一牛。

【簡釋】

〔一〕「中丁」爲合文。下同。

【備注】

組類：出組

材質：牛肩胛骨

著録：《續》一・一二・四、《合》二二八六一、《國考》一・八・二、《北珍》三四〇

來源：馬衡捐贈北大

原拓號：二・八・二

二四　乙丑卜貞王儐武乙歲延至于上甲與貞王儐叙亡尤等事

本甲正面存辭三條。反面無字。

（一）乙丑卜，貞：王宓（儐）武乙〔一〕歲，征（延）至于囲（上甲）〔二〕，亡尤。

（二）貞：王宓（儐）叙亡尤。

（三）☐卯☐丁☐

【簡釋】

〔一〕「武乙」爲合文。

〔二〕「囲」爲合文。

【備注】

組類：黄組

材質：龜背甲

著録：《續》一·二六·一一、《佚》一七六、《合》三五四四〇、《國考》一·八·三

來源：馬衡捐贈北大

原拓號：二·八·三

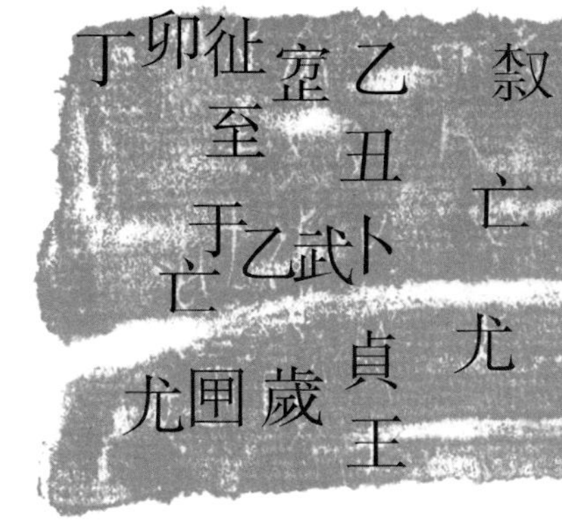

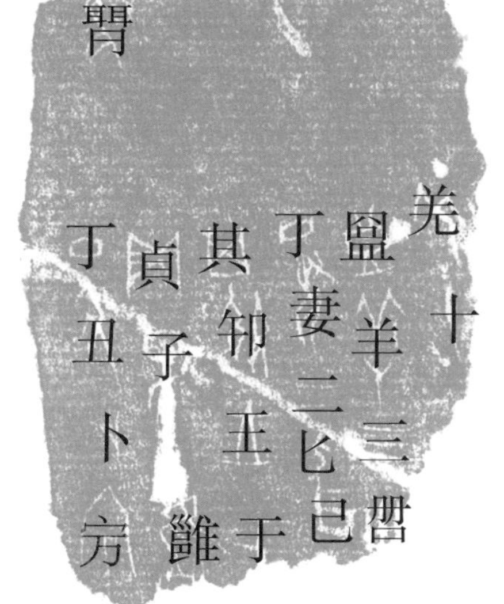

二五　丁丑卜㝑貞子雝其禦王于丁妻二妣己盟羊三𠕋羌十等事

本甲正面存辭二條。反面無字。

（一）丁丑卜，［㝑］貞：子［雝］其卬（禦）［王］于丁妻二匕（妣）己，盟羊三，［𠕋］羌十。

（二）☐胃☐

【備注】

組類：賓組

材質：龜腹甲

著録：《續》一・三九・三、《佚》一八一、《合》三三一、《國考》一・八・四、《北珍》二〇七

來源：馬衡捐贈北大

原拓號：二一・八・四

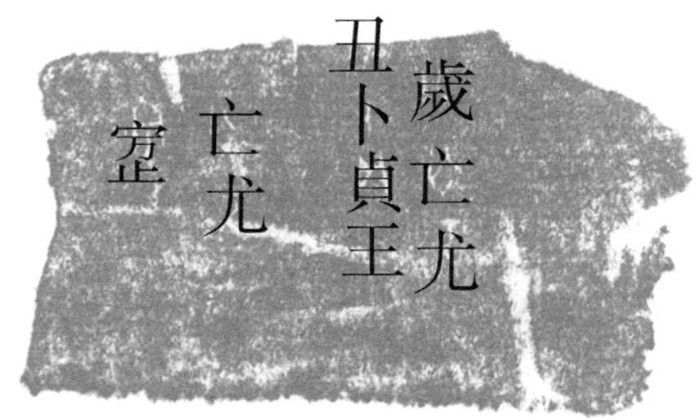

二六 丑日卜貞王儐歲亡尤等事

本甲正面存辭二條。反面無字。

（一）□丑卜，貞：王□歲亡尤。

（二）□定（儐）□亡尤。

【備注】

組類：黄組

材質：龜背甲

著録：《國考》一・九・一、《北珍》五三五

來源：馬衡捐贈北大

原拓號：二・九・一

二七　庚申壬戌甲子丙寅戊辰庚午等日卜貞王今夕亡𡆥事

本甲正面存辭六條。反面無字。

（一）庚申卜，貞：王今夕亡𡆥〔一〕。

（二）壬戌卜，貞：王今夕亡𡆥。

（三）甲子卜，貞：王今夕亡𡆥。

（四）丙寅卜，貞：王今夕亡𡆥。

（五）戊辰卜，貞：王今夕亡𡆥。

（六）庚午卜，貞：王今夕亡𡆥。

【簡釋】

〔一〕「𡆥」或比定作「禍」「咎」「憂」等字。下同。

【備注】

組類：黄組

材質：龜腹甲

著録：《續》六・六・六、《國考》一・九・二、《北珍》一二六三

來源：馬衡捐贈北大

原拓號：二・九・二

二八　正月癸丑等日卜貞王旬亡㕭事

本甲正面存辭四條。反面無字。

（一）癸丑［卜］〼王旬〼㕭[一]。在〼

一

（二）癸丑卜，貞：王旬亡㕭。才（在）正月。

（三）癸酉卜，貞〼亡〼

（四）〼貞〼旬〼［亡㕭］

【簡釋】

［一］「㕭」或比定作「禍」「咎」「憂」等字。下同。

【備注】

組類：黄組

材質：龜腹甲

著録：《合》三七八八二、《國考》一・九・三、《北珍》一三七七

來源：馬衡捐贈北大

原拓號：二・九・三

二九　乙丑卜貞王儐武乙翌日亡尤事

本甲正面存辭一條。反面無字。

（一）乙丑卜，貞：王宾（儐）武乙〔一〕翌日，亡尤。

【簡釋】

〔一〕「武乙」爲合文。

【備注】

組類：黄組

材質：龜背甲

著録：《續》一・二七・二（不全）、《合》三六〇二五、《國考》一・九・四、《北珍》五〇四

來源：馬衡捐贈北大

原拓號：二・九・四

三〇　丁亥卜㱿貞㬜啚𢀛于雇與癸巳卜子漁疾目祼告于父乙等事

本骨正面存辭五條。反面存辭一條。

〔正面〕

（一）丁亥卜，㱿貞：㬜啚𢀛［于］雇。

（二）癸巳卜，㱿貞：子漁疾目，𥙘（祼）告于父乙。　一

（三）⧄［徝］[一]⧄

（四）貞：弜（勿）曰之。

（五）貞：王𠬝徝曰之。

〔反面〕

（一）癸巳卜，㱿。

【簡釋】

〔一〕「徝」或比定作「循」「值」等字。下同。

【備注】

組類：賓組

材質：牛肩胛骨

著録：〔正〕《續》一・二八・六（不全）、《佚》五二四、《南師》二・五三、《合》一三六一九、《國考》一・一〇・一；〔反〕《續研》一・二八・六、《國考》一・一〇・二

來源：馬衡捐贈北大

原拓號：〔正〕二一・一〇・一、〔反〕二一・一〇・二

三一　某日貞于大甲與貞登人三千呼伐𢀛方受有祐等事

本骨正面存辭四條，有界劃綫。反面無字。

（一）貞：于大甲。

（二）貞：登人三千[一]乎（呼）伐𢀛方，受㞢（有）又（祐）。

（三）貞：弓（勿）乎（呼）伐𢀛方。

（四）☐弓（勿）☐☐☐

【簡釋】

[一]「三千」爲合文。

【備注】

組類：賓組

材質：牛肩胛骨

著録：《續》一・一〇・三、《合》六一六八、《國考》一・一〇・三、《北珍》七六三

來源：馬衡捐贈北大

原拓號：二・一〇・三

三三一　癸未癸巳等日卜貞王旬亡畎事

本骨正面存辭二條。反面無字。

（一）癸［未］▨貞：［旬］▨　二

（二）癸巳卜，貞：王旬亡畎[一]。　二[二]

【簡釋】

［一］「畎」或比定作「禍」「咎」「憂」等字。

［二］本骨可綴《宮國學》一八四，綴合後釋文可補爲「癸未王卜，貞：旬亡畎。二」。詳見蔡哲茂綴，《綴續》第四六一組。

【備注】

組類：黄組

材質：牛肩胛骨

著録：《考塡》五一二、《合》三九〇七一（不全）、《國考》一・一一・一、《北珍》一三一八（全）

來源：馬衡捐贈北大

原拓號：二・一一・一

三三　丁卯卜貞王儐歲亡尤事

本甲正面存辭一條。反面無字。

（一）丁卯卜，貞：［王］室（儐）歲☐尤。

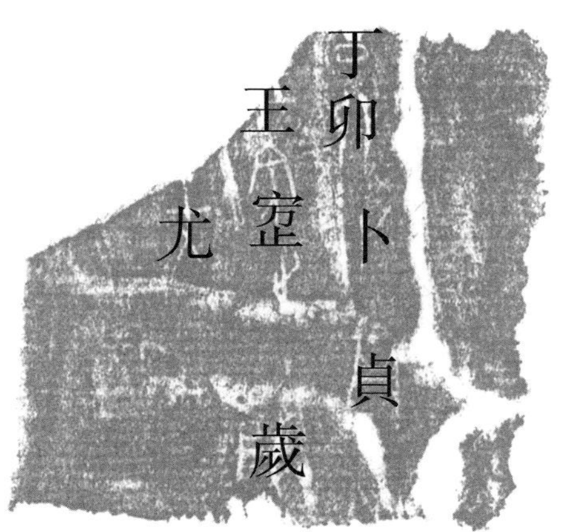

【備注】

組類：黄組

材質：龜背甲

著録：《續》二・四・七、《合》三八四八二、《國考》一・一一・二、《北珍》五三三

來源：馬衡捐贈北大

原拓號：二・一一・二

三四　癸丑卜𠁁貞旬亡囚事

本甲正面存辭一條。反面未録。

（一）癸丑卜，𠁁（古）貞：旬亡囚〔一〕。

【簡釋】

〔一〕「囚」或比定作「禍」「咎」「憂」等字。

【備注】

組類：賓組

材質：龜腹甲

著録：《續》四·四八·四（不全）、《合》一六八九五正、《國考》一·一一·三、《北珍》九九五正

來源：馬衡捐贈北大

原拓號：二一·一一·三

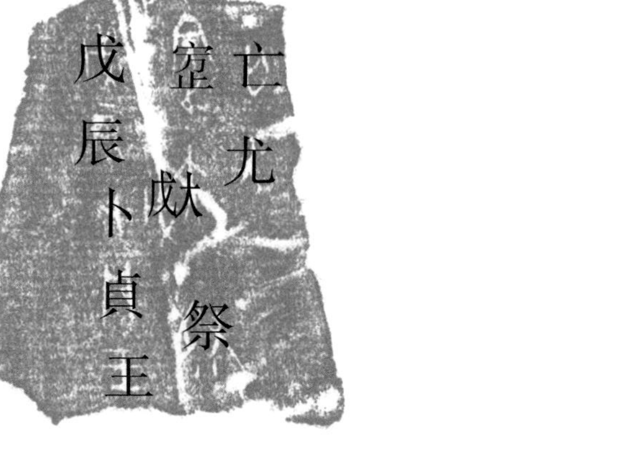

三五　戊辰卜貞王儐大戊祭亡尤事

本甲正面存辭一條。反面無字。

（一）戊辰卜，貞：王宔（儐）大戊〔一〕祭，亡尤。

【簡釋】

〔一〕「大戊」爲合文。

【備注】

組類：黄組

材質：龜背甲

著録：《續》一・一一・一〇（不全）、《佚》一七九、《合》三五五九九、《國考》一・一一・四、《北珍》四八一

來源：馬衡捐贈北大

原拓號：二・一一・四

三六　辰日卜乙巳王㐅于武乙王受祐事

本甲正面存辭一條。反面無字。

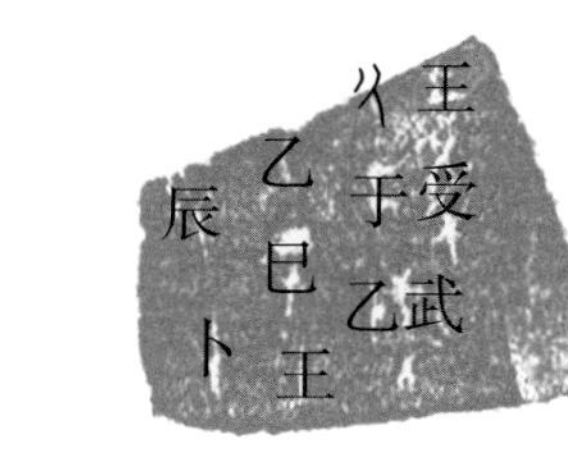

（一）〼［辰］卜〼［乙］巳王〼［㐅］于武乙［一］，王受〼［二］

【簡釋】

［一］「武乙」爲合文。

［二］本甲可綴《北珍》二九一七，綴合後釋文可補爲「甲辰卜，〼日乙巳王〼㐅于武乙，王受又。」詳見李愛輝綴，《拼三》第七〇二則。

【備注】

組類：黄組

材質：龜腹甲

著録：《國考》一・一二・一、《北珍》五〇六

來源：馬衡捐贈北大

原拓號：二・一二・一

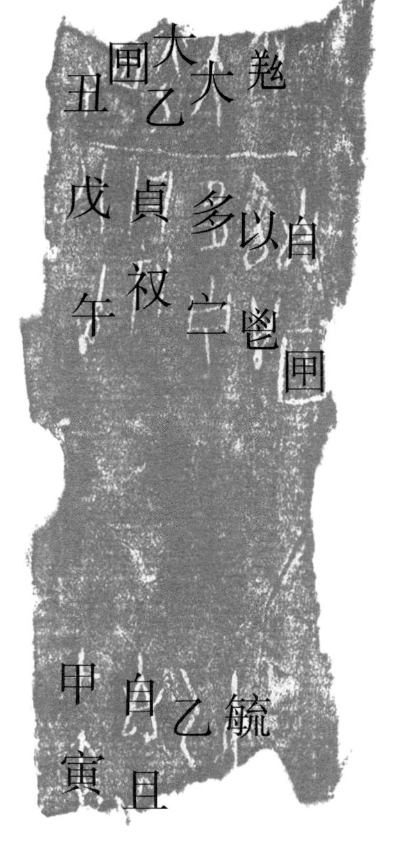

三七　戊午貞衩多宀以㘰自上甲與丑日問上甲大乙用羌等事

本骨正面存辭三條，有界劃綫。反面無字。

（一）甲寅☐自［且（祖）］乙☐毓☐

（二）戊午貞：衩多宀[一]以㘰自囲（上甲）[二]。

（三）☐丑☐囲（上甲）☐大乙☐大☐［羗（羌）］☐

【簡釋】

［一］「宀」或比定作「賈」字。

［二］「囲」爲合文。下同。

【備注】

組類：歷組

材質：牛肩胛骨

著録：《續》一・四・五（不全）、《佚》一四〇（不全）、《合》三二一一五、《國考》一・一二・二、《北珍》四六二

來源：馬衡捐贈北大

原拓號：二・一二・二

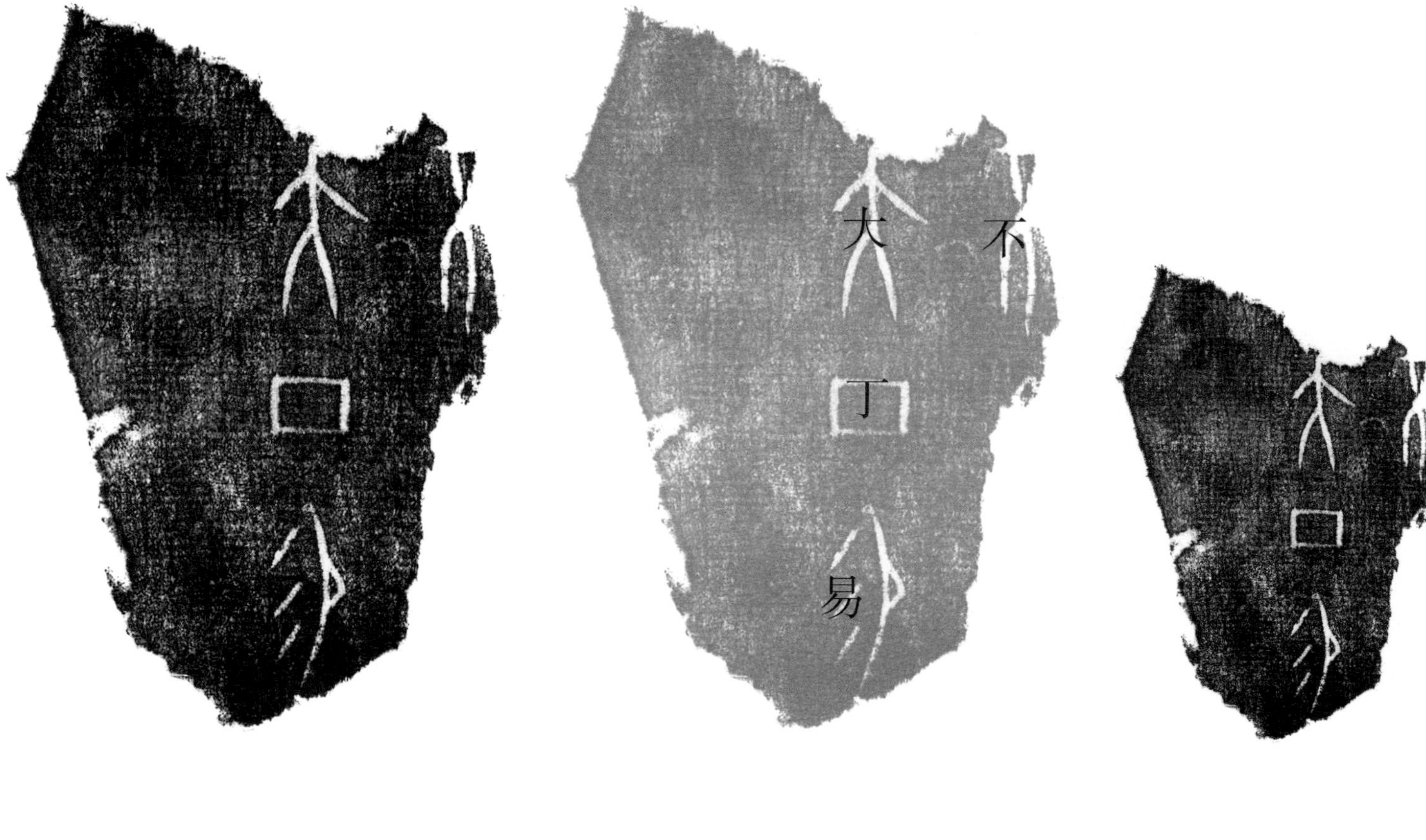

三八　某日問大丁易事

本骨正面存辭一條。反面無字。

（一）　☐大丁易☐不☐〔一〕

【簡釋】

〔一〕本骨《合集來源表》現藏地誤作「山東博物館」（上冊，第四一頁）。

【備注】

組類：賓組

材質：牛肩胛骨

著録：《合》一四〇七、《國考》一・一二・三、《北珍》一五七二

來源：馬衡捐贈北大

原拓號：二・一二・三

三九 某日王卜貞田𩫖往來亡災等事

本甲正面存辭三條。反面無字。

（一）☐王卜，貞：田𩫖☐亡𢦏（災）。王乩（占）曰：「吉」。☐月。遘大丁[一]奭匕（妣）戊[二]翌日。

（二）☐王卜，貞：田𩫖☐來亡𢦏（災）。王☐曰：「吉」。

（三）☐王卜，貞：田𩫖☐亡𢦏（災）。王乩（占）曰：「吉」。[三]

【簡釋】

[一]「大丁」爲合文。

[二]「匕戊」爲合文。

[三]本甲可綴《拾遺》六一八，綴合後釋文可補爲「戊辰王卜，貞：田𩫖往來亡𢦏（災）。王乩（占）曰：吉。在十月遘大丁奭匕（妣）戊翌日」。詳見張宇衛《綴興集》第一六八則；可續綴《合》三七七一一，詳見門藝綴《綴彙》第七一六組；又可續綴《北珍》二八八一，詳見張宇衛《綴興集》第一一三則；又可續綴《合》三七四〇五、《合》三七五一二，詳見林宏明《契合集》二八〇例、《甲骨新綴四一三至四二四例》第四一四例。

【備注】

組類：黄組

材質：龜腹甲

著録：《續》一·四·四、《南師》二·二三六、《合》三六二〇三、《國考》一·二二·四

來源：馬衡捐贈北大

原拓號：二·一二·四

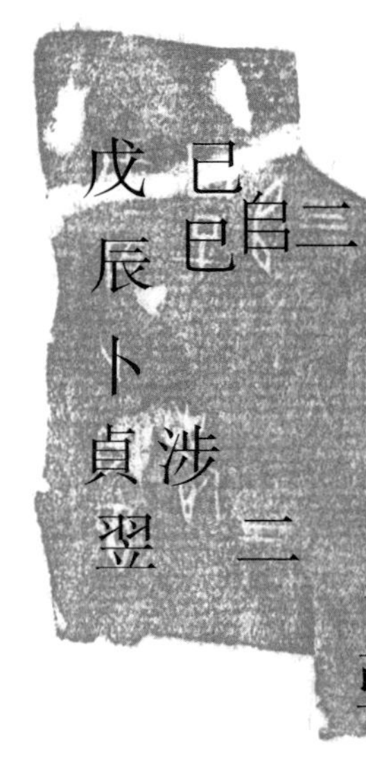

四〇　癸卯貞亞與五月戊辰卜貞翌己巳涉𠂤等事

本甲正面存辭二條。反面無字。

（一）癸卯☐貞：亞☐　二

（二）戊辰卜，貞：翌己巳涉𠂤。五月。

二

【備注】

組類：賓組

材質：龜腹甲

著録：《續》三・三七・三、《佚》八九、《合》五八一二、《國考》一・一三・一、《北珍》一一二一

來源：馬衡捐贈北大

原拓號：二・一三・一

四一　乙未丁酉等日卜貞王今夕亡畎事

本甲正面存辭四條。反面無字。

（一）乙未卜，貞：王今夕亡畎〔一〕。

（二）丁酉卜，貞：王今夕亡畎。

（三）☐丑卜☐王今夕☐畎。

（四）☐卯卜☐王今☐畎。

【簡釋】

〔一〕「畎」或比定作「禍」「咎」「憂」等字。下同。

【備注】

組類：黃組

材質：龜腹甲

著録：《南師》二・二六三、《合》三八八五九、《國考》一・一三・二、《北珍》一二五四

來源：馬衡捐贈北大

原拓號：二・一三・二

四二　己卯卜貞王儐中丁奭妣己祟亡尤事

本甲正面存辭一條。反面無字。

（一）己卯卜，貞：王宔（儐）中丁[一]奭[匕（妣）己][二]祟，[亡尤]。

【簡釋】

[一]「中丁」爲合文。

[二]「匕己」爲合文。

【備注】

組類：黃組

材質：龜背甲

著録：《續》一・一二・五、《佚》一七八、《合》三六二三二、《國考》一・一三・三、《北珍》五〇七

來源：馬衡捐贈北大

原拓號：二・一三・三

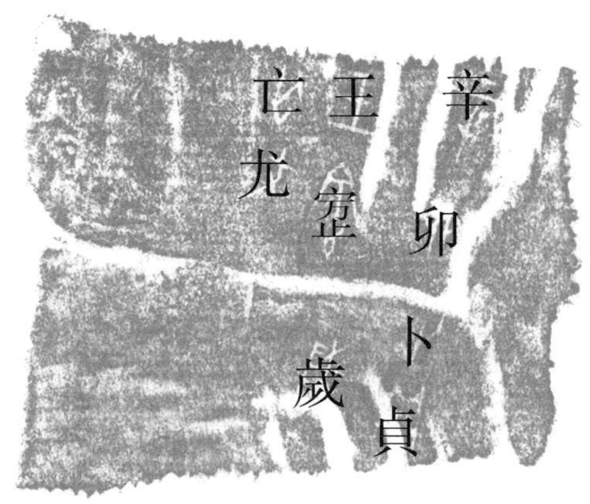

四三　辛卯卜貞王儐歲亡尤事

本甲正面存辭一條。反面無字。

（一）辛卯卜，貞：王宦（儐）歲，亡尤。

【備注】

組類：黄組

材質：龜背甲

著録：《續》二・四・六（不全）、《合》三八五三八、《國考》一・一三・四、《北珍》五三〇

來源：馬衡捐贈北大

原拓號：二・一三・四

四四　十月癸未貞旬亡𡆥彡羌甲等事

本骨正面存辭二條。反面無字。

（一）癸未⧄貞：旬亡⧄才（在）十月。⧄［申］彡羗（羌）甲。一

（二）⧄卜⧄𡆥［一］⧄［𠧞（占）］曰：「吉」。

【簡釋】

［一］「𡆥」或比定作「禍」「咎」「憂」等字。

【備注】

組類：黃組

材質：牛肩胛骨

著録：《南師》二・二三五、《合》三五七〇三、《國考》一・一四・一、《北珍》四八八（全）

來源：馬衡捐贈北大

原拓號：二・一四・一

四五　癸未等日卜貞王旬亡𡆥事

本甲正面存辭四條。反面無字。

（一）癸☐王☐　二

（二）癸未☐貞：王☐亡☐

（三）☐卜，貞☐𡆥〔一〕。

（四）☐卜☐旬☐𡆥。

【簡釋】

〔一〕「𡆥」或比定作「禍」「咎」「憂」等字。下同。

【備注】

組類：黄組

材質：龜腹甲

著録：《國考》一・一四・二

來源：馬衡捐贈北大

原拓號：二・一四・二

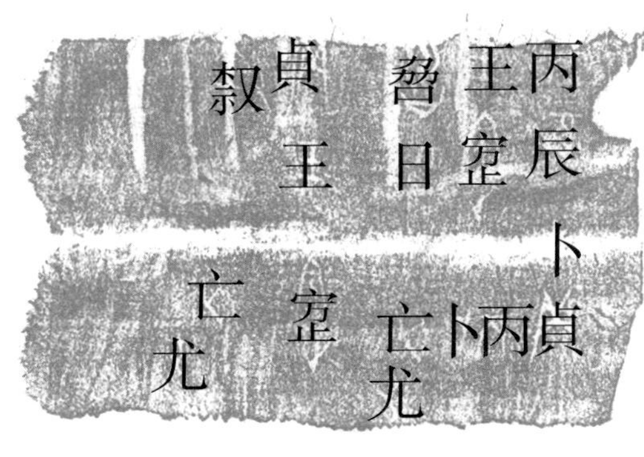

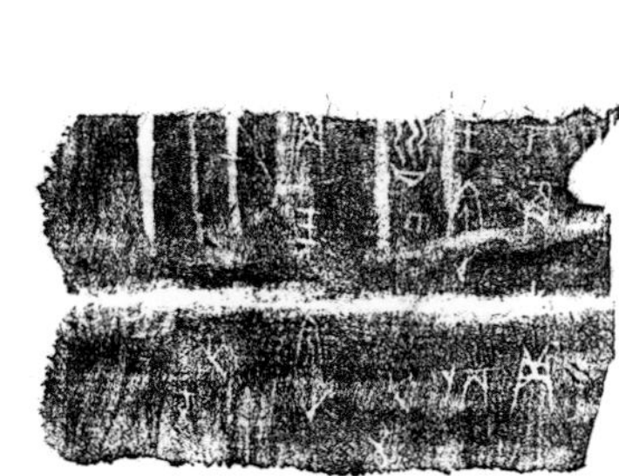

四六　丙辰卜貞王儐外丙咎日亡尤等事

本甲正面存辭二條。反面無字。

（一）丙辰卜，貞：王宓（儐）卜（外）丙[一]咎日，亡尤。

（二）貞：王宓（儐）叡，亡尤。

【簡釋】

［一］「卜丙」爲合文。

【備注】

組類：黄組

材質：龜背甲

著録：《續》一·九·六（不全）、《合》三五五四九、《國考》一·一四·三、《北珍》四七八

來源：馬衡捐贈北大

原拓號：二·一四·三

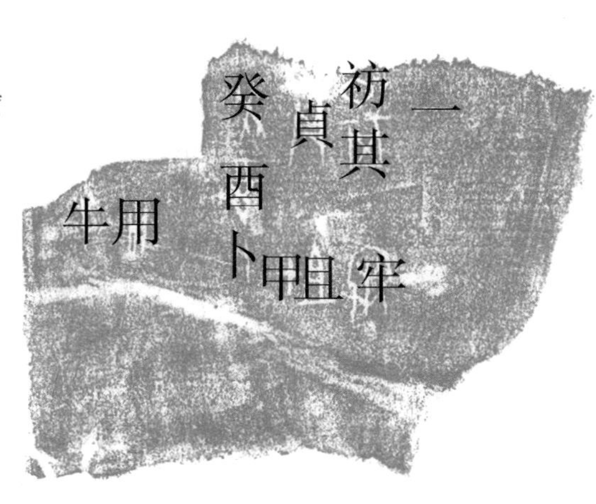

四七　癸酉卜貞祖甲祊其牢等事

本甲正面存辭二條。反面無字。

（一）癸酉卜，貞：且（祖）甲〔一〕祊其牢。

一

（二）☐牛☐用☐

【簡釋】

〔一〕「且甲」爲合文。

【備注】

組類：黄組

材質：龜腹甲

著録：《續》一・二六・四（不全）、《合》三五九一五、《國考》一・一四・四、《北珍》六五八

來源：馬衡捐贈北大

原拓號：二・一四・四

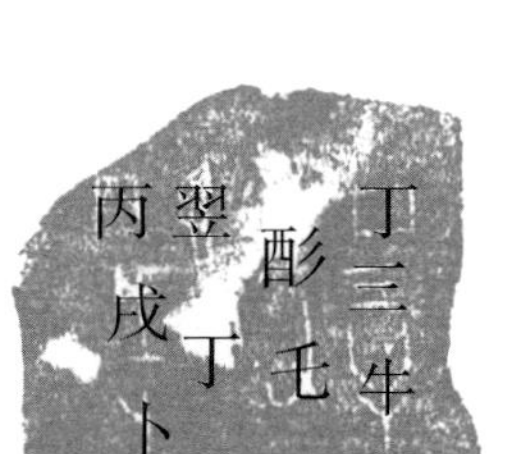

四八　丙戌卜翌丁耏乇丁三牛事

本甲正面存辭一條。反面無字。

（一）丙戌卜☐翌丁☐耏乇☐丁三牛。〔一〕

【簡釋】

〔一〕本甲可綴《合》四三，詳見方稚松綴，《拼三》第六〇一則；可續綴《合補》三一六六、《合》一六一一六，詳見何會綴，《拼三》第六五一則；又可遥綴《合》六三三三，詳見黃天樹綴，《拼三》第五九七則。

【備注】

組類：賓組

材質：龜腹甲

著録：《續》二・二五・五、《合》二五九七四、《國考》一・一五・一、《北珍》三四六

來源：馬衡捐贈北大

原拓號：二・一五・一

四九　甲辰卜亘貞燎三宰與巳日卜貞今雨等事

本骨正面存辭六條，有界劃綫。反面存辭一條。

〔正面〕

（一）［貞］□

（二）今一月雨。

（三）甲辰卜，亘貞：尞（燎）三宰。

（四）今一月雨。

（五）貞：㞢（侑）于父甲宰。

（六）□［巳］卜，貞：今□雨。

〔反面〕

（一）王固（占）曰：其㞢（侑）窔（儐），亡□

【備注】

組類：賓組

材質：牛肩胛骨

著録：〔正〕《續》一・二七・九、《南師》二・四二、《國考》一・一五・四；〔反〕《南師》二・四四、《國考》一・一五・二；〔正反〕《合》一二四九五、《北珍》一四五三

來源：馬衡捐贈北大

原拓號：〔正〕二・一五・四、〔反〕二・一五・二

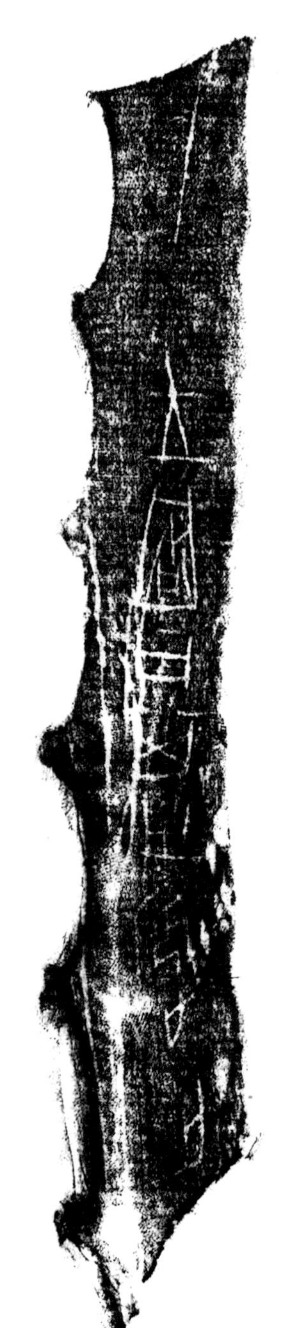

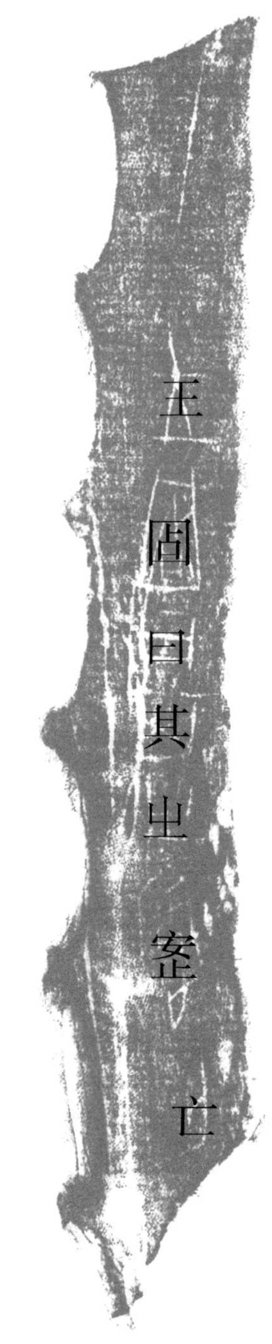
王
固
曰
其
㞢
𡧊
亡

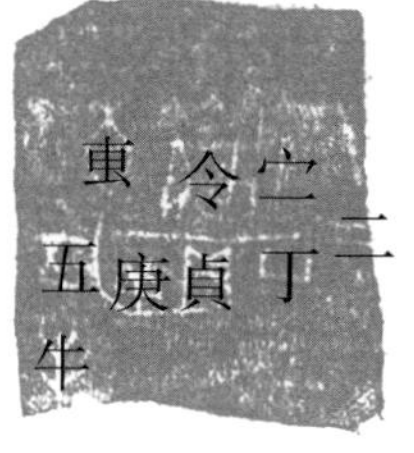

五〇　某日問用五牛與令宀等事

本甲正面存辭三條，有界劃綫。反面無字。

（一）☐五牛。

（二）庚☐貞☐丁☐　二

（三）☐叀☐令☐宀[一]。

【簡釋】

［一］「宀」或比定作「賈」字。

【備注】

組類：賓出

材質：龜腹甲

著録：《續》二・一九・五、《合》四七〇九、《國考》一・一五・三、《北珍》二三八一

來源：馬衡捐贈北大

原拓號：二・一五・三

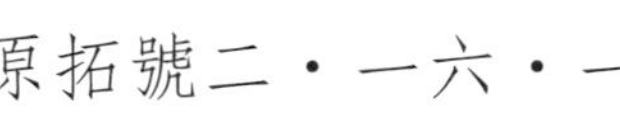

原拓號二・一六・一

五一 己酉卜㱿貞侑于黃尹五牛三牛宰等事與寅日婦寶示三屯骨臼刻辭

本骨正面存辭四條。反面無字。臼面存辭一條。

〔正面〕

（一）己酉卜，㱿貞：㞢(侑)于黃尹五[牛]。三

（二）貞：㞢(侑)于黃尹三[牛]。

（三）㞢(侑)于黃尹。

（四）貞：㞢(侑)于黃尹宰。三

〔臼面〕

（一）☐寅帚(婦)寶示三屯。岳。

【備注】

組類：賓組

材質：牛肩胛骨

著録：〔正〕《續》一・四八・一＋一・四七・一(不全)、《南師》二・一九、《國考》一・一六・一＋一・一六・三、《北珍》一五〇；〔臼〕《南師》二・二〇、《國考》一・一六・二；〔正臼〕《合》三四六七、《佚》一五九

來源：馬衡捐贈北大

原拓號：〔正〕二・一六・一＋二・一六・三、〔臼〕二・一六・二

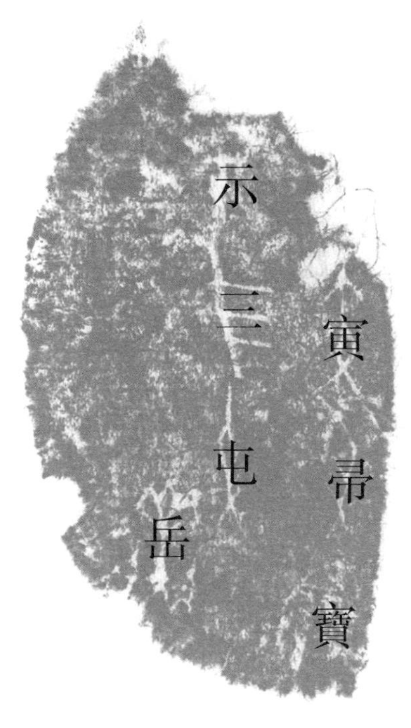

原拓號二・一六・二

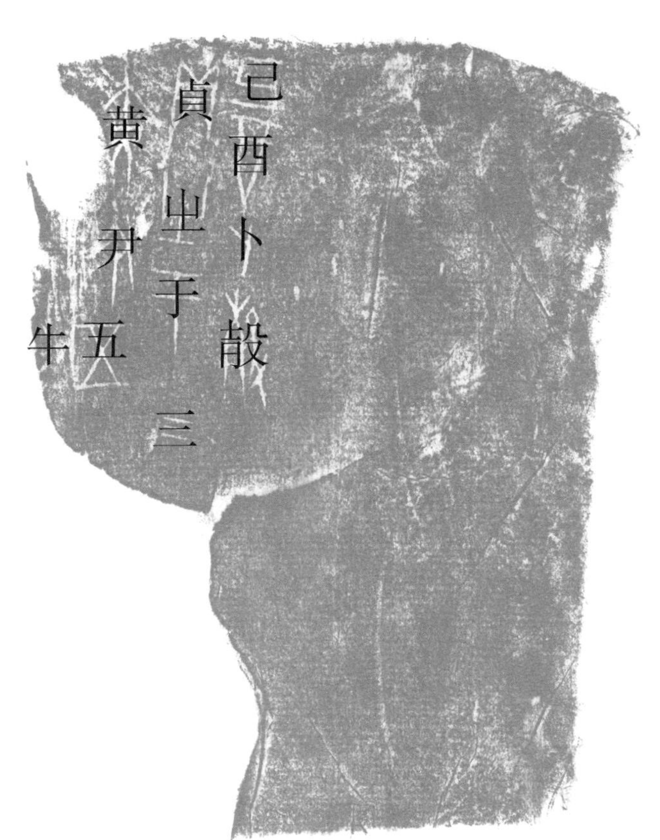

原拓號二・一六・三

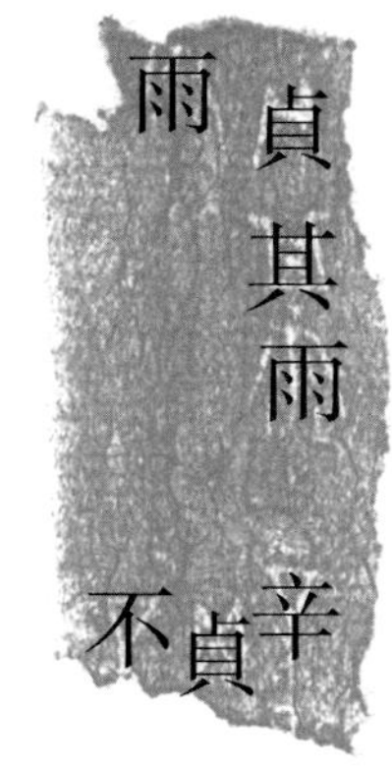

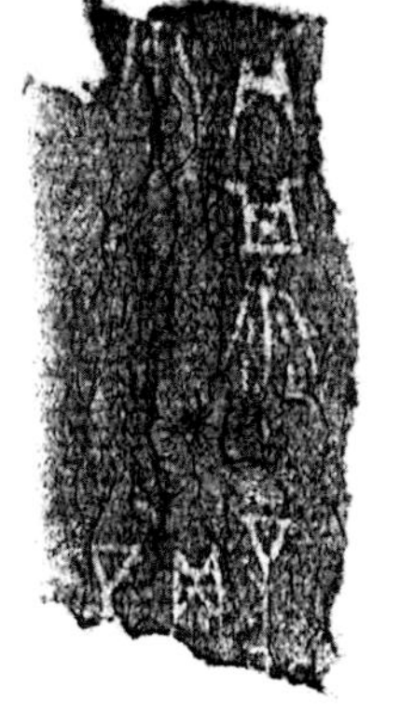

五二　辛日貞其雨等事

本骨正面存辭三條。反面無字。

（一）［辛］☐貞☐不☐

（二）貞：其雨。

（三）☐雨。

【備注】

組類：黄組

材質：牛肩胛骨

著録：《南師》二·二二六、《合》三八一三九、《合》四一八七二、《國考》一·一七·一、《北珍》一六二六

來源：馬衡捐贈北大

原拓號：二·一七·一

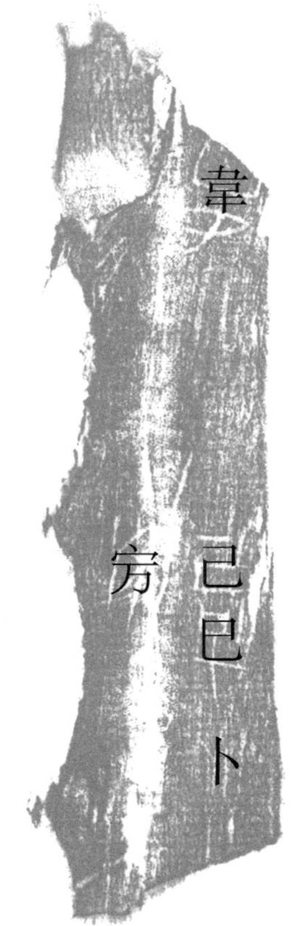

五三　某日貞黄尹不咎與己巳卜穷問等事

本骨正反面各存辭二條。

〔正面〕

（一）貞：黄尹不求（咎）。

（二）［貞］：尞（燎）［犬］，卯☐羊。

〔反面〕

（一）己巳卜：穷。

（二）☐［韋］。

【備注】

組類：賓組

材質：牛肩胛骨

著録：〔正〕《續》一・四七・六、《南師》二・六六、《國考》一・一七・二；〔反〕《南師》二・六七、《續研》一・四七・六、《國考》一・一七・四；〔正反〕《合》三四八〇、《北珍》一八八

來源：馬衡捐贈北大

原拓號：〔正〕二・一七・二、〔反〕二・一七・四

五四　八月癸酉等日卜貞王旬亡𡆥事

本甲正面存辭二條。反面無字。

（一）癸巳卜，貞：王旬亡𡆥[一]。　一

（二）☐酉卜☐王旬☐𡆥。八月。

【簡釋】

[一]「𡆥」或比定作「禍」「咎」「憂」等字。下同。

【備注】

組類：黄組

材質：龜腹甲

著録：《續》六·五·四、《合》三七九三四、《國考》一·一七·三、《北珍》一三八九

來源：馬衡捐贈北大

原拓號：二·一七·三

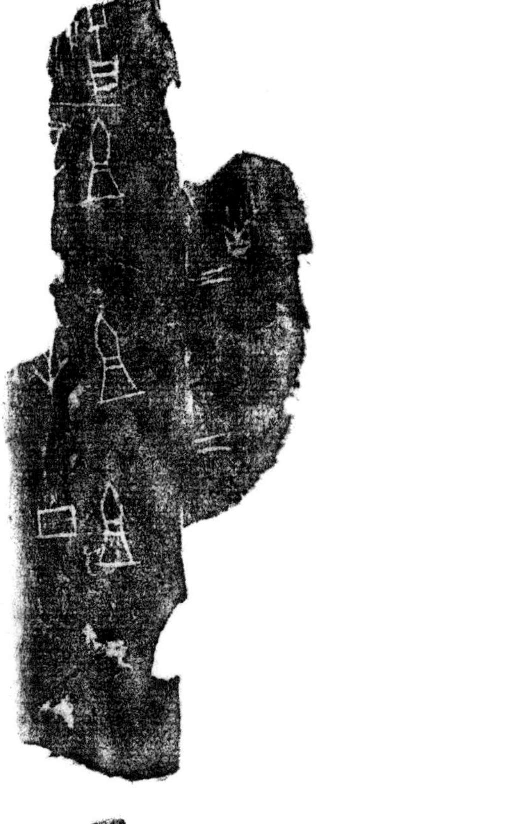

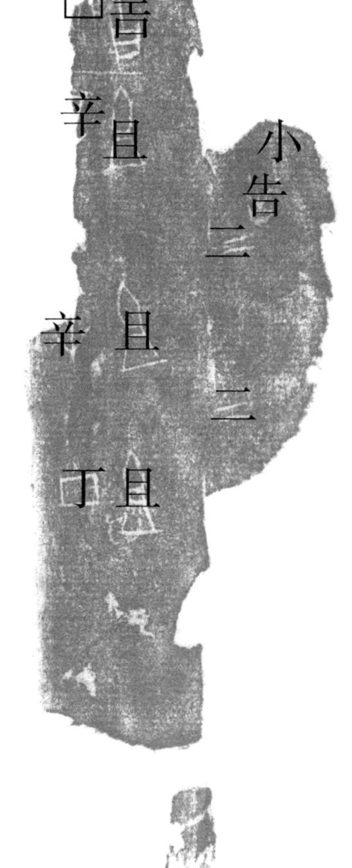

五五　某日問祖丁祖辛等事

本骨正面存辭四條，有界劃綫。反面存辭一條。

〔正面〕

（一）且（祖）丁。二

（二）且（祖）辛。二

（三）且（祖）辛。　小告

（四）〼吉〼□〼

〔反面〕

（一）王固（占）曰：其于〼

【備注】

組類：賓組

材質：牛肩胛骨

著録：〔正〕《續》一·一七·六、《南師》二·九〇、《國考》一·一八·一；〔反〕《南師》二·九一、《續研》一·一七·六、《國考》一·一八·二；〔正反〕《合》一七七四、《北珍》七八六

來源：馬衡捐贈北大

原拓號：〔正〕二·一八·三、〔反〕二·一八·一

五六　壬子卜貞今日延雨事

本甲正面存辭一條。反面無字。

（一）　壬子卜，貞：今日征（延）雨。〔一〕

【簡釋】

〔一〕本甲可綴《宫國學》三一七及《合》三八一六三，詳見蔡哲茂、門藝綴，《綴彙》第七一五組。

【備注】

組類：黄組

材質：龜背甲

著録：《南師》二·二二七、《合》三八一八〇、《合》四一八六三、《國考》一·一八·三、《北珍》一六二二

來源：馬衡捐贈北大

原拓號：二·一八·二

五七　庚申卜貞王儐歲亡尤等事

本甲正面存辭二條。反面無字。

（一）庚申卜，貞：王宊（儐）歲亡［尤］。

（二）☐［尤］。

【備注】

組類：黄組

材質：龜背甲

著録：《續》二・四・五（不全）、《合》三八六一九、《國考》一・一八・四、《北珍》五四九

來源：馬衡捐贈北大

原拓號：二・一八・四

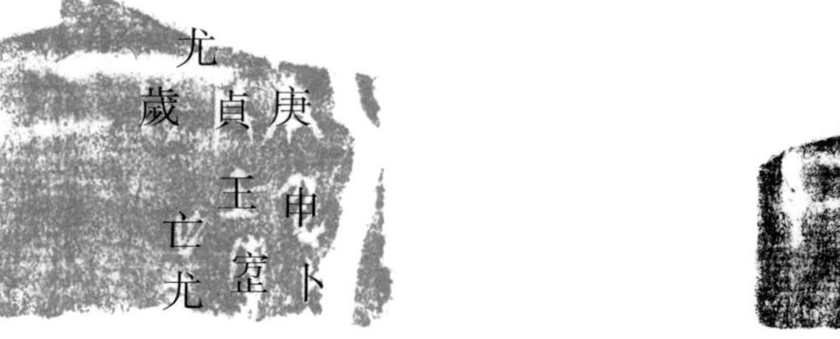

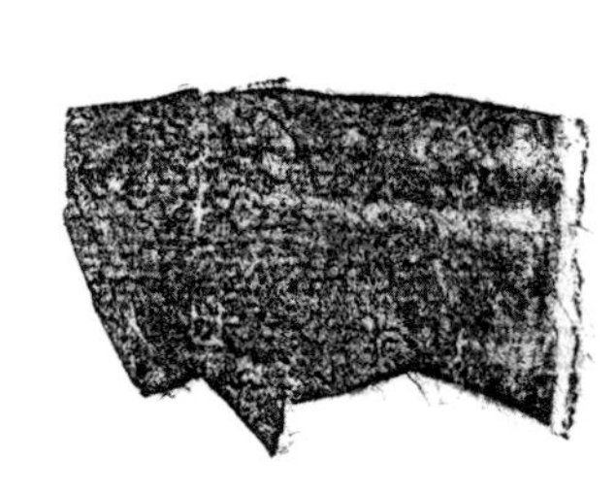

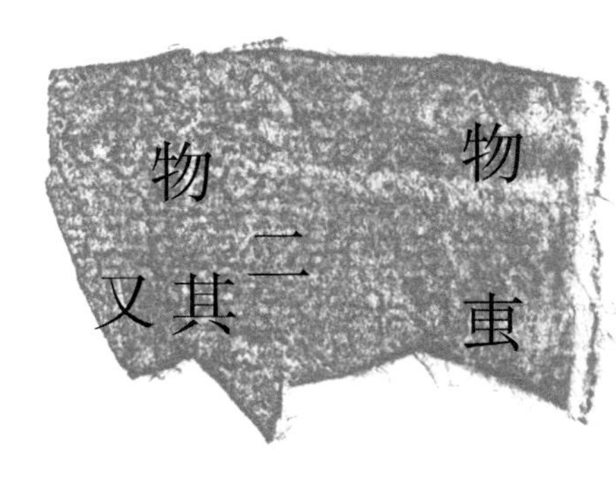

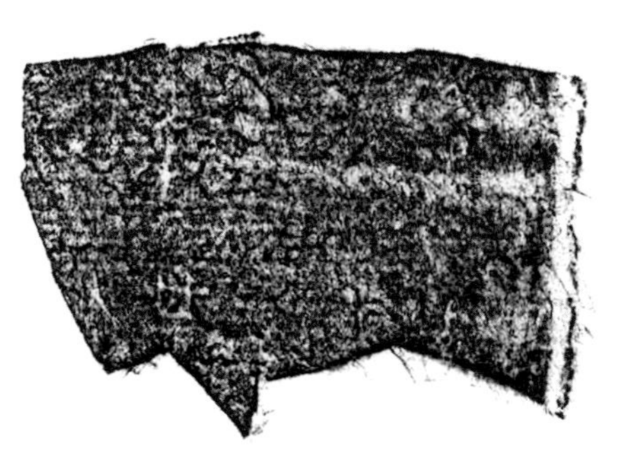

五八　叀物等字殘辭

本甲正面存辭四條。反面無字。

（一）[叀]☐　二

（二）其☐又☐

（三）☐物。

（四）☐物。

【備注】

組類：黄組

材質：龜腹甲

著録：《國考》一・一九・一、《北珍》七二八

來源：馬衡捐贈北大

原拓號：二・一九・一

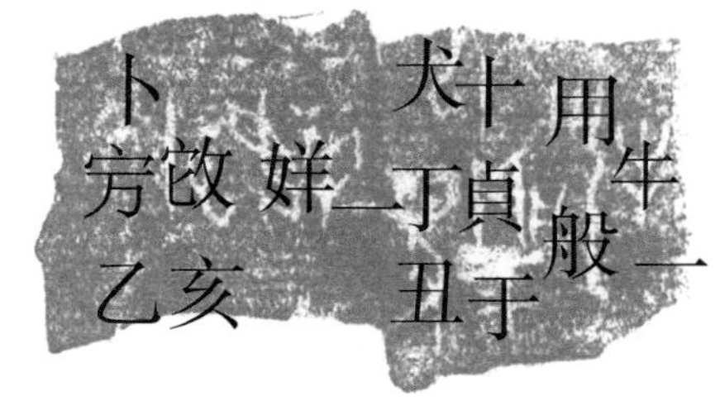

五九　某日卜宂問㱿于姘等事

本甲正面存辭四條。反面無字。

（一）☐卜，宂☐㱿〔一〕☐姘。

（二）☐［犬］☐十☐用☐牛。

（三）乙［亥］☐　一

（四）丁丑☐貞：于☐般☐　一

【簡釋】

〔一〕「㱿」或比定作「殺」「椎」等字，用爲祭祀動詞，表用牲之法。

【備注】

組類：賓組

材質：龜腹甲

著録：《合》四二六一、《國考》一·一九·二、《北珍》三二〇

來源：馬衡捐贈北大

原拓號：二·一九·二

六〇　某日貞妣庚與王儐祼等事

本甲正面存辭二條。反面無字。

（一）貞☐匕（妣）庚[一]☐亡☐

（二）☐宔（儐）☐禱（祼）☐尤。

【簡釋】

［一］「匕庚」爲合文。

【備注】

組類：黄組

材質：龜腹甲

著録：《續》一·一一·二、《合》三五五六九、《國考》一·一九·三

來源：馬衡捐贈北大

原拓號：二·一九·三

六一　某日王問騐事

本甲正面存辭一條。反面無字。

（一）☐[王]：騐☐[癸]酉☐　一〔一〕

【簡釋】

〔一〕本甲可綴《合》三四一〇，綴後釋文可補爲「丁亥卜，王：騐子白。癸酉毓，不白。」詳見王紅綴，《拼四》第九八六則。

【備注】

組類：𠂤組

材質：龜腹甲

著録：《合》一一〇五一（全）、《國考》一一九·四、《北珍》二二〇四（不全）

來源：馬衡捐贈北大

原拓號：二·一九·四

六二 不告鼄二告等字殘辭

本甲正面存辭三條。反面無字。

（一）二告

（二）不告鼄

（三）［二］

【備注】

組類：賓組

材質：龜腹甲

著録：《合》一七七七九、《國考》一・二〇・一、《北珍》一九三七

來源：馬衡捐贈北大

原拓號：二・二〇・一

六三　某日貞南庚與王儐等事

本甲正面存辭二條。反面無字。

（一）⍁貞：王⍁南庚⍁亡尤。

（二）⍁王窋（儐）⍁

【備注】

組類：黄組

材質：龜腹甲

著録：《續》一・二三・一〇、《合》三五七三七、《國考》一・二〇・二、《北珍》四九二

來源：馬衡捐贈北大

原拓號：二・二〇・二

六四　某日貞王儐叙亡尤事

本甲正面存辭一條。反面無字。

（一）貞：王宾（儐）叙，亡尤。

【備注】

組類：黄組

材質：龜背甲

著録：《續》二・一〇・八（不全）、《合》三八三九四、《國考》一・二〇・三、《北珍》五八六

來源：馬衡捐贈北大

原拓號：二・二〇・三

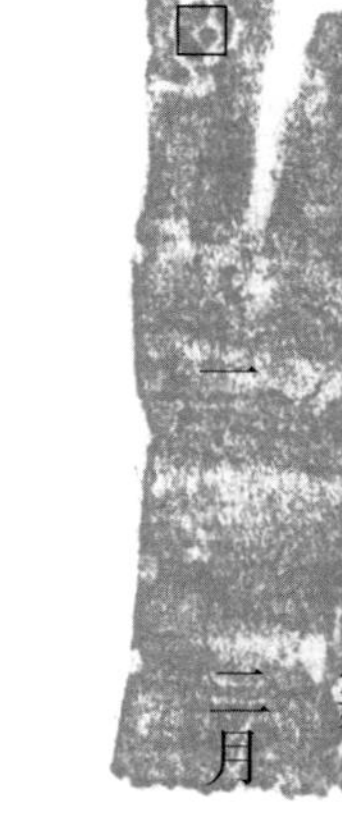

六五　二月某日貞彝等事

本甲正面存辭二條。反面無字。

（一）貞：叀□〼［彝］〼二月。　一

（二）〼［貞］〼□〼□〼

【備注】

組類：賓出

材質：龜背甲

著録：《續》四·二三·一一（不全）、《國考》一·二〇·四、《合》一二五一八、《北珍》一五一九

來源：馬衡捐贈北大

原拓號：二·二〇·四

六六　卯日卜貞咎在丹等事

本甲正面存辭二條。反面無字。

（一）☐卯卜☐貞☐求（咎）☐才（在）丹。

（二）貞☐隹（唯）☐才（在）☐　三[一]

【簡釋】

[一]本甲可綴《合》八五九七，遥綴《合》八六〇〇、《合》三七五〇，綴合後釋文可補爲「癸卯卜，争貞：丁弗求（咎）。三月。才（在）丹。　三」。詳見何會綴，《拼續》第四五六則。

【備注】

組類：賓組

材質：龜腹甲

著録：《南師》二・一三三、《合》八〇一四、《合》四〇〇一六、《國考》一・二一・一、《北珍》二四〇五

來源：馬衡捐贈北大

原拓號：二・二一・一

六七 勿隹等字殘辭

本甲正面存辭一條。反面無字。

（一）☐勿☐隹☐ 一

【備注】

組類：賓組

材質：龜腹甲

著録：《國考》一·二一·二、《北珍》二三七七

來源：馬衡捐贈北大

原拓號：二·二一·二

六八　不吿鼄等字殘辭

本骨正面存辭二條。反面無字。

（一）　不吿鼄

（二）　一

【備注】

組類：賓組

材質：牛肩胛骨

著録：《國考》一・二一・三、《北珍》一九二六

來源：馬衡捐贈北大

原拓號：二・二一・三

六九　某日貞王夢不唯兄戊事

本甲正面存辭一條。反面無字。

（一）貞：王夢，不隹（唯）兄戊☐

【備注】

組類：賓組

材質：龜腹甲

著録：《續》一・四三・八（不全）、《佚》一七四、《合》一七三七九、《國考》一・二一・四、《北珍》一〇八〇

來源：馬衡捐贈北大

原拓號：二・二一・四

七〇　某日貞于丁求年宜與禱年于昌與侑于母庚等事

本骨正面存辭四條，有界劃綫。反面存辭一條。

〔正面〕

（一）貞：［于丁］求年娥（宜）。

（二）貞：翌庚子虫（侑）于母庚牢。

（三）桒（禱）年于昌，夕羊，尞（燎）小宰，卯一牛。

（四）☐［貞］☐☐☐

〔反面〕

（一）乙酉卜。

【備注】

組類：賓組

材質：牛肩胛骨

著録：〔正〕《續》一・四一・六、《佚》一五三、《國考》一・二二・二；〔反〕《國考》一・二二・一；〔正反〕《合》一〇一三〇（全）、《北珍》二四（全）

來源：馬衡捐贈北大

原拓號：〔正〕二・二二・二、〔反〕二・二・一

七一　己丑卜彀問在斐虎獲與子效等事

本甲正面存辭四條，有界劃綫。反面無字。

（一）己丑卜，彀：才（在）斐虎隻（獲）。

（二）☐子效。

（三）辛卯卜☐

（四）一

【備注】

組類：賓組

材質：龜腹甲

著録：《續》五・一一・六（不全）、《合》一〇九七七、《國考》一・二二・三、《北珍》五五

來源：馬衡捐贈北大

原拓號：二・二二・三

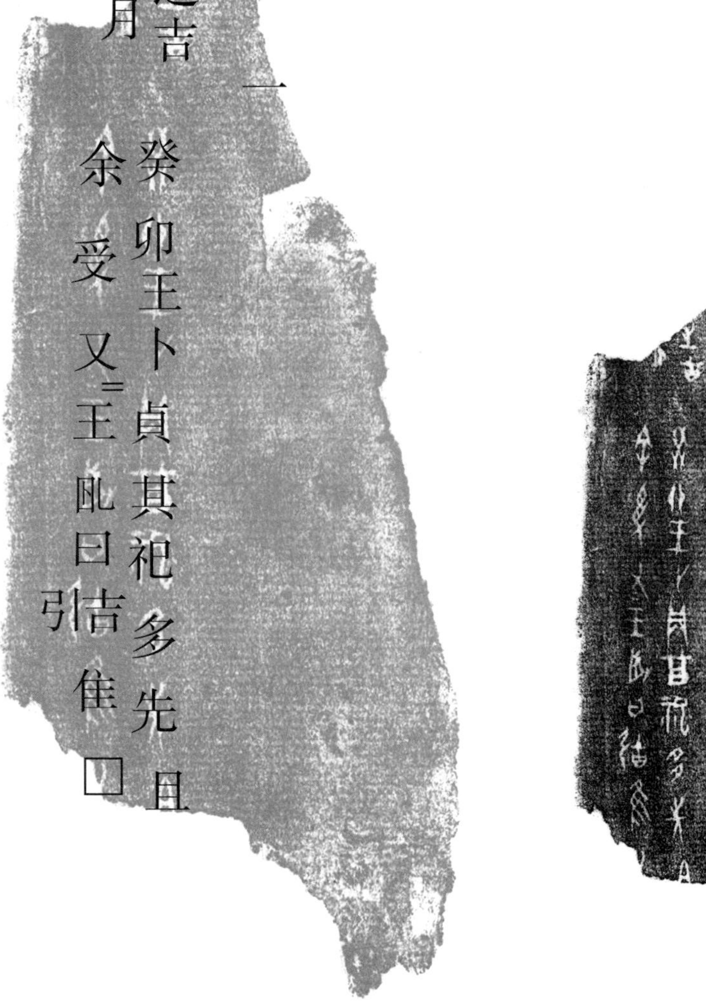

七二　癸卯王卜貞其祀多先祖余受有祐等事

本骨正面存辭二條。反面無字。

（一）癸卯王卜，貞：其祀多先［且（祖）］☐余受又＝（有祐）。王卧（占）曰：引吉[一]。隹（唯）☐☐　一

（二）☐之吉☐月。[二]

【簡釋】

［一］「引吉」爲合文。

［二］本骨可綴《合》三七八六〇，綴合後釋文可補爲「癸卯王卜，貞：其祀多先且（祖），若，余受又＝（有祐）。王卧（占）曰：引吉。隹（唯）廿祀又四。一」。詳見蔣玉斌綴，《黄類甲骨新綴四組附一組》第一組。

【備注】

組類：黄組

材質：牛肩胛骨

著録：《續》二・三一・六（不全）、《佚》八六〇（不全）、《合》三八七三二、《國考》一・二三・一、《北珍》六五四

來源：馬衡捐贈北大

原拓號：二・二三・一

七三　丙午卜貞王儐歲與某日貞王儐㲋亡尤等事

本甲正面存辭二條。反面無字。

（一）丙午卜，貞：王宔（儐）歲，亡尤。

（二）貞：王宔（儐）㲋，亡尤。

【備注】

組類：黄組

材質：龜背甲

著録：《續》二・一〇・七、《合》三八五八七、《國考》一・二三・二、《北珍》五六八

來源：馬衡捐贈北大

原拓號：二・二三・二

七四　某日貞侑于母丙母庚與甲申卜貞于求年宜等事

本骨正面存辭五條，有界劃綫。反面無字。

（一）貞☐于☐

（二）貞：叀羊㞢（侑）于母丙。

（三）甲申卜，貞：于求年娥（宜）。

（四）貞：翌［庚］子［㞢（侑）］于母［庚］牢。

（五）☐□☐

【備注】

組類：賓組

材質：牛肩胛骨

著録：《續》一·四〇·八、《佚》一四三、《合》二五二三、《國考》一·二三·三

來源：馬衡捐贈北大

原拓號：二·二三·三

七五　癸卯卜貞王旬亡猷事

本骨正面存辭一條。反面無字。

（一）癸卯卜，貞：王旬亡猷[一]。

【簡釋】

[一]「猷」或比定作「禍」「咎」「憂」等字。

【備注】

組類：黄類

材質：牛肩胛骨

著録：《南師》二・二六四、《合》三九一九三、《合》四一九三四、《國考》一・二三・四、《北珍》一三七六

來源：馬衡捐贈北大

原拓號：二・二三・四

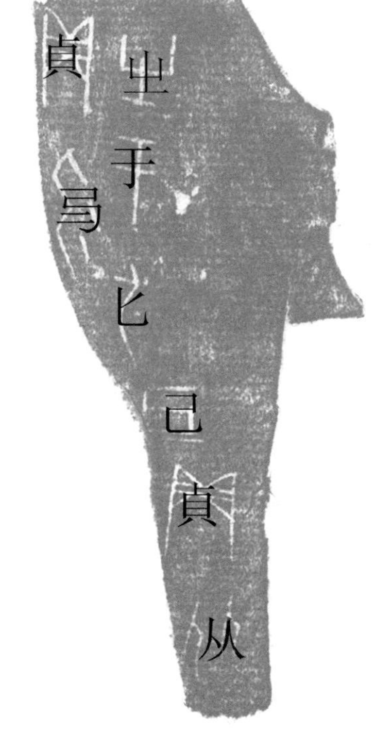

七六　某日貞勿侑于妣己等事與自婦廿甲橋刻辭

本甲正面存辭二條。反面存辭一條。

〔正面〕

（一）貞：从☐

（二）貞：弓(勿)㞢(侑)于匕(妣)己。

〔反面〕

（一）自帚(婦)廿。

【備注】

組類：賓組

材質：龜腹甲

著録：〔正〕《南師》二·二、《續》一·三九·一(不全)、《國考》一·二四·一；〔反〕《續研》一·三九·一、《南師》二·一、《國考》一·二四·二；〔正反〕《合》二四一〇、《北珍》一五八

來源：馬衡捐贈北大

原拓號：〔正〕二·二四·二、〔反〕二·二四·一

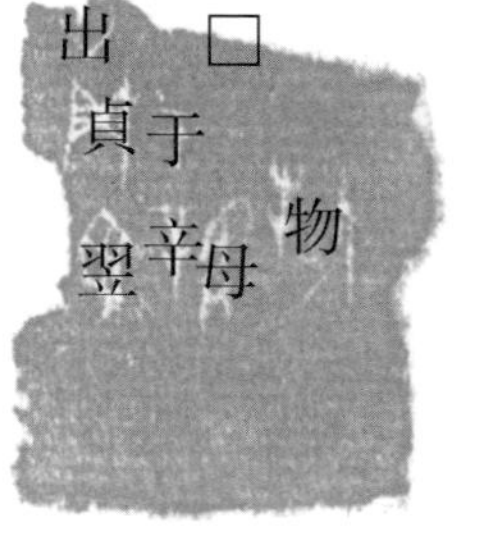

七七　某日出貞母辛事

本甲正面存辭一條。反面無字。

（一）☐［出］貞：翌☐于母辛〔一〕☐□物☐

【簡釋】

〔一〕「母辛」爲合文。

【備注】

組類：出組

材質：龜腹甲

著録：《續》一・四三・二、《合》二三四四一、《國考》一・二四・三、《北珍》三四七

來源：馬衡捐贈北大

原拓號：二・二四・三

七八　辛酉卜祝貞侑于母辛等事

本骨正面存辭三條。反面無字。

（一）辛☐

（二）辛酉卜，祝貞：㞢（侑）于母辛[一]。

（三）貞：其㞢（有）壱[二]。

【簡釋】

[一]「母辛」爲合文。

[二]「壱」或比定作「蚩」，讀作「害」。

【備注】

組類：出組

材質：牛肩胛骨

著録：《續》一·四二·六、《國考》一·二四·四

來源：馬衡捐贈北大

原拓號：二·二四·四

七九　五月某日貞勿彗與勿令等事

本甲正面存辭二條。反面無字。

（一）貞：弓（勿）彗。五［月］。

（二）☐弓（勿）令。

【備注】

組類：賓出

材質：龜腹甲

著録：《南師》二·四三、《合》一九一一六、《合》四〇七七〇、《國考》一·二五·一、《北珍》二三六七

來源：馬衡捐贈北大

原拓號：二·二五·一

八〇 某日貞今夕不其雨延事

本甲正面存辭一條。反面無字。

（一） 貞：今夕不其雨祉（延）。 三

【備注】

組類：賓出

材質：龜背甲

著録：《續》四・二〇・四（不全）、《合》一二七八九、《國考》一・二五・二、《北珍》一四五五

來源：馬衡捐贈北大

原拓號：二・二五・二

八一　丙寅卜事貞今夕亡囚等事

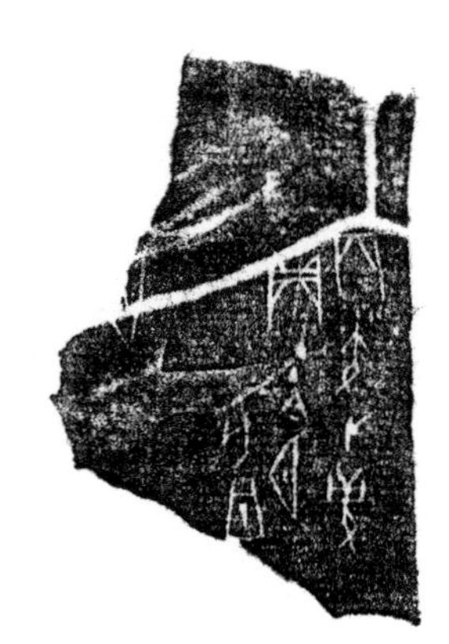

本甲正面存辭二條。反面無字。

（一）丙寅卜，事貞：今夕亡囚[一]。

（二）☐夕☐

【簡釋】

[一]「囚」或比定作「禍」「咎」「憂」等字。

【備注】

組類：事何

材質：龜背甲

著録：《續》四・四八・五（不全）、《合》一六五八四、《國考》一・二五・三、《北珍》九七一

來源：馬衡捐贈北大

原拓號：二・二五・三

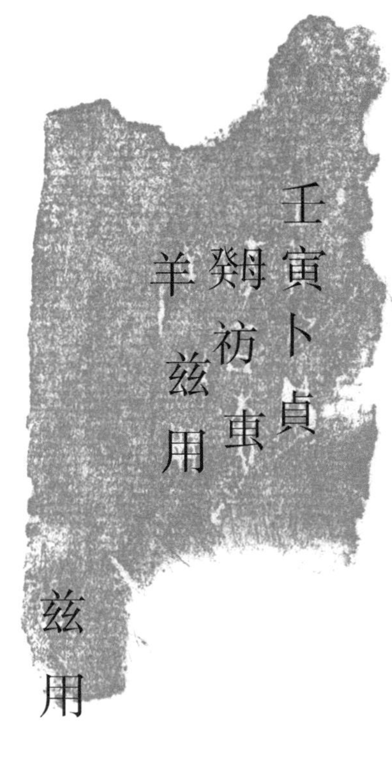

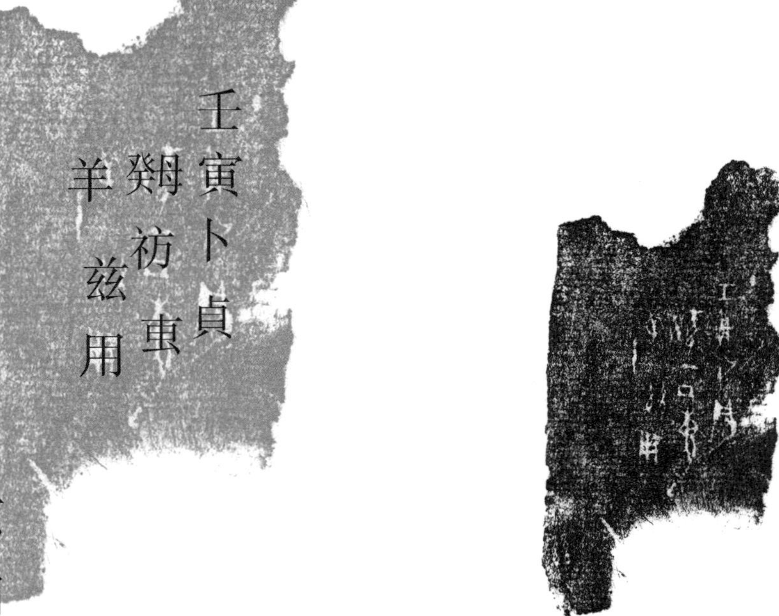

八二　壬寅卜貞母癸祊叀羊等事

本甲正面存辭二條。反面無字。

（一）壬寅卜，貞：母癸[一]祊叀羊。兹用。

（二）☐兹［用］。

【簡釋】

［一］「母癸」爲合文。

【備注】

組類：黄組

材質：龜腹甲

著録：《續》一・四三・四（不全）、《合》三六三二二、《國考》一・二五・四、《北珍》六七七

來源：馬衡捐贈北大

原拓號：二・二五・四

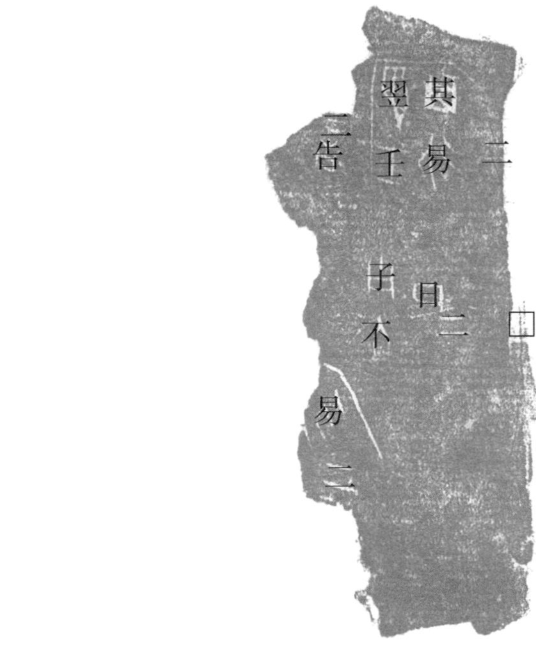

八三　某日問翌壬子不其易日等事

本骨正面存辭四條，有界劃綫。反面無字。

（一）☐［易］☐　二

（二）翌壬子不其易日。　二

（三）　二告

（四）☐□☐　二

【備注】

組類：賓組

材質：牛肩胛骨

著録：《合》一三三九五、《國考》一・二六・一、《北珍》一五七〇

來源：馬衡捐贈北大

原拓號：二一・二六・一

八四 某日問侑匚于丁于南室酒與置韶于丁侑百羌等事

本骨正面存辭三條。反面無字。

（一）☑［巳］易日。十月[一]。

（二）☑㞢（侑）匚于丁，于南室酒□☑

（三）☑其帥（置）⿱𠂤酉（韶）于丁，㞢（侑）百羌，卯十☑[二]

【簡釋】

［一］「十月」爲合文。

［二］本骨可綴《合》一三五七〇，綴合後釋文可補爲「丁未卜，□［貞］：㞢匚于丁，于南室酒□☑／己酉卜，大貞：翌丁巳易日。十月。／☑其帥（置）⿱𠂤酉（韶）于丁，㞢（侑）百羌，卯十☑／☑隹（唯）☑𠙵☑」。詳見蔣玉斌綴，《蔣玉斌甲骨綴合總表》第一七四則。

【備注】

組類：出組

材質：牛肩胛骨

著録：《續》二・一九・三（不全）、《佚》四一三、《鄴初》下三〇・二、《合》二二五四三、《國考》一・二六・二、《北珍》一七五

來源：馬衡捐贈北大

原拓號：二一・二六・二

八五　戊午卜貞王儐歲亡尤事

本甲正面存辭一條。反面無字。

（一）戊午卜，[貞]：王宊（儐）[歲]，亡[尤]。〔一〕

【簡釋】

〔一〕本甲可綴《合》三五三八四、《北珍》五〇五。綴合後釋文可補爲「戊午卜，貞：王宊（儐）歲亡尤」。詳見李愛輝綴，《拼三》第七二五則。

【備注】

組類：黄組

材質：龜腹甲

著録：《續》二·四·八、《合》三八六一七、《國考》一·二七·一、《北珍》五五五

來源：馬衡捐贈北大

原拓號：二·二七·一

八六　甲午卜貞王儐歲亡尤事

本甲正面存辭一條。反面無字。

（一）甲午卜，貞：王宾(儐)歲，亡[尤]。

【備注】

組類：黃組

材質：龜背甲

著録：《續》二・三・七、《合》三八五四四、《國考》一・二七・二、《北珍》五四六

來源：馬衡捐贈北大

原拓號：二・二七・二

八七　壬午卜貞王儐夕歲亡尤事

本甲正面存辭一條。反面無字。

（一）壬午卜，貞：王㝎（儐）夕［歲］，亡［尤］。

【備注】

組類：黃組

材質：龜背甲

著録：《南師》二·二三九、《合》四一八八一、《國考》一·二七·三、《北珍》六一一

來源：馬衡捐贈北大

原拓號：二·二七·三

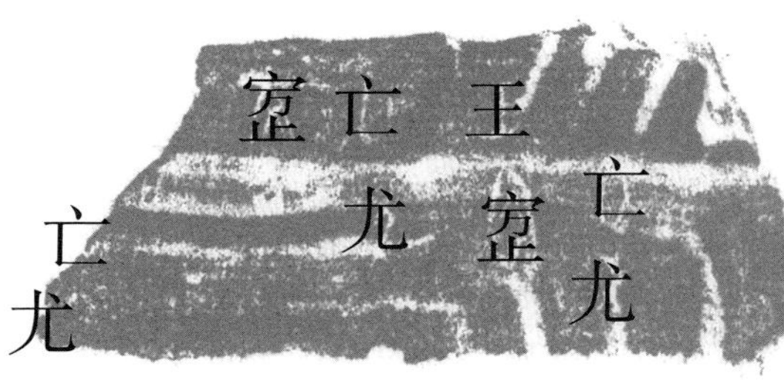

八八　某日問王儐亡尤等事

本甲正面存辭三條。反面無字。

（一）〼［亡尤］。

（二）〼㝉（儐），亡尤。

（三）〼王㝉（儐），亡尤。

【備注】

組類：黄組

材質：龜背甲

著録：《國考》一·二七·四、《北珍》六〇三

來源：馬衡捐贈北大

原拓號：二·二七·四

八九　某日問王儐亡尤等事

本甲正面存辭二條。反面無字。

（一）☐宾（儐）☐

（二）☐王宾（儐）☐□亡尤。

【備注】

組類：黄組

材質：龜腹甲

著録：《國考》一・二八・一、《北珍》六四七

來源：馬衡捐贈北大

原拓號：二・二八・一

九〇　某日問王儐亡尤事

本甲正面存辭一條。反面無字。

（一）▨王宓（儐）▨亡尤。

【備注】

組類：黄組

材質：龜背甲

著録：《國考》一・二八・二、《北珍》六〇二

來源：馬衡捐贈北大

原拓號：二・二八・二

九一　某日卜貞王儐亡尤等事

本甲正面存辭三條。反面無字。

（一）☐卜，貞：王☐歲，亡尤。

（二）☐貞：王☐歲，☐尤。

（三）☐宾（儐）☐亡尤。

【備注】

組類：黄組

材質：龜背甲

著録：《南師》二·二三八、《國考》一·二八·三、《北珍》五四三

來源：馬衡捐贈北大

原拓號：二·二八·三

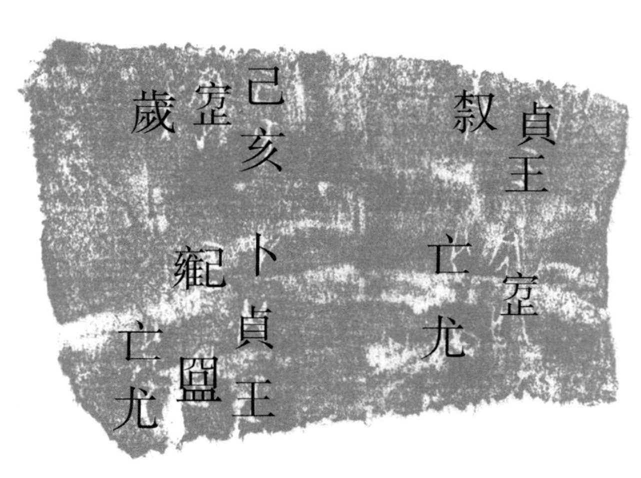

九二　己亥卜貞王儐雍己盟歲與貞王儐叙亡尤等事

本甲正面存辭二條。反面無字。

（一）己亥卜，貞：王宊（儐）雍己[一]盟歲，亡尤。

（二）貞：王宊（儐）叙，亡尤。

【簡釋】

[一]「雍己」爲合文。

【備注】

組類：黄組

材質：龜背甲

著録：《南師》二·二二九、《合》四一七一二、《國考》一·二八·四

來源：馬衡捐贈北大

原拓號：二·二八·四

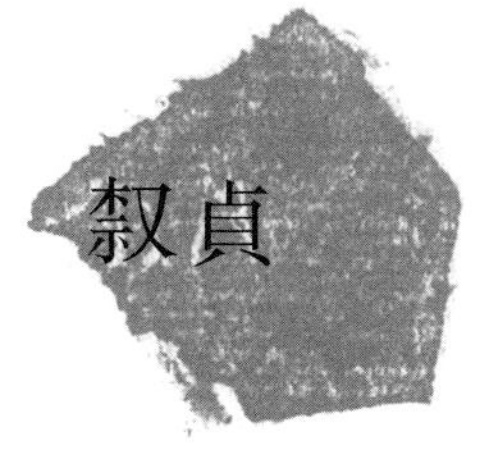

九三　某日貞叙事

本甲正面存辭一條。反面無字。

（一）　貞☐［叙］☐

【備注】

組類：黃組

材質：龜甲

著録：《國考》一・二九・一、《北珍》二八七七

來源：馬衡捐贈北大

原拓號：二・二九・一

九四　某日貞王儐叙亡尤事

本甲正面存辭二條。反面無字。

（一）貞：王宓（儐）叙，亡尤。

（二）翌翌[一]

【簡釋】

[一]二「翌」字爲習刻。

【備注】

組類：黄組

材質：龜背甲

著録：《南師》二·二四一、《合》四一八九一、《國考》一·二九·二、《北珍》五七八

來源：馬衡捐贈北大

原拓號：二·二九·二

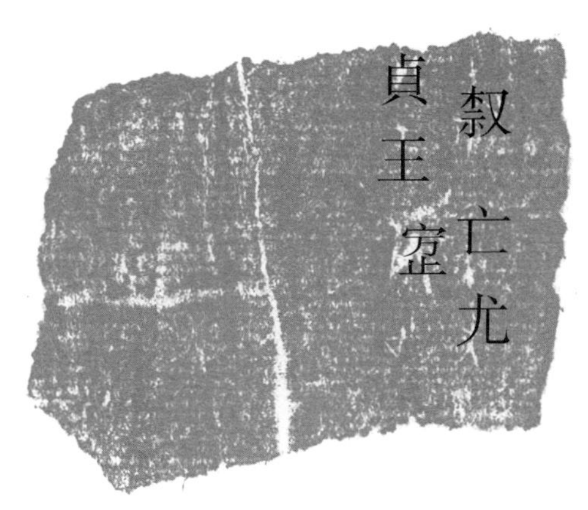

九五　某日貞王儐叙亡尤事

本甲正面存辭一條。反面無字。

（一）貞：王㝉（儐）叙，亡尤。

【備注】

組類：黄組

材質：龜背甲

著録：《南師》二·二四四、《合》四一八八九、《國考》一·二九·三、《北珍》五七一

來源：馬衡捐贈北大

原拓號：二·二九·三

九六　甲寅卜貞王儐歲與某日貞王儐叙亡尤等事

本甲正面存辭三條。反面無字。

（一）甲寅卜，貞：王定（儐）歲，亡尤。

（二）穷[一]。

（三）☐貞：王定（儐）☐叙，亡尤。

【簡釋】

[一]「穷」字倒刻，爲習刻。

【備注】

組類：黄組

材質：龜背甲

著録：《續》二·四·三、《國考》一·二九·四、《合》三八六〇二、《北珍》五三一

來源：馬衡捐贈北大

原拓號：二·二九·四

九七　某日貞王儐叔亡尤事

本甲正面存辭一條。反面無字。

（一）貞：王宊(儐)叔，亡尤。

【備注】

組類：黄組

材質：龜背甲

著録：《續》二・一〇・九(不全)、《合》三八三八九(全)、《國考》一・三〇・一、《北珍》五六四(全)

來源：馬衡捐贈北大

原拓號：二・三〇・一

九八　某日貞王儐叔亡尤事

本甲正面存辭一條。反面無字。

（一）貞：王㝎（儐）叔，亡尤。

【備注】

組類：黄組

材質：龜背甲

著録：《南師》二・二四三、《合》四一一五一、《國考》一・三〇・二、《北珍》五七三

來源：馬衡捐贈北大

原拓號：二・三〇・二

九九　戊申等日王卜貞往來亡災事

本骨正面存辭二條。反面無字。

（一）戊申王卜，貞☐亡𡆥（災）。王𣇈（占）☐五☐

（二）☐卜☐［㞷（往）］來☐［王］𣇈（占）☐

【備注】

組類：黄組

材質：牛肩胛骨

著録：《合》三七四八四、《國考》一·三〇·三、《北珍》一二五

來源：馬衡捐贈北大

原拓號：二·三〇·三

一〇〇　庚子卜貞王今夕亡𡆥等事

本甲正面存辭二條。反面無字。

（一）庚子卜，貞：王今夕亡𡆥〔一〕。

（二）𡆥𡆥〔二〕

【簡釋】

〔一〕「𡆥」或比定作「禍」「咎」「憂」等字。

〔二〕二「𡆥」字疑爲習刻。

【備注】

組類：黄組

材質：龜背甲

著録：《南師》二・二六一、《合》四一九〇八、《國考》一・三〇・四、《北珍》一二六一

來源：馬衡捐贈北大

原拓號：二・三〇・四

一〇一　某日貞王儐叔亡尤事

本甲正面存辭一條。反面無字。

（一）貞：王[宔（儐）]叔，亡[尤]。

【備注】

組類：黄組

材質：龜腹甲

著録：《南師》二·二四二、《國考》一·三一·一、《北珍》五九八

來源：馬衡捐贈北大

原拓號：二·三一·一

一〇二　某日貞王叙等事

本甲正面存辭二條。反面無字。

（一）貞：王〼叙亡〼

（二）辛巳□〼□〼

【備注】

組類：黄組

材質：龜背甲

著録：《國考》一・三一・二、《北珍》二八七三

來源：馬衡捐贈北大

原拓號：二・三一・二

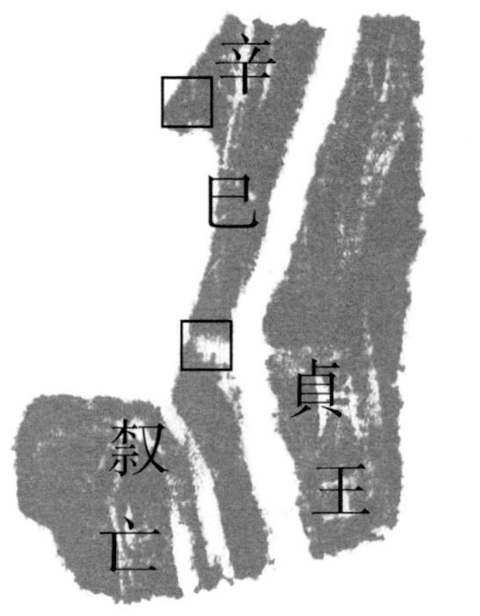

一〇三　丁日貞王叙事

本骨正面存辭一條。反面無字。

（一）丁□〼貞［王］〼叙〼

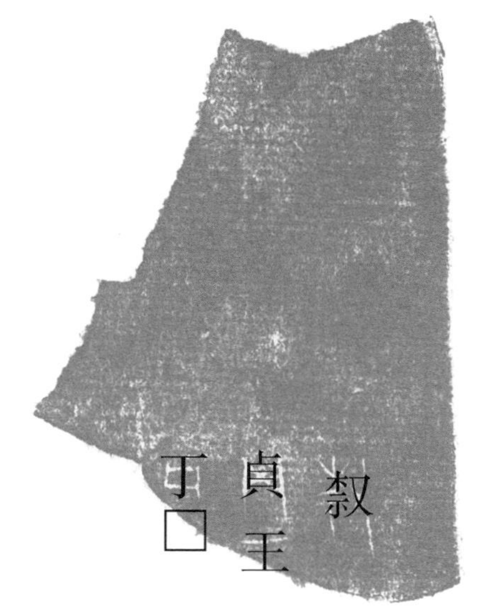

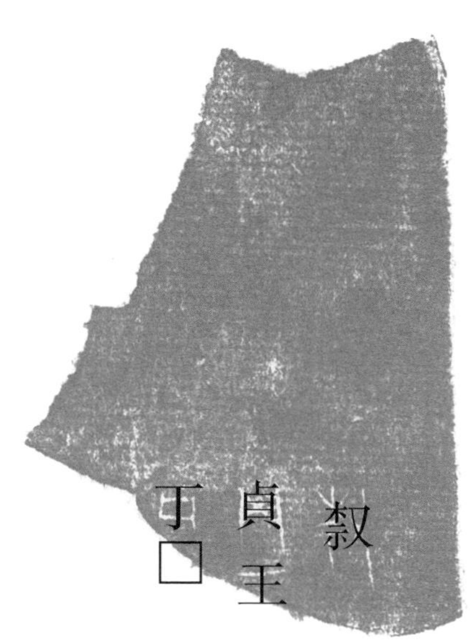

【備注】

組類：出組

材質：牛肩胛骨

著録：《國考》一・三一・三、《北珍》三七五

來源：馬衡捐贈北大

原拓號：二・三一・三

一〇四　某日貞王儐叙亡尤等事

本甲正面存辭三條。反面無字。

（一）貞：王宾（儐）叙，亡尤。

（二）☐貞☐宾☐

（三）十祝[一]

【簡釋】

[一]「十祝」爲習刻。

【備注】

組類：黄組

材質：龜背甲

著録：《合》三九四七四、《國考》一・三一・四、《北珍》五六九

來源：馬衡捐贈北大

原拓號：二・三一・四

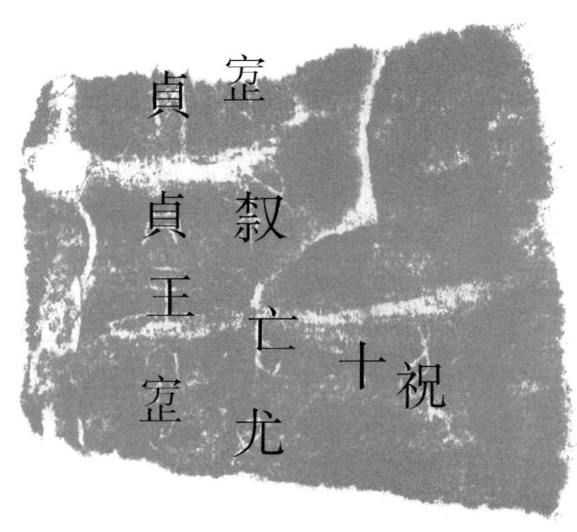

一〇五　庚寅卜口貞今夕事

本甲正面存辭一條。反面無字。

（一）庚寅卜，口貞：今夕[亡]〼　一

【備注】

組類：何組

材質：龜背甲

著録：《南師》二·二一六、《合》四一四四〇、《國考》一·三二·一、《北珍》一二四〇

來源：馬衡捐贈北大

原拓號：二·三二·一

一〇六　某日問翌甲辰酌禦盥十社與令射⿱余止等事

本甲正面存辭三條，有界劃綫。反面無字。

（一）翌甲辰酌⿰午卩（禦）盥十社。　二

（二）貞☐

（三）☐令射☐沘〔一〕☐⿱余止〔二〕

【簡釋】

〔一〕「沘」或比定作「兆」字。

〔二〕「⿱余止」或比定作「途」「⿱害止（⿺辶害）」「達」等字。

【備注】

組類：賓組

材質：龜腹甲

著録：《續》二·二三·九（不全）、《佚》一八〇、《合》六〇三五、《國考》一·三二·二、《北珍》二〇九

來源：馬衡捐贈北大

原拓號：二·三二·二

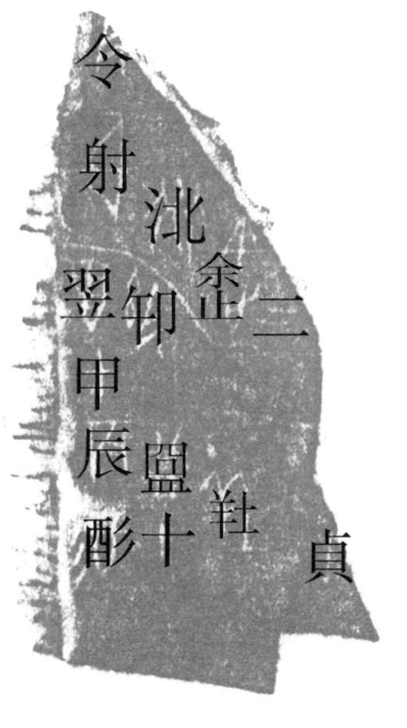

一〇七 丙午卜貞唯子弖壱白馬事

本甲正面存辭一條。反面無字。

（一） 丙午卜，［貞］：隹（唯）子弖［壱］〔一〕白［馬］。

【簡釋】

〔一〕「壱」或比定作「蚩」字，讀作「害」。

【備注】

組類：賓組

材質：龜背甲

著録：《國考》一・三二一・三

來源：馬衡捐贈北大

原拓號：二・三二一・三

一〇八 甲子卜争貞禱年于丁盟十勿牛𦉭百勿牛等事

本甲正面存辭二條。反面無字。

（一）甲子卜，争貞：奉（禱）年于丁，盟十勿牛，𦉭百勿牛，□〼

（二）〼勿牛。〔一〕

【簡釋】

〔一〕本甲可遥綴《宫國學》一二一，詳見嚴一萍《國考》第五四頁。

【備注】

組類：賓組

材質：龜腹甲

著録：《續》一·四四·四（不全）、《佚》一二六、《合》一〇一一六、《國考》一·三二·四

來源：馬衡捐贈北大

原拓號：二·三二·四

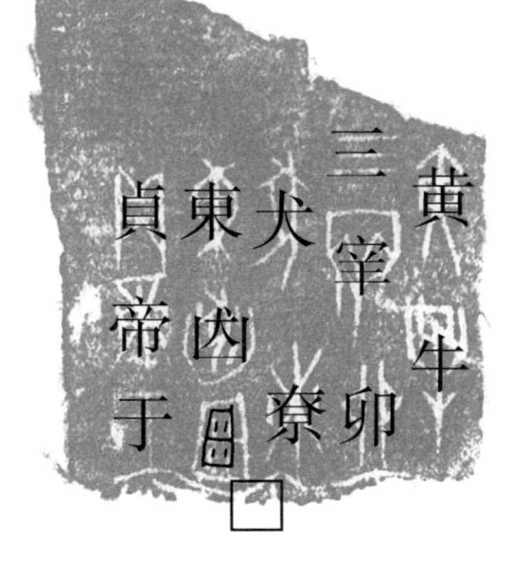

一〇九　某日貞褅于東内𡆥犬燎三宰卯黄牛等事與婦井示甲橋刻辭

本甲正面存辭二條，有界劃綫。反面存辭一條。

〔正面〕

（一）☐☐☐

（二）貞：帝（禘）于東，内𡆥犬，尞（燎）三宰，卯黄牛〔一〕。

〔反面〕

（一）〔帚（婦）〕井示☐

【簡釋】

〔一〕「𫠣」當爲「牛」字誤刻。類同文卜辭可參《合》一四三一四。

【備注】

組類：賓組

材質：龜腹甲

著録：〔正〕《續》二・一八・八、《南師》二・五、《國考》一・三三・二；〔反〕《南師》二・六、《續研》二・一八・八、《國考》一・三三・一；〔正反〕《合》一四三一三、《北珍》一九〇

來源：馬衡捐贈北大

原拓號：〔正〕二・三三・二、〔反〕二・三三・一

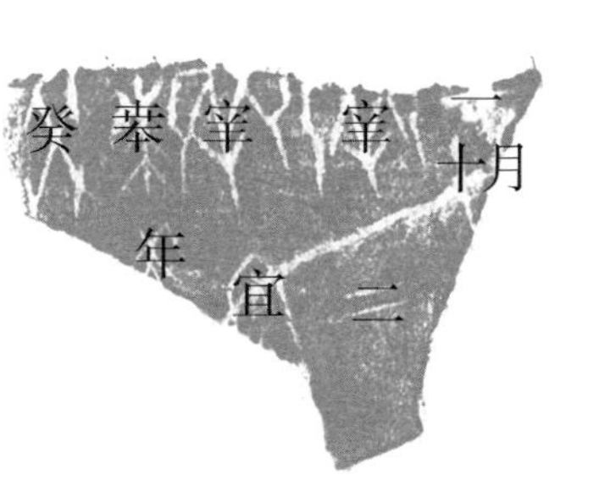

一一〇　十一月癸日問禱年用宰事

本甲正面存辭一條。反面無字。

（一）　癸☐桒(禱)年☐宰，宜☐宰。十一月[一]。　二[二]

【簡釋】

[一]「十一月」爲合文。

[二]本甲可綴《合》一四七七二，綴合後釋文可補爲「癸丑卜，𠀠(古)貞：桒(禱)年于丘尞(燎)十宰，宜☐宰。十一月　二」。詳見李愛輝綴，《甲骨拼合第三九〇至四〇〇則》第四〇〇則。

【備注】

組類：賓組

材質：龜腹甲

著録：《續》二·一七·四、《合》一五八九八、《國考》一·三三·三、《北珍》二六七

來源：馬衡捐贈北大

原拓號：二·三三·三

一一一　某日貞燎登于王亥等事

本骨正面存辭四條，有界劃綫。反面無字。

（一）貞：[尞（燎）]于[王]亥。

（二）貞：尞（燎）九牛。

（三）貞：㲽（登）王亥羌。　一

（四）貞：九羌，卯九牛。〔一〕

【簡釋】

〔一〕本骨可綴《合》三四九，即《合補》四一三〇，綴合後釋文可補爲「貞：十羌，卯十牛」。詳見蔡哲茂綴，《綴集》第二三〇組。可續綴《合》一四七三七，詳見王子楊綴，《拼續》第四三〇則。

【備注】

組類：賓組

材質：牛肩胛骨

著録：《續》一・二一・一、《合》三五八、《國考》一・三三・四、《合補》四一三〇下半、《北珍》一八七

來源：馬衡捐贈北大

原拓號：二・三三・四

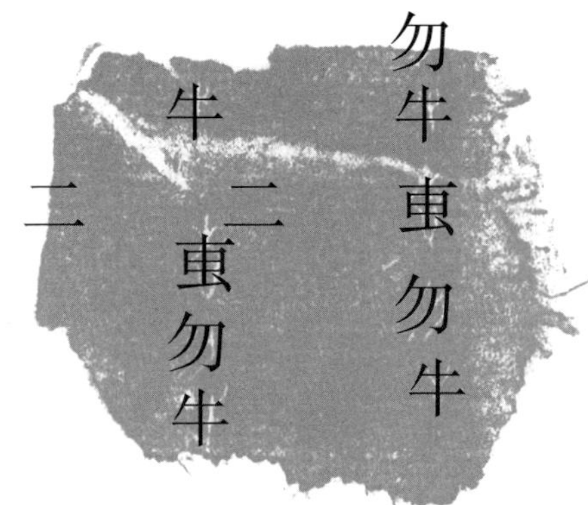

一一二　某日問叀勿牛等事

本甲正面存辭四條。反面無字。

（一）叀勿牛。　二

（二）叀勿牛。　二

（三）⍁［勿牛］。

（四）⍁牛。

【備注】

組類：黄組

材質：龜腹甲

著録：《續》二・二三・七、《合》三七〇四五（不全）、《國考》一・三四・一、《北珍》七三一

來源：馬衡捐贈北大

原拓號：二・三四・一

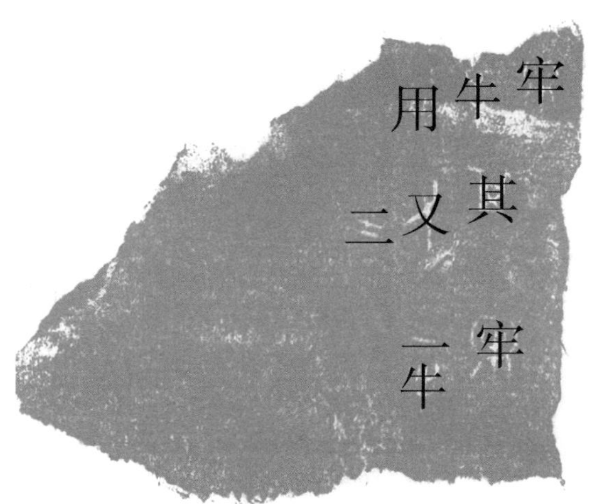

一一三　**某日問其牢又一牛等事**

本甲正面存辭二條。反面無字。

（一）其牢又一牛。　二

（二）☐牢☐牛☐用。

【備注】

組類：黃組

材質：龜腹甲

著録：《續》二・一八・四（不全）、《合》三七一九七、《國考》一・三四・二、《北珍》七一八

來源：馬衡捐贈北大

原拓號：二・三四・二

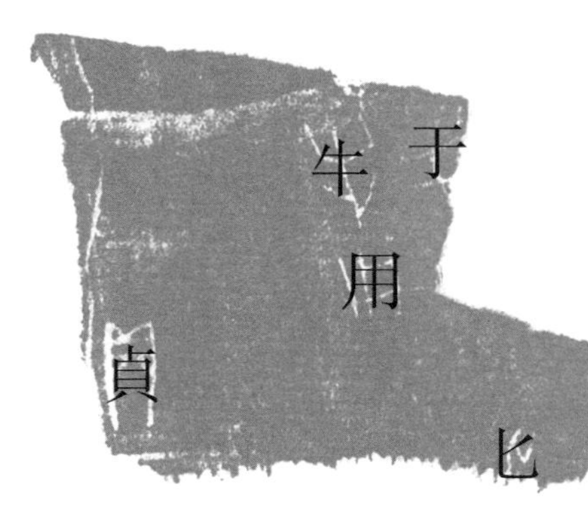

一一四　某日問牛用于某等事

本甲正面存辭三條。反面無字。

（一）貞☐

（二）☐牛用☐于☐

（三）☐［匕（妣）］☐

【備注】

組類：賓組

材質：龜腹甲

著録：《國考》一・三四・三、《北珍》四五六

來源：馬衡捐贈北大

原拓號：二・三四・三

一一五　丁酉卜與叀羊等事

本甲正面存辭二條。反面無字。

（一）丁酉卜。一

（二）叀羊。一

【備注】

組類：黄組

材質：龜腹甲

著録：《南師》二・二四七、《合》三七三五〇、《國考》一・三四・四、《北珍》六九三

來源：馬衡捐贈北大

原拓號：二・三四・四

一一六　某日問其牢又一牛等事

本甲正面存辭三條。反面無字。

（一）其☐又☐

（二）☐牢☐牛☐用。

（三）［二］〔一〕

【簡釋】

〔一〕本甲可綴《合》三七一六三，即《合補》一一四一九。詳見蔡哲茂綴，《綴集》第二六九組。可續綴《合》三五八一五，綴合後釋文可補爲「其☐又☐　二／其牢又一牛。兹用。」詳見李愛輝綴，《拼三》第七一四則。

【備注】

組類：黄組

材質：龜腹甲

著録：《續》二・二六・一〇（不全）、《合》三七二二一、《國考》一・三五・一、《合補》一一四一九下半、《北珍》七三二

來源：馬衡捐贈北大

原拓號：二・三五・一

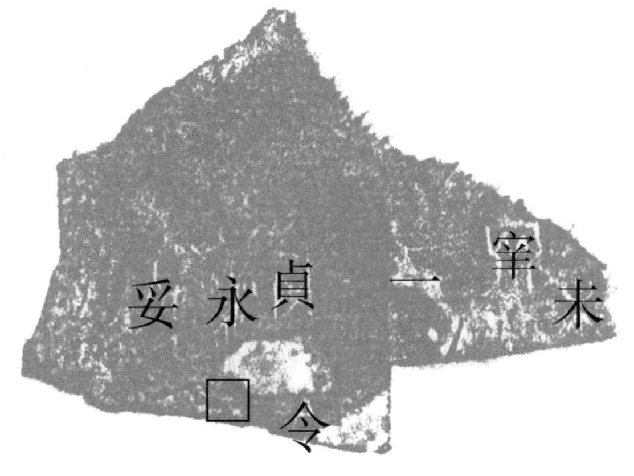

一一七　某日貞令永妥等事

本甲正面存辭二條。反面無字。

（一）貞：［令］永□〼妥〼

（二）□未〼宰。　一［一］

【簡釋】

［一］同套卜辭可參《東文研》一一一。

【備注】

組類：賓出

材質：龜腹甲

著録：《續》二・二三・五（不全）、《合》三一七六、《國考》一・三五・二、《北珍》二五一二

來源：馬衡捐贈北大

原拓號：二・三五・二

一一八　某日問𠭯犬燎卯事

本骨正面存辭一條。反面無字。

（一）　〼□𠭯犬，尞（燎）〼卯〼

【備注】

組類：賓組

材質：牛肩胛骨

著録：《續》二·二五·六（不全）、《合》一六二六三、《國考》一·三五·三、《北珍》二〇一

來源：馬衡捐贈北大

原拓號：二·三五·三

二一九 某日問其宰勿牛與其宰又一牛等事

本甲正面存辭三條。反面無字。

（一）其宰勿牛。 二

（二）☐宰又一牛。

（三）二

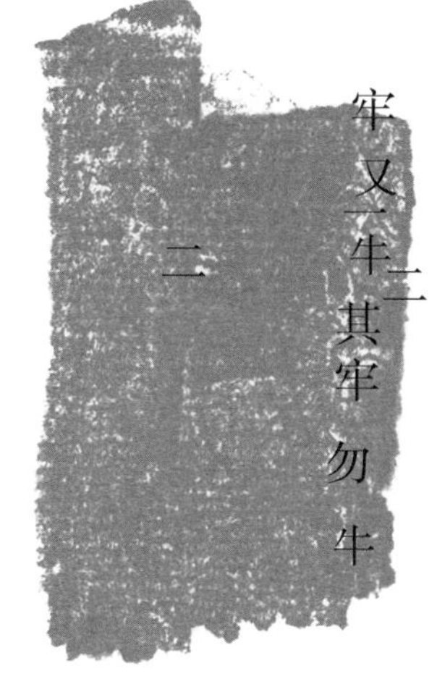

【備注】

組類：黄組

材質：龜腹甲

著録：《續》二・二五・三（不全）、《國考》一・三五・四、《合》三七〇三七左半、《北珍》七一六左半

來源：馬衡捐贈北大

原拓號：二・三五・四

二一〇 某日問其牢又一牛與物等事

本甲正面存辭五條。反面無字。

（一）其牢☐ 二

（二）其☐又☐ 二

（三）二

（四）☐又一牛。☐用。

（五）☐物。

【備注】

組類：黄組

材質：龜腹甲

著録：《續》二·二六·九、《合》三七〇七〇、《國考》一·三六·一、《北珍》七二四

來源：馬衡捐贈北大

原拓號：二·三六·一

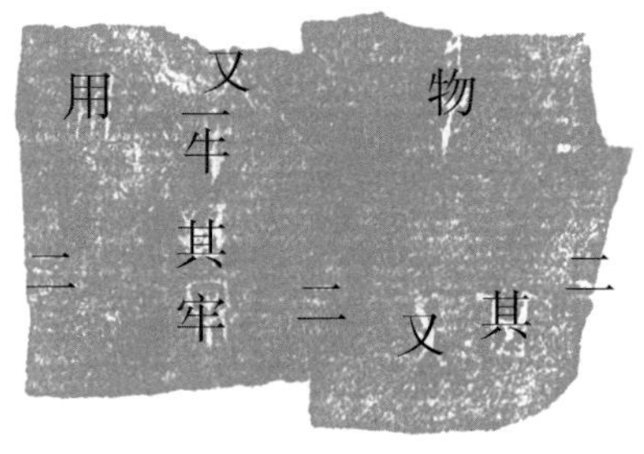

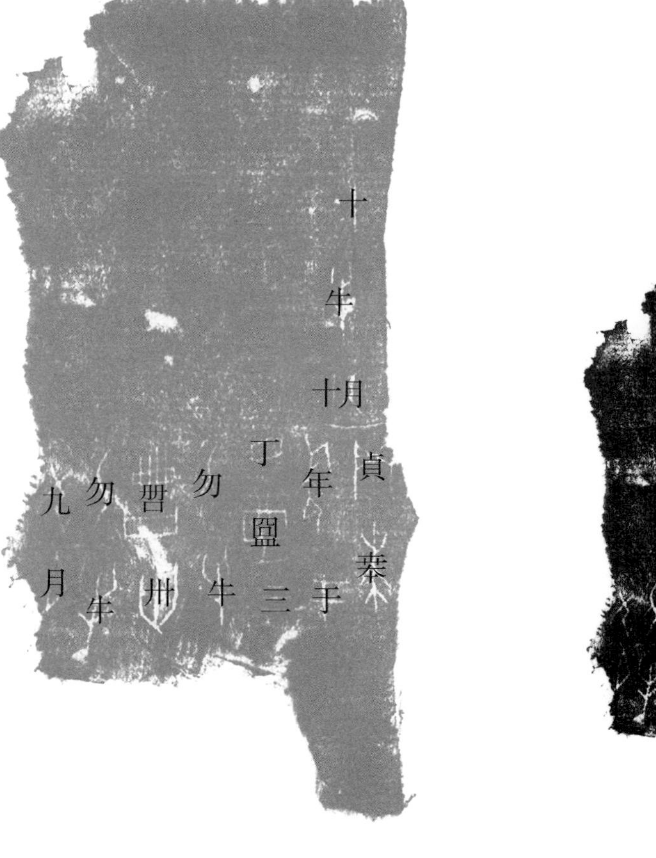

一一二　九月某日貞禱年于丁𥁕三匆牛𠭣卌匆牛與十月用十牛等事

本甲正面存辭二條，有界劃綫。反面無字。

（一）貞：桒（禱）年于丁，𥁕三匆牛，𠭣卌匆牛。九月。

（二）☑十牛。十月。〔一〕

【簡釋】

〔一〕「十月」爲合文。本甲可遥綴《宮國學》一〇八，詳見嚴一萍綴，《國考》第五四頁。

【備注】

組類：賓組

材質：龜腹甲

著録：《續》一·四五·四、《佚》四六、《合》一〇一一七、《國考》一·三六·二、《北珍》二八

來源：馬衡捐贈北大

原拓號：二·三六·二

一一二一　某日貞王以勿牛四于用等事

本骨正面存辭三條，有界劃綫。反面無字。

（一）貞☐

（二）貞：王以勿牛三（四）于用。

（三）☐若。〔一〕

【簡釋】

〔一〕本骨可綴《懷特》B〇九〇九，即《合補》二三七四，綴合後釋文可補爲「貞：以勿牛三（四）于用。/貞：若」。詳見蔡哲茂綴，《綴集》第二五〇組。

【備注】

組類：賓組

材質：牛肩胛骨

著録：《續》二・一八・二（不全）、《合》八九七三、《國考》一・三六・三、《合補》二三七四上半、《北珍》三〇八

來源：馬衡捐贈北大

原拓號：二一・三六・三

一二三　某日問叀物與其牢又一牛等事

本甲正面存辭九條。反面無字。

（一）［叀］☑　二

（二）其☑又☑　二

（三）其☑又☑　二

（四）叀物。　二

（五）叀物。

（六）其牢又一牛。　二

（七）叀物。　二

（八）其牢又一牛。　二

（九）其牢又一牛。　二

【備注】

組類：黄組

材質：龜腹甲

著録：《續》二·一六·五、《合》三七〇三八、《國考》一·三六·四、《北珍》七一五

來源：馬衡捐贈北大

原拓號：二·三六·四

一二四　甲辰卜𡧊貞集其疾深與某日争問用三宰等事

本甲正面存辭四條，有界劃綫。反面無字。

（一）貞☐丁☐其☐新☐　三

（二）　三

（三）甲辰卜，𡧊貞：集其疒（疾）罙（深）。

（四）☐卜，争☐尞（燎）☐新☐三宰。〔一〕

【簡釋】

〔一〕本甲可遥綴《合》一三六九二（即《合》一七九八四）。詳見黄天樹綴，《拼集》第五〇則。

【備注】

組類：賓組

材質：龜腹甲

著録：《續》二・一六・四、《合》一五六六四、《國考》一・三七・一、《北珍》一〇六一

來源：馬衡捐贈北大

原拓號：二・三七・一

二二五　某日貞禦子商小宰用與某日在甫魚等事

本甲正面存辭三條。反面無字。

（一）貞：卸（禦）子商小宰，［用］。

（二）☐□于☐□用。

（三）☐甹（寧）☐甫☐魚。〔一〕

【簡釋】

〔一〕本甲可綴《合》三二五六，綴合後釋文可補爲「貞：卸（禦）子吕于大子小宰，用。十月。」詳見蔣玉斌綴，《甲骨新綴第一至十二組》第八組。

【備注】

組類：賓出

材質：龜腹甲

著録：《續》二・二五・七（不全）、《合》二九四一、《合》一五一四三（不全）、《國考》一・三七・三、《北珍》二一一

來源：馬衡捐贈北大

原拓號：二・三七・二

一一六　丙戌卜穷貞翌丁亥侑于丁等事

本甲正面存辭三條。反面無字。

（一）貞☐［丁］☐☐☐

（二）甲［午］☐貞☐☐☐

（三）丙戌卜，穷貞：翌丁亥㞢（侑）于丁☐［宰］。

【備注】

組類：賓組

材質：龜腹甲

著録：《續》二・一八・六（不全）、《合》一九〇九、《國考》一・三七・二、《北珍》一六一

來源：馬衡捐贈北大

原拓號：二・三七・三

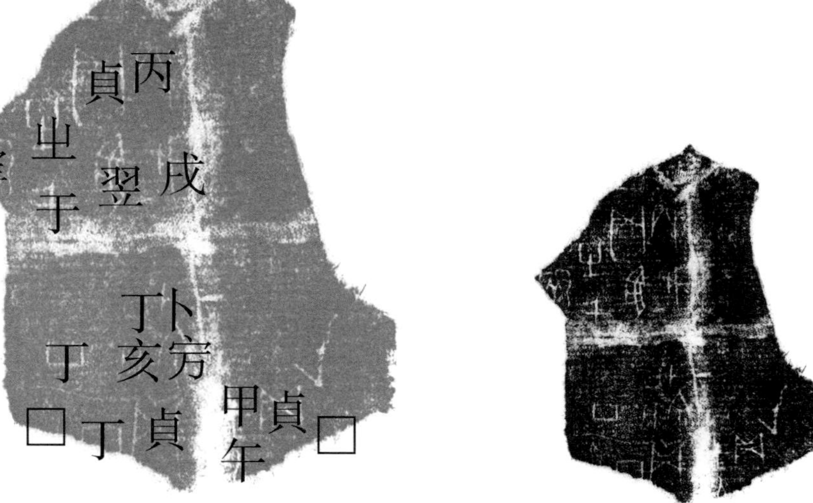

二一七　某日問用牢事

本甲正面存辭一條。反面無字。

（一）用牢。兹用。

【備注】

組類：黄組

材質：龜腹甲

著録：《合》三七二八〇、《國考》一・三八・一、《北珍》七一七

來源：馬衡捐贈北大

原拓號：二・三八・一

二二八　某日問用牛與其牢又一牛等事

本甲正面存辭二條。反面無字。

（一）☐牛☐用。

（二）其牢又一牛。

【備注】

組類：黄組

材質：龜腹甲

著録：《續》二・一七・二（不全）、《合》三七二〇五、《國考》一・三八・二、《北珍》七二三

來源：馬衡捐贈北大

原拓號：二・三八・二

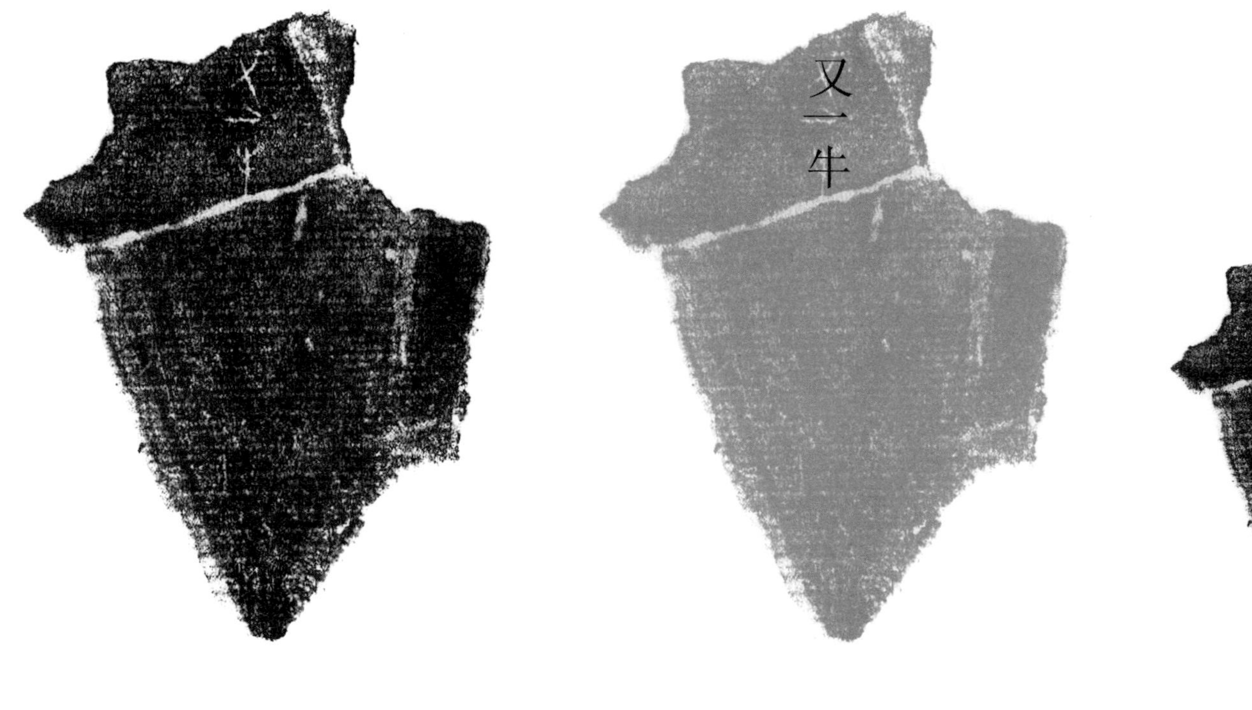

一二九　某日問又一牛事

本甲正面存辭一條。反面無字。

（一）☐又一牛。

【備注】

組類：黄組

材質：龜腹甲

著録：《國考》一・三八・三、《北珍》六九四

來源：馬衡捐贈北大

原拓號：二・三八・三

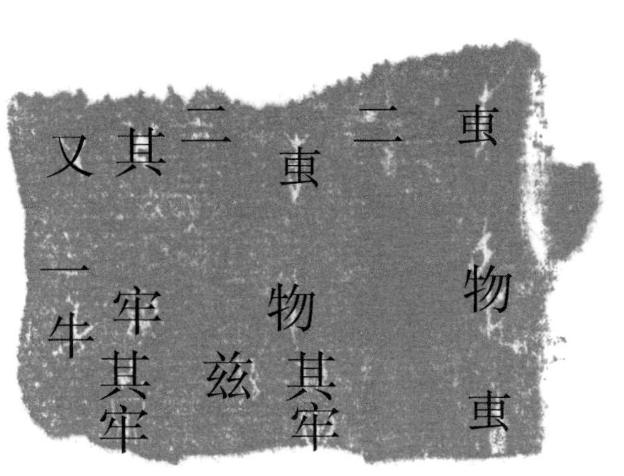

一三〇　某日問叀物與其牢又一牛等事

本甲正面存辭六條。反面無字。

（一）［叀］☐

（二）其牢☐［兹］☐

（三）其牢☐

（四）叀物。二

（五）叀物。二

（六）其牢又一牛。

【備注】

組類：黄組

材質：龜腹甲

著録：《續》二·一七·三（不全）、《合》三七〇三〇、《國考》一·三八·四、《北珍》七二一

來源：馬衡捐贈北大

原拓號：二一·三八·四

一三一　丙辰卜争貞翌丁巳侑于某事

本甲正面存辭一條。反面無字。

（一）丙辰卜，争貞：翌丁［巳屮（侑）于］☐

【備注】

組類：賓組

材質：龜腹甲

著録：《國考》一・三九・一、《北珍》一七二

來源：馬衡捐贈北大

原拓號：二・三九・一

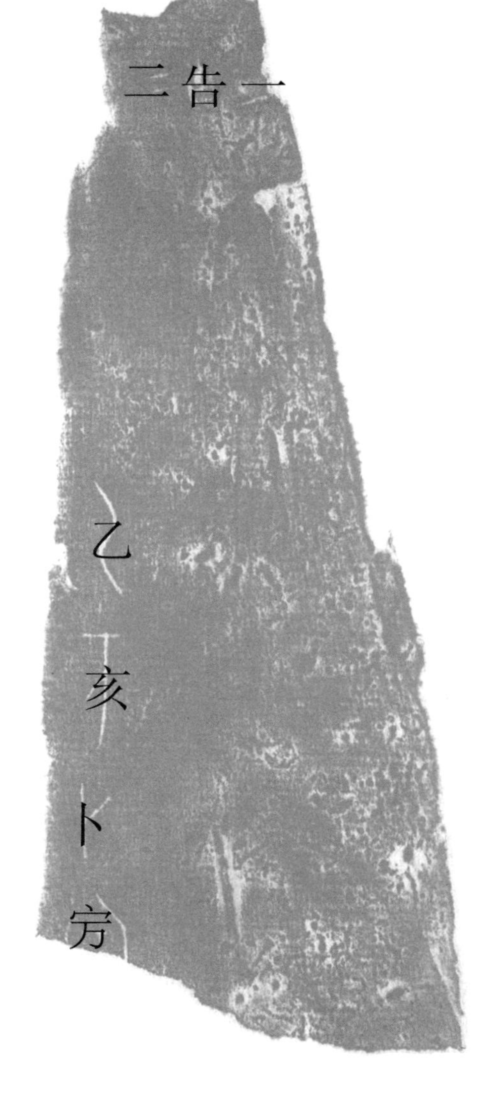

一二二一　乙亥卜宂問與貞勿燎等事

本骨正面存辭三條。反面存辭一條。

〔正面〕

（一）乙亥卜，［宂］☐

（二）一

（三）二告

〔反面〕

（一）貞：弜（勿）尞（燎）。〔一〕

【簡釋】

〔一〕本骨可綴《宫國學》二二八，綴後即《合》七九一九、《北珍》一八三，釋文可補爲「乙亥卜，宂貞：尞（燎）于斲三冢」。

【備注】

組類：賓組

材質：牛肩胛骨

著録：〔正〕《南師》二·六三、《國考》一·三九·三、《北珍》一八三上半；〔反〕《南師》二·六四、《國考》一·三九·四；〔正反〕《合》七九一九上半

來源：馬衡捐贈北大

原拓號：〔正〕二一·三九·二、〔反〕二一·三九·四

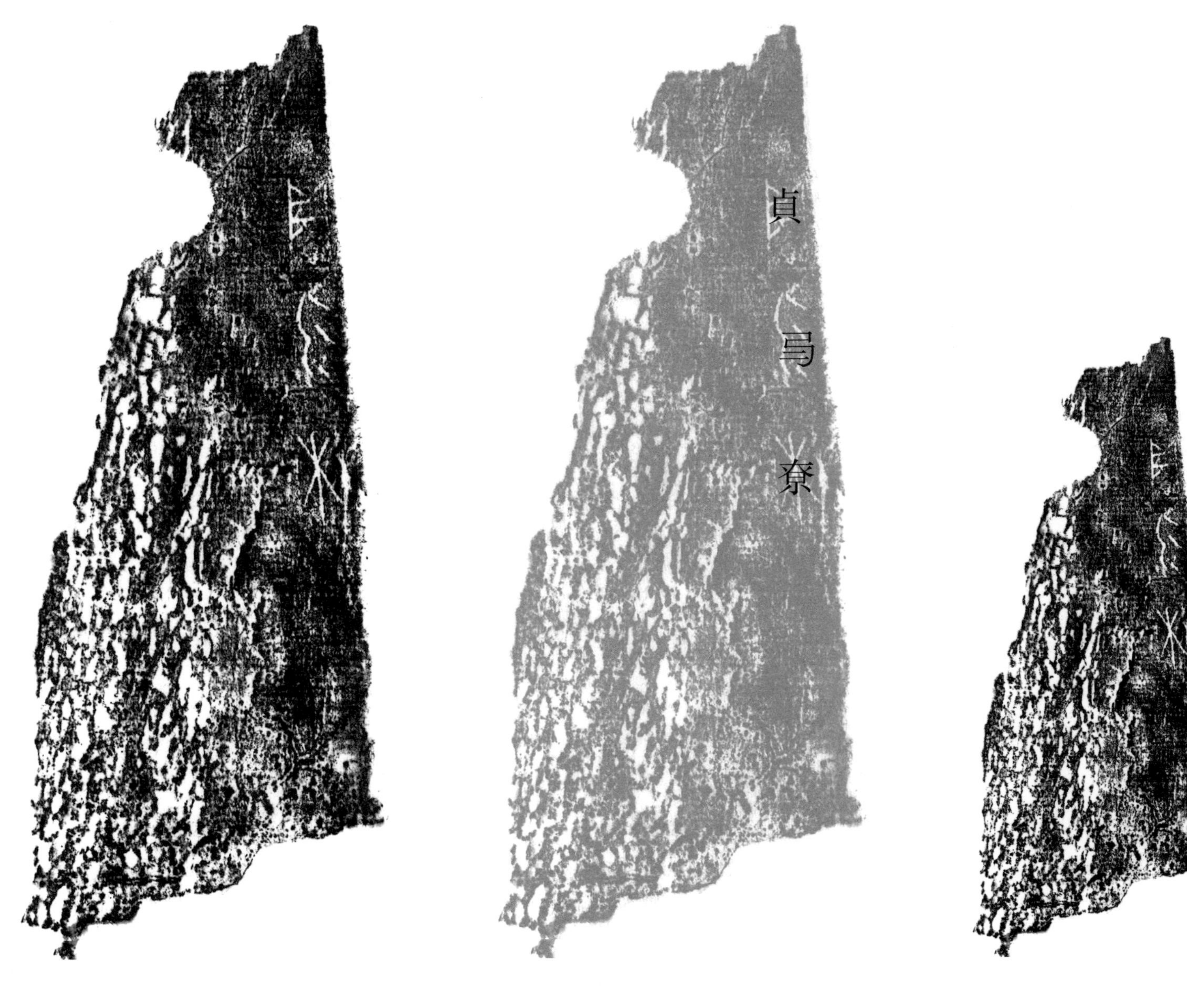
貞
弓
尞

一三三　甲子婦某示三屯骨臼刻辭

本骨臼面存辭一條。正面未録。

（一）甲子帚（婦）□示三屯。□。

【備注】

組類：賓組

材質：牛肩胛骨

著録：《合》一七五四八臼、《國考》一・三九・二、《北珍》一八九一臼

來源：馬衡捐贈北大

原拓號：二・三九・三

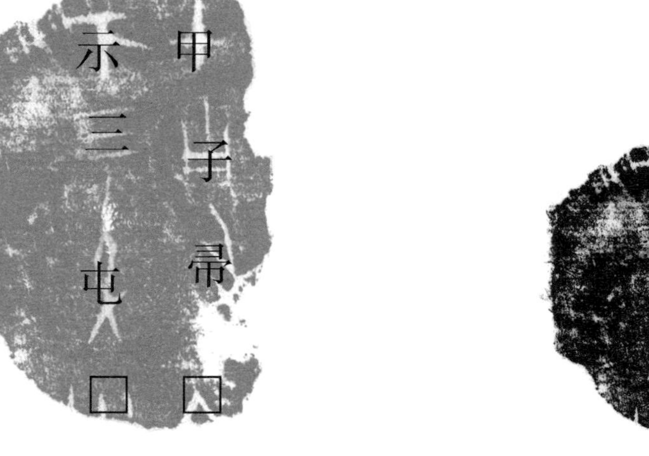

一三四　癸丑卜㝑貞禱年于某等事

本甲正面存辭二條，有界劃綫。反面無字。

（一）癸丑卜，㝑貞：桒（禱）［年于］▨

（二）▨未▨貞▨彭▨□▨

【備注】

組類：賓組

材質：龜腹甲

著録：《南師》二·一九七、《合》一五二六四、《合》四〇一一三、《國考》二·一·一、《北珍》四五三

來源：馬衡捐贈北大

原拓號：三·一·一

一三五　壬寅卜貞告歲不遘雨事

本甲正面存辭一條。反面無字。

（一）壬寅卜，□貞：告［歲］，不［冓（遘）］雨。　一

【備注】

組類：賓出

材質：龜腹甲

著録：《續》四・一五・八（不全）、《合》二四八八五、《國考》二・一・二、《北珍》一六〇三

來源：馬衡捐贈北大

原拓號：三・一・二

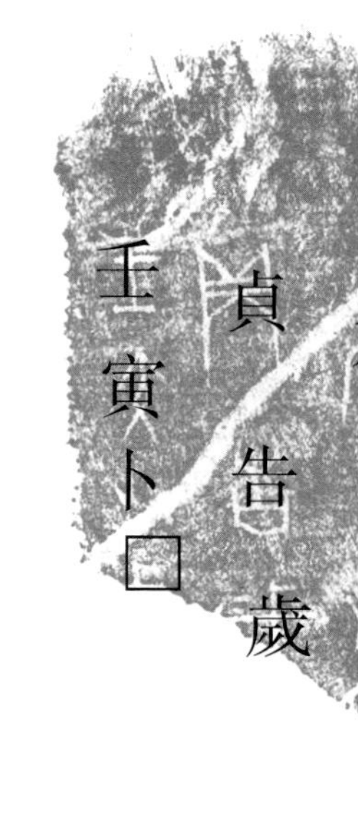

一三六　丁酉庚子壬寅甲辰等日卜在𧈢貞王今夕亡𡆥事

本甲正面存辭六條。反面無字。

（一）☑□［王］☑［亡］☑　一

（二）丁酉☑𧈢☑今夕☑　一

（三）己☑貞☑亡☑

（四）庚子卜，才（在）𧈢，貞：王今夕亡𡆥〔一〕。

（五）壬寅卜，才（在）𧈢，貞：王今夕亡𡆥。　一

（六）甲辰卜，才（在）𧈢，貞：王今夕亡𡆥。〔二〕

【簡釋】

〔一〕「𡆥」或比定作「禍」「咎」「憂」等字。下同。

〔二〕本甲可綴《宮國學》一四五，綴合後即《合》三六八四九，釋文可補爲「丁酉卜，才（在）𧈢，貞：王今夕亡𡆥。一／己亥卜，才（在）𧈢，貞：王今夕亡𡆥」。

【備注】

組類：黄組

材質：龜腹甲

著録：《續》三·一九·六、《佚》一七七、《合》三六八四九上半

來源：馬衡捐贈北大

原拓號：三·一·三

一三七　甲子卜𡧊貞勿至翌日等事

本甲正面存辭四條。反面無字。

（一）甲子卜，𡧊貞：弓（勿）至翌日☐

三

（二）☐弓（勿）☐多☐興☐

（三）☐其嫱（艱）。

（四）☐月。〔一〕

【簡釋】

〔一〕本甲可遥綴《北圖》一九八〇、《合》一三五六四、《安明》三五七、《合》一八七六五、《輯佚》七七、《合》一三八四三、《合》一〇五〇六。詳見蔡哲茂、林宏明、劉影、李愛輝綴，《甲骨拼合第三八四至三八九則》第三八六則。

【備注】

組類：賓組

材質：龜腹甲

著録：《續》四·三一·二（不全）、《考墳》二九七、《合》七一九八、《國考》二一·四、《北珍》二〇四五

來源：馬衡捐贈北大

原拓號：三·一·四

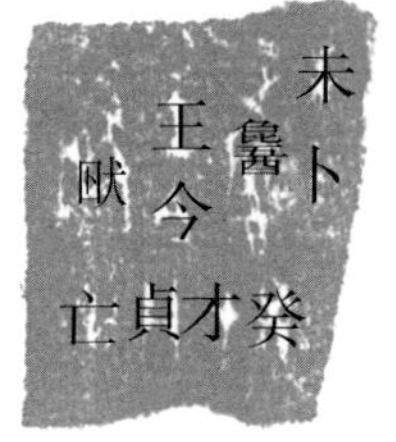

一三八　癸未等日卜在魯貞王今夕亡眣事

本甲正面存辭二條。反面無字。

（一）癸☐才（在）☐貞☐亡☐

（二）☐未卜☐魯☐王今☐眣[一]。

【簡釋】

[一]「眣」或比定作「禍」「咎」「憂」等字。又，本甲綴合可參殷德昭《黃組甲骨綴合十則（附綴合修正二則及綴合建議二則）》之「綴合建議二則」第一則。

【備注】

組類：黃組

材質：龜腹甲

著録：《續》三・二〇・四（全）、《國考》二一・二・一、《北珍》一二八六

來源：馬衡捐贈北大

原拓號：三・二一・一

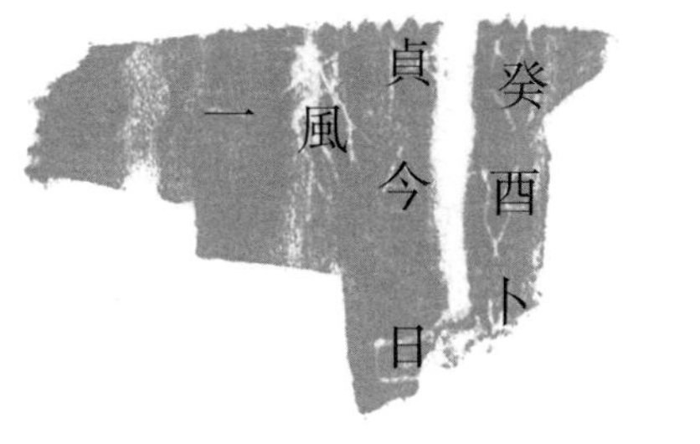

一三九　癸酉卜貞今日風事

本甲正面存辭一條。反面無字。

（一）癸酉［卜］□貞：今日風。一

【備注】

組類：出組

材質：龜背甲

著録：《合》二四九三五、《國考》二・二・二、《北珍》一七七四

來源：馬衡捐贈北大

原拓號：三・二・二

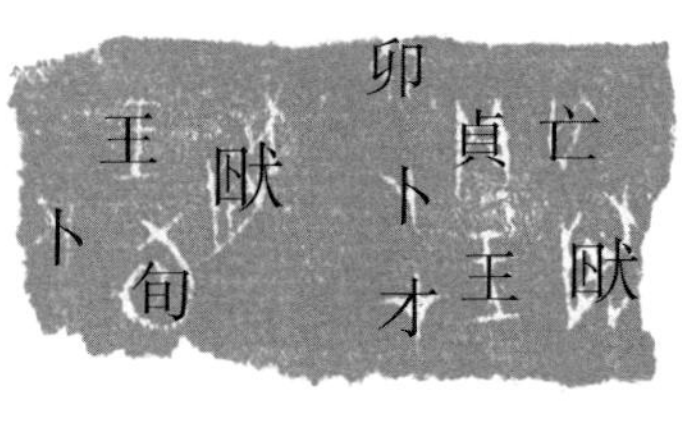

一四〇　卯日等卜在某貞王旬亡𡆥事

本甲正面存辭二條。反面無字。

（一）□卜□王旬□𡆥[一]。

（二）□卯卜，才（在）□貞：王□亡𡆥。

【簡釋】

［一］「𡆥」或比定作「禍」「咎」「憂」等字。下同。

【備注】

組類：黄組

材質：龜甲

著録：《續》六・四・二、《國考》二・二・三、《合補》一二六五六

來源：馬衡捐贈北大

原拓號：三・二・三

一四一　丁巳等日卜在㲋貞王今夕亡畎事

本甲正面存辭二條。反面無字。

（一）丁巳☐㲋☐王今☐亡☐

（二）☐［亥］卜☐㲋☐王今☐畎[一]。

【簡釋】

〔一〕「畎」或比定作「禍」「咎」「憂」等字。

又，本甲綴合可參殷德昭《黃組甲骨綴合十則（附綴合修正二則及綴合建議二則）》之「綴合建議二則」第一則。

【備注】

組類：黃組

材質：龜腹甲

著録：《續》三·一九·四（不全）、《合》三六八五二下半、《國考》二·二·四、《北珍》一二六八

來源：馬衡捐贈北大

原拓號：三·二·四

一四二　戊申等日卜在𩛥貞王今夕亡𡆥事

本甲正面存辭五條。反面無字。

（一）☐貞☐亡［𡆥］〔一〕。

（二）☐王☐亡☐

（三）戊申卜，才（在）𩛥，貞：王今夕亡𡆥。

（四）☐［卜］，才（在）［𩛥］，貞：☐夕亡☐

（五）☐□卜☐𩛥☐王今夕亡𡆥。

【簡釋】

〔一〕「𡆥」或比定作「禍」「咎」「憂」等字。下同。

【備注】

組類：黄組

材質：龜腹甲

著録：《續》三・一九・九、《合》三六八八九、《國考》二・三・一

來源：馬衡捐贈北大

原拓號：三・三・一

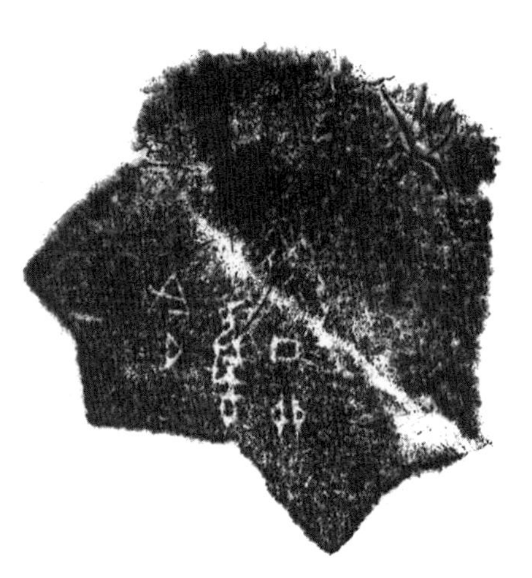

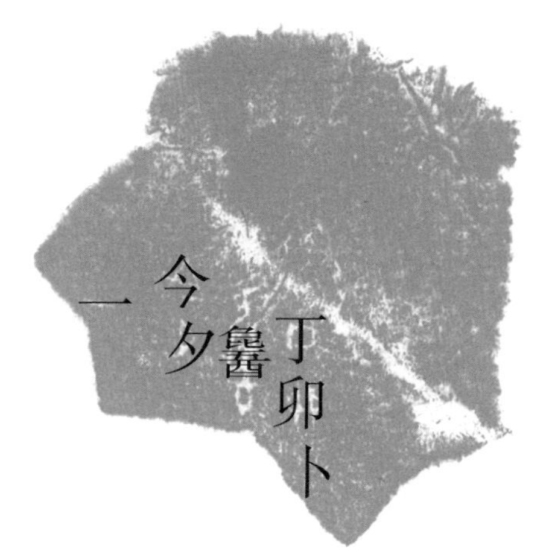

一四三　丁卯卜在𥎦貞今夕事

本甲正面存辭一條。反面無字。

（一）　丁卯卜☒𥎦☒今夕☒　一〔一〕

【簡釋】

〔一〕本甲綴合可參殷德昭《黄組甲骨綴合十則（附綴合修正二則及綴合建議二則）》之「綴合建議二則」第一則。

【備注】

組類：黄組

材質：龜腹甲

著録：《續》三・一九・八（不全）、《合》三六八八一、《國考》二・三・二、《北珍》一二九三

來源：馬衡捐贈北大

原拓號：三・三・二

一四四　五月癸酉卜王旬亡畎等事

本甲正面存辭二條。反面無字。

（一）［癸］酉卜☐王旬☐畎〔一〕。五月。

（二）☐巳卜☐王☐畎。

【簡釋】

〔一〕「畎」或比定作「禍」「咎」「憂」等字。下同。

【備注】

組類：黄組

材質：龜腹甲

著録：《國考》二・三・三、《北珍》一三六〇

來源：馬衡捐贈北大

原拓號：三・三・三

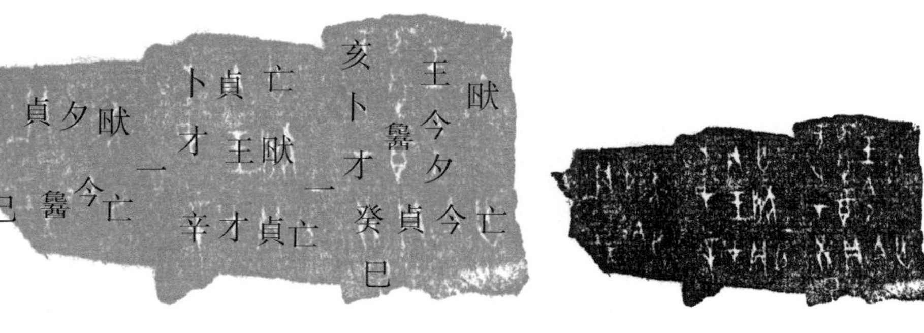

一四五　癸巳等日卜在𩰬貞王今夕亡𡆥事

本甲正面存辭六條。反面無字。

（一）己☐𩰬☐今☐亡☐　一

（二）辛☐才（在）☐貞☐亡☐　一

（三）癸［巳］☐貞☐今☐亡☐

（四）☐才（在）☐貞☐夕☐𡆥[一]。

（五）☐卜，才（在）☐貞：王☐亡𡆥。

（六）☐亥卜，才（在）𩰬☐王今夕☐𡆥。[二]

【簡釋】

〔一〕「𡆥」或比定作「禍」「咎」「憂」等字。下同。

〔二〕本甲可綴《宮國學》一三六，即《合》三六八四九。綴合後釋文可補爲「丁酉卜，才（在）𩰬，貞：王今夕亡𡆥。一／己亥卜，才（在）𩰬，貞：王今夕亡𡆥」。

【備注】

組類：黄組

材質：龜腹甲

著録：《續》三・二〇・一、《國考》二・三・四、《合》三六八四九下半

來源：馬衡捐贈北大

原拓號：三・三・四

一四六　丁亥卜貞⿺辶必于小雝往來亡災事

本骨正面存辭一條。反面無字。

（一）丁亥卜，貞☐⿺辶必于［小雝］，㞢（往）來亡☐　一

【備注】

組類：黄組

材質：牛肩胛骨

著録：《續》三・二二・一〇、《合》三六六〇四、《國考》二・四・一、《北珍》九一三

來源：馬衡捐贈北大

原拓號：三・四・一

一四七　壬戌丁卯等日卜貞王逊于曌往來亡災事

本骨正面存辭三條。反面無字。

（一）壬［戌］☐逊☐坒（往）［來］☐　一

（二）丁卯卜，貞：王逊于曌，坒（往）來亡𡿧（災）。一

（三）☐□卜，貞：王［逊］于曌，［坒（往）］來亡𡿧（災）。〔一〕

【簡釋】

〔一〕本骨可綴《宫國學》一七六，綴合後即《合》三六六二、《北珍》九〇〇。釋文可補爲「壬戌卜，貞：王逊于曌，坒（往）來亡𡿧（災）。一」

【備注】

組類：黄組

材質：牛肩胛骨

著録：《續》三・二二・四（不全）、《合》三六六六二上半、《國考》二・四・二、《北珍》九〇〇上半

來源：馬衡捐贈北大

原拓號：三・四・二

一四八　某日卜旅問妣歲今耏事

本甲正面存辭一條。反面無字。

（一）☐［卜］，旅☐匕（妣）歲☐今耏☐

【備注】

組類：出組

材質：龜腹甲

著録：《續》二・三・一〇、《合》二五一五五、《國考》二・四・三、《北珍》三六一

來源：馬衡捐贈北大

原拓號：三・四・三

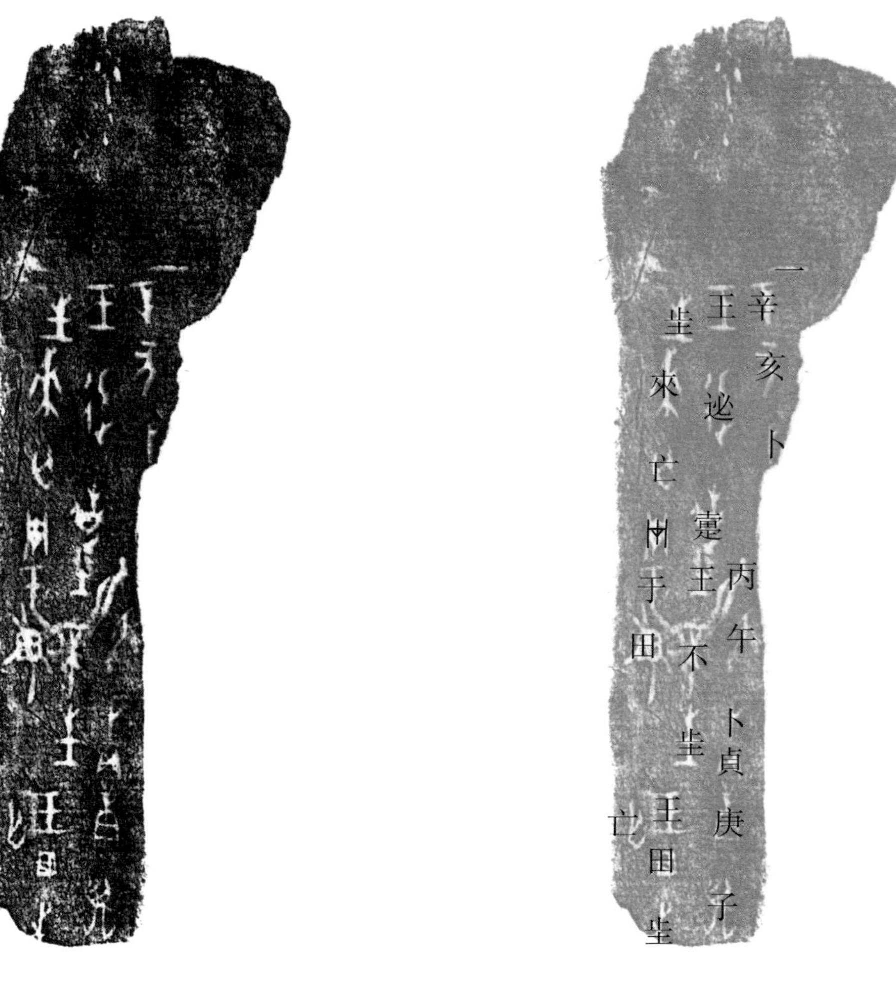

一四九　庚子等日貞王田與辛亥卜王巡亳往來亡災事

本骨正面存辭三條。反面無字。

（一）庚子☐王田，[㞢(往)]☐亡☐

（二）丙午卜，貞：王不㞢(往)于田。

（三）辛亥卜☐王巡亳，㞢(往)來亡𢦏(災)。　一

【備注】

組類：黃組

材質：牛肩胛骨

著録：《續》三·一六·九(不全)、《合》三六七六〇、《國考》二·四·四、《北珍》九〇一

來源：馬衡捐贈北大

原拓號：三·四·四

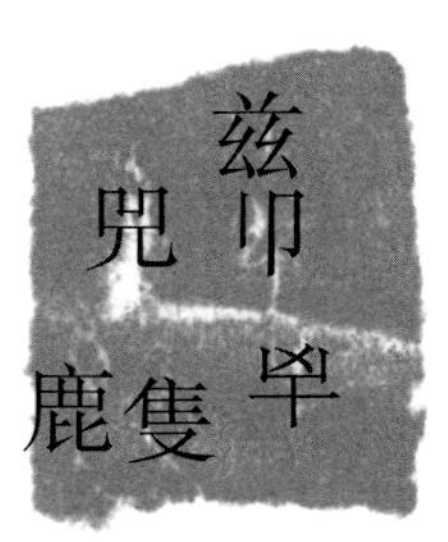

一五〇　某日問擒獲鹿等事

本甲正面存辭二條。反面無字。

（一）☐兹卬[一]。☐兕☐

（二）☐孚（擒）☐隻（獲）☐鹿☐

【簡釋】

[一]「卬」或比定作「孚」字。

【備注】

組類：黄組

材質：龜腹甲

著録：《合》三七三九〇、《國考》二・五・一、《北珍》一〇九

來源：馬衡捐贈北大

原拓號：三・五・一

一五一　戊寅等日貞王往𥌓等事

本骨正面存辭二條。反面無字。

（一）戊寅☐𥌓㞢（往）☐茲巾〔一〕。

（二）☐［貞］王☐［𥌓］☐茲巾。

【簡釋】

〔一〕「巾」或比定作「孚」字。下同。

【備注】

組類：黄組

材質：牛肩胛骨

著録：《續》三・二一・九、《合》三六七三七、《國考》二・五・二、《北珍》一二四（全）

來源：馬衡捐贈北大

原拓號：三・五・二

一五二　戊寅卜争貞改十家于某事

本甲正面存辭一條。反面無字。

（一）　戊寅卜，[争貞]：改[一]十家[于]□

【簡釋】

[一]「改」或比定作「殺」「椎」等字。

【備注】

組類：賓組

材質：龜腹甲

著録：《南師》二·五八、《合》一六一七九、《合》四〇五四六、《國考》二·五·三、《北珍》三三二一

來源：馬衡捐贈北大

原拓號：三·五·三

一五三　某日貞唯[?]令與作邑等事

本骨正面存辭二條，有界劃綫。反面未録。

（一）貞：隹（唯）[?]［令］。

（二）☐作☐［邑］☐[一]

【簡釋】

［一］本骨可綴《合》一四〇九七，詳見李延彥綴，《拼三》第八〇五則。

【備注】

組類：賓組

材質：牛肩胛骨

著録：《南師》二・一一八、《合》七八五九正下部、《國考》二・五・四、《北珍》一一六七下部

來源：馬衡捐贈北大

原拓號：三・五・四

一五四　某日問勿令多馬羌等事

本甲正面存辭四條，有界劃綫。反面無字。

（一）貞☐

（二）貞☐允☐　一

（三）弓(勿)令多馬羌。　一

（四）☐令☐歸。〔一〕

【簡釋】

〔一〕本甲可綴《宫國學》二一九、《中歷藏》四五四，綴合後釋文可補爲「貞：弓(勿)令犬征歸。　一」。又可遥綴《存補》五・二六六・一、《合》一八九九七、《合》四〇一四。詳見張展、李延彦、張珊、李愛輝、林宏明綴，《計算機輔助綴合甲骨第二一至二二則》第二一則。

【備注】

組類：賓組

材質：龜腹甲

著録：《南師》二・一五五、《合》六七六二、《國考》二・六・一、《北珍》七六八

來源：馬衡捐贈北大

原拓號：三・六・一

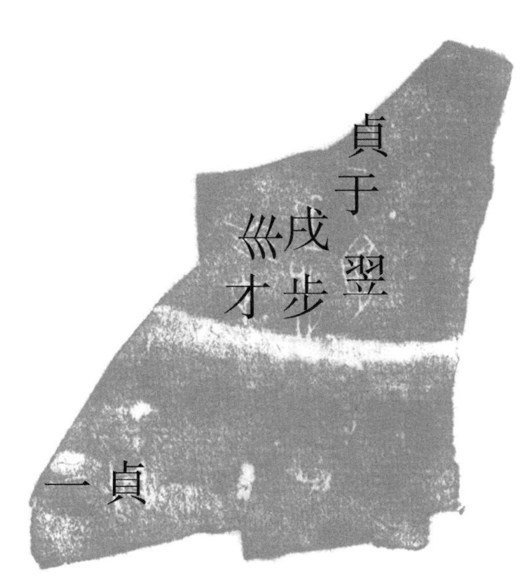

一五五　某日貞于翌戊步亡災等事

本甲正面存辭二條。反面無字。

（一）貞〼　一

（二）［貞］：于翌〼戊步〼巛（災）。才（在）〼

【備注】

組類：賓出

材質：龜腹甲

著録：《續》三・三七・五（不全）、《合》一七二一四、《國考》二・六・二、《北珍》八八二

來源：馬衡捐贈北大

原拓號：三・六・二

一五六　某月間在朢次事

本骨正面存辭一條。反面無字。

（一）☐［月］，才（在）朢師（次）。

【備注】

組類：黄組

材質：牛肩胛骨

著録：《續》三・二二・五、《合》三六七三六、《國考》二・六・三、《北珍》八八〇

來源：馬衡捐贈北大

原拓號：三・六・三

一五七　乙丑在𠂤允卜王問事

本骨正面存辭一條。反面無字。

（一）[乙]丑卜，王。才(在)𠂤允卜。

【備注】

組類：出組

材質：牛肩胛骨

著録：《南師》二・一八九、《合》二四二五三(不全)、《合》四一〇七一、《國考》二・六・四、《北珍》二八二三

來源：馬衡捐贈北大

原拓號：三・六・四

一六一　乙巳卜貞王䢅于𦥑往來亡災等事

本甲正面存辭七條。反面無字。

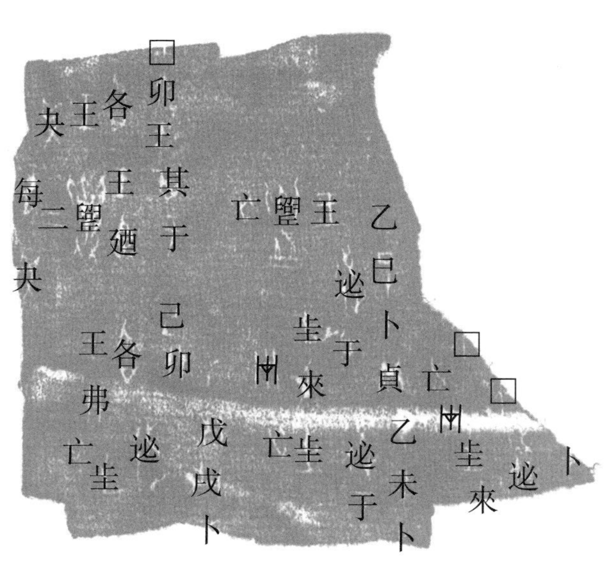

（一）☒卜☒䢅☒㞢（往）［來］☒

（二）乙未［卜］☒䢅于☒㞢（往）☒亡☒

（三）戊戌卜☒䢅☒㞢（往）☒亡☒

（四）☒□☒亡𡿧（災）。

（五）乙巳卜，貞：王䢅于𦥑，㞢（往）來亡𡿧（災）。

（六）其于己卯王廼各𦥑[一]，王弗每（悔）。夬。二

（七）☒□卯王☒各☒王☒夬。

【簡釋】

［一］此字形體與上辭「𦥑」字稍異。

【備注】

組類：黄組

材質：龜腹甲

著録：《續》三·二〇·六、《國考》二·七·四、《合集》三六六六一

來源：馬衡捐贈北大

原拓號：三·七·四

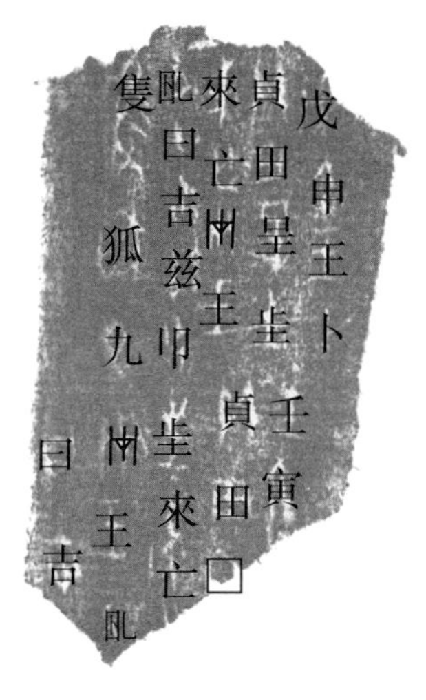

一六二　戊申等日王卜貞田呈往來亡災事

本骨正面存辭二條。反面無字。

（一）壬寅▨貞：田□，坒（往）來［亡］𢦔（災）。王［𠧴（占）］曰：吉。

（二）戊申王卜，貞：田呈，坒（往）來亡𢦔（災）。王𠧴（占）曰：吉。兹卬〔一〕。隻（獲）狐九。

【簡釋】

〔一〕「卬」或比定作「孚」字。

【備注】

組類：黄組

材質：牛肩胛骨

著録：《續》三・二四・四、《合》三七五〇一、《國考》二・八・一、《北珍》一二二

來源：馬衡捐贈北大

原拓號：三・八・一

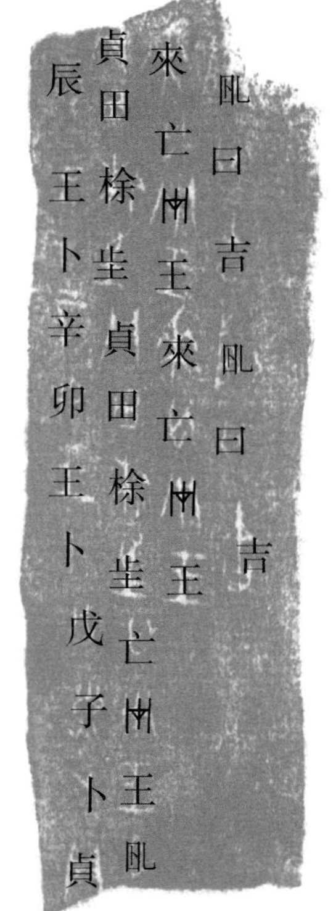

一六三　辛卯等日王卜貞田桳往來亡災事

本骨正面存辭三條。反面無字。

（一）戊子卜，貞☐亡𡆥（災）。王𠟭（占）☐

（二）辛卯王卜，貞：田桳，㞷（往）來亡𡆥（災）。王𠟭（占）曰：吉。

（三）☐辰王卜，貞：田桳，㞷（往）來亡𡆥（災）。王𠟭（占）曰：吉。

【備注】

組類：黄組

材質：牛肩胛骨

著録：《續》三・二三・九、《合》三七六二三、《國考》二・八・二、《北珍》一一六

來源：馬衡捐贈北大

原拓號：三・八・二

一六四　戊午等日卜貞王于𦣠往來亡災事

本骨正面存辭二條。反面無字。

（一）戊午卜，貞☑𦣠，㞷（往）來亡☑

一

（二）☑貞：王☑𦣠，㞷（往）☑𡿧（災）。

【備注】

組類：黃組

材質：牛肩胛骨

著録：《續》三・二一・一〇、《合》三六七〇三、《國考》二・八・三、《北珍》九〇七

來源：馬衡捐贈北大

原拓號：三・八・三

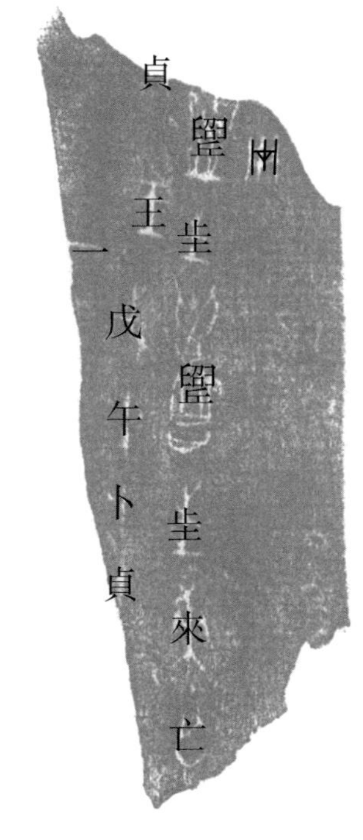

一六五　辛卯等日卜貞王田𠭯榇往來亡災事

本甲正面存辭四條。反面無字。

（一）乙酉［卜］⧄王田⧄坒（往）來⧄

（二）辛卯卜⧄王田𠭯⧄

（三）⧄卜，貞⧄榇⧄來⧄𡆥（災）。

（四）⧄卜，貞⧄𠭯，坒（往）⧄亡𡆥（災）。

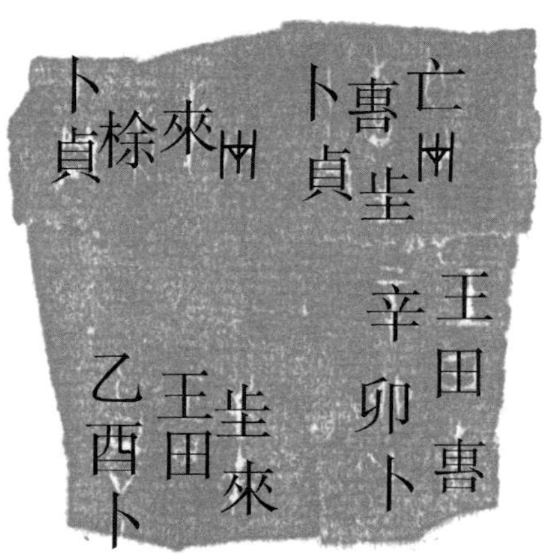

【備注】

組類：黄組

材質：龜腹甲

著録：《續》三・一八・五（不全）、《國考》二・八・四、《合》三七六七〇（不全）

來源：馬衡捐贈北大

原拓號：三・八・四

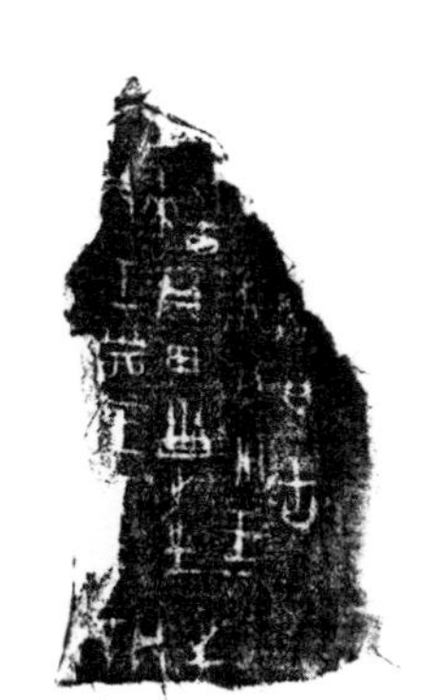
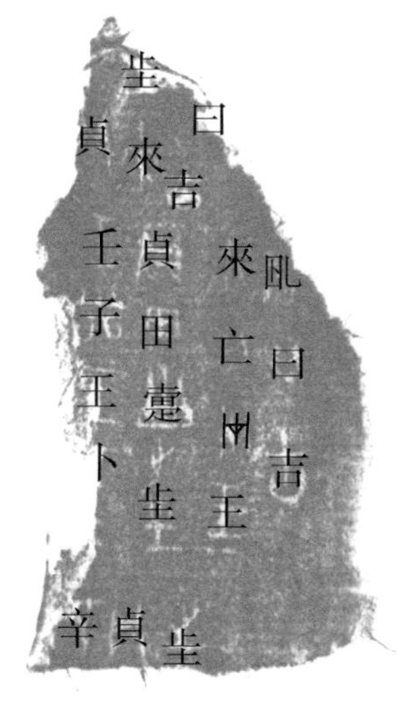

一六六　壬子王卜貞田疐往來亡災等事

本骨正面存辭三條。反面無字。

（一）辛▨貞▨［㞢（往）］▨

（二）壬子王［卜］，貞：田疐，㞢（往）來亡𡿧（災）。王𠕻（占）曰：吉。

（三）▨貞▨［㞢（往）］來▨［曰］：吉。

【備注】

組類：黄組

材質：牛肩胛骨

著録：《續》三・一七・七、《合》三七七五四、《國考》二・九・一、《北珍》一二〇

來源：馬衡捐贈北大

原拓號：三・九・一

一六七　乙亥王在𦎫問步于某與丙戌王卜在𡆥貞田雝往來亡災等事

本骨正面存辭二條。反面無字。

（一）乙亥［王］☐𦎫☐步于☐亡𡿧（災）。

（二）丙戌王卜，才（在）𡆥貞：田雝，𡳿（往）來亡𡿧（災）。

【備注】

組類：黄組

材質：牛肩胛骨

著録：《南師》二·二五二、《合》三七七八一（全）、《國考》二·九·二、《北珍》一二一六（全）

來源：馬衡捐贈北大

原拓號：三·九·二

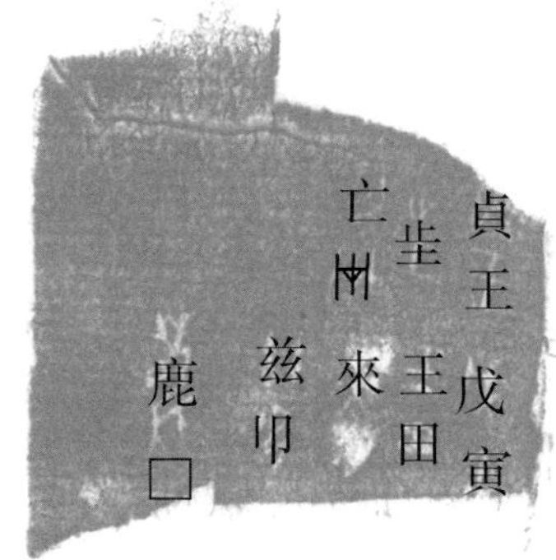

一六八　戊寅問王田某往來亡災等事

本甲正面存辭二條。反面無字。

（一）戊［寅］☐王田☐來☐茲卬〔一〕☐鹿☐☐

（二）☐貞：王☐㞢（往）☐亡𢦏（災）。

【簡釋】

〔一〕「卬」或比定作「孚」字。

【備注】

組類：黃組

材質：龜腹甲

著録：《續》三・四五・一（不全）、《合》三七四二五（全）、《國考》二・九・三、《北珍》一一一（全）

來源：馬衡捐贈北大

原拓號：三・九・三

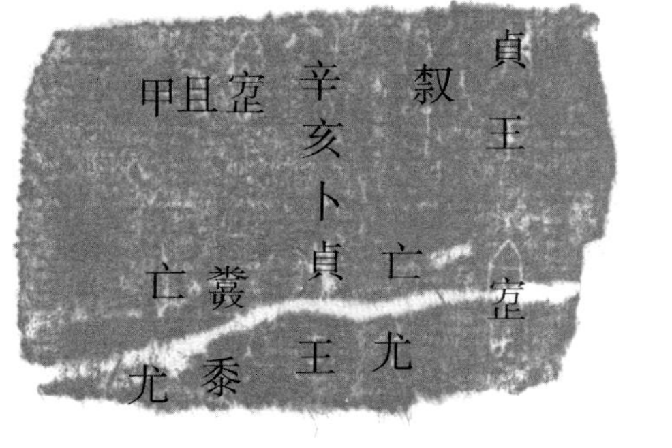

一七三　辛亥卜貞王儐登黍祖甲亡尤等事

本甲正面存辭二條。反面無字。

（一）貞：王宾（儐）叙，亡尤。

（二）辛亥卜，貞：王宾（儐）𤼷（登）黍且（祖）甲[一]，亡尤。

【簡釋】

[一]「且甲」爲合文。

【備注】

組類：黄組

材質：龜背甲

著録：《續》一・二六・三、《合》三五九〇二、《國考》二・一〇・四、《北珍》五〇一

來源：馬衡捐贈北大

原拓號：三・一〇・四

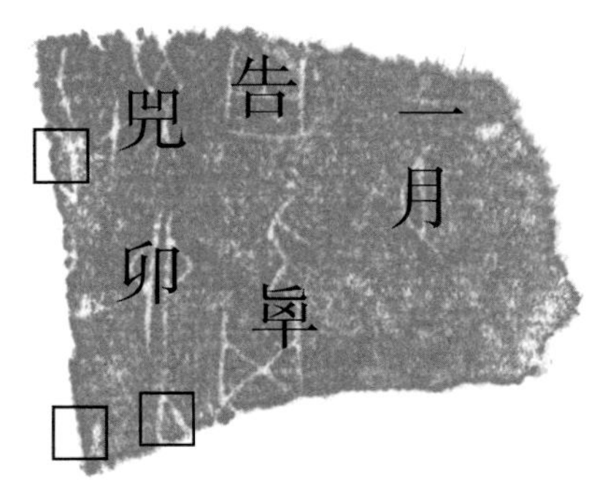

一七四　一月某日問告𠂤事

本甲正面存辭一條。反面無字。

（一）☒□☒［兕］卯□☒［告］𠂤☒一月。〔一〕

【簡釋】

〔一〕本甲可綴《合》一八七九八。綴合後釋文可補爲「□□卜，貞：旬亡（有）☒［來］嬉（艱）自☒㐌，［癸］☒兕卯□☒告𠂤☒一月」。詳見蔣玉斌綴，《蔣玉斌甲骨綴合總表》第一八二組。

【備注】

組類：賓組

材質：龜甲

著録：《考塡》四四六、《合》一〇四四七、《合》一九四八五、《國考》二一·一一·一、《北珍》七〇

來源：馬衡捐贈北大

原拓號：三·一一·一

一七五　卯日卜商禦于某事

本骨正面存辭一條。反面無字。

（一）☐卯卜，□☐□商𢓊（禦）［于］☐

【備注】

組類：賓組

材質：牛肩胛骨

著録：《考摃》四六七、《合》二九六三、《國考》二一・一一・二、《北珍》二〇六

來源：馬衡捐贈北大

原拓號：三・一一・二

一七六　某日卜貞王于𡉚往來亡災等事

本骨正面存辭二條。反面無字。

（一）　辛酉☐㞢（往）來☐　一

（二）　☐卜，貞：王☐于𡉚☐［來］亡𡆥（災）。〔一〕

【簡釋】

〔一〕本骨可綴《宮國學》一四七，綴合後即《合》三六六六二、《北珍》九〇〇。釋文可補爲「壬戌卜，貞：王込于𡉚㞢（往）來亡𡆥（災）。　一」。

【備注】

組類：黄組

材質：牛肩胛骨

著録：《續》三・二一・五、《合》三六六六二下半、《國考》二・一一・三、《北珍》九〇〇下半

來源：馬衡捐贈北大

原拓號：三・一一・三

一七七　己酉等日卜貞王今夕亡𡆥事

本甲正面存辭二條。反面無字。

（一）☐卜，貞☐今夕☐𡆥。

（二）己酉卜，貞：王今夕亡𡆥[一]。

【簡釋】

[一]「𡆥」或比定作「禍」「咎」「憂」等字。下同。

【備注】

組類：黄組

材質：龜腹甲

著録：《國考》二一・一一・四、《北珍》二二五三

來源：馬衡捐贈北大

原拓號：三・一一・四

一七八　癸亥癸酉癸未等日卜貞王旬亡畎事

本骨正面存辭三條。反面無字。

（一）癸亥☐王旬☐　一

（二）癸酉卜，貞：王旬亡畎[一]。

（三）癸未卜，貞：王旬亡畎。　一

【簡釋】

[一]「畎」或比定作「禍」「咎」「憂」等字。下同。

【備注】

組類：黄組

材質：牛肩胛骨

著録：《續》六・五・一（不全）、《合》三九三一八、《國考》二一・一二・一、《北珍》一三三九

來源：馬衡捐贈北大

原拓號：三・一二・一

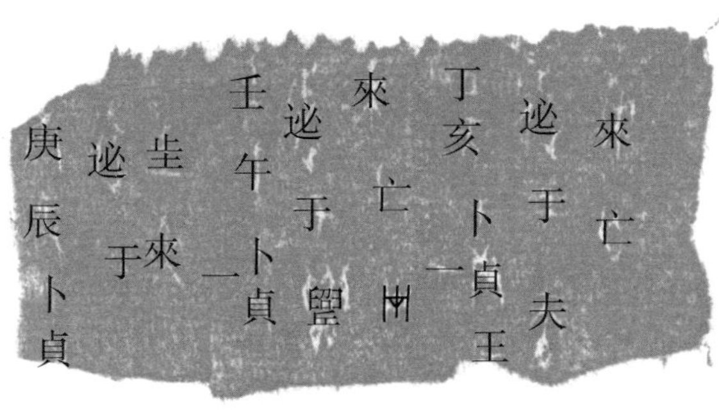

一七九　庚辰壬午丁亥等日卜貞王巡于盟夫等地往來亡災事

本甲正面存辭三條。反面無字。

（一）庚辰卜，［貞］□巡于□㞢（往）來□

一

（二）壬午卜，貞□巡于盟□來亡𢦏（災）。

一

（三）丁亥卜，貞：［王］巡于夫□來亡□

【備注】

組類：黄組

材質：龜腹甲

著録：《續》三・二一・一（不全）、《佚》一八五、《合》三六六九六、《國考》二一・一二・二

來源：馬衡捐贈北大

原拓號：三・一二・二